段祺瑞

北洋风云人物

董　尧◎著

中国言实出版社

图书在版编目(CIP)数据

段祺瑞 / 董尧著 . -- 北京 : 中国言实出版社 ,
2015.11
(北洋风云人物)
ISBN 978-7-5171-1656-1

Ⅰ . ①段… Ⅱ . ①董… Ⅲ . ①段祺瑞(1865 ~ 1936)—
生平事迹 Ⅳ . ① K827=6

中国版本图书馆 CIP 数据核字(2015)第 269141 号

责任编辑 张国旗
责任校对 代青霞

出版发行 中国言实出版社

地　址：北京市朝阳区北苑路 180 号加利大厦 5 号楼 105 室
邮　编：100101
编辑部：北京市海淀区北太平庄路甲 1 号
邮　编：100088
电　话：64924853(总编室)64924716(发行部)
网　址：www.zgyscbs.cn
E-mail：zgyscbs@263.net

经　　销 新华书店
印　　刷 北京温林源印刷有限公司
版　　次 2016 年 1 月第 1 版　　2020 年 4 月第 3 次印刷
规　　格 710 毫米 × 1000 毫米　1/16　22.5 印张
字　　数 369 千字
定　　价 46.80 元　　ISBN 978-7-5171-1656-1

CONTENTS

目录

第一章

他到北方寻出路

公元1882年，壬午。仲春。

在东风的阵阵吹拂中，地处江淮平原上的安徽中部的合肥，又是一派绿柳红桃的季节：草长莺飞，碧野无垠，鸟唱枝头，鱼翔水底；裹着百花馨香的空气，轻轻地揉抚着人面，给男女老幼送来了精神。

一个炊烟刚刚消失的早晨，城郊的大陶岗村，从一爿还算整洁的草房子中走出一位中年妇女，她一身深蓝色的装束，一条蓝巾裹头，由于脚小，走起路来，身子在颤动；她身后随着一位毛头小伙，圆脸膛，高鼻梁，大眼睛，身穿一件黑灰色的长衫，脚步迟迟，但却显得虎虎有神。那小伙叫段祺瑞，是随着母亲范氏到祖坟茔辞行的。

那一年，段祺瑞十八岁，已长成大人身个，比前面走着的娘还高了半头。只是，他那性格竟文静得像一个闺中小妮，连言语也显示得娇声柔气。娘常常自叹：“启瑞（段祺瑞原名启瑞，字芝泉）这孩子跟他爹一模一样，连句高声言语也没有。”

说起来，也是段氏家族的不幸。不久前，段祺瑞的父亲段从文，人在家中坐，祸从天上来。一个深夜，盗贼入室抢劫，他想抵御，竟被盗贼杀害了。遇害时，才三十九岁。这样，便遗下了范氏和长子启瑞、长女启英、次子启辅和三子启勋。范氏守着四个孩子，艰难地度着日月。启瑞八岁那年，便随着在军中任统领的祖父段佩（字韫山）到宿迁读书。十五岁的时候，祖父病故，他才又回到大陶岗村。现在，父亲又暴死，家景虽尚可，娘还是不想让儿子久居乡里。前天，她把启瑞叫到面前，心事重重地对他说：“启瑞呀！你今年已经十八岁老大不小了，总在家中蹲着，也不是个法儿，再说，娘也盼着你能帮娘分分忧。娘想着让你出去，闯闯世界。你看怎么样？”

祺瑞皱着眉思索片刻，说：“娘，我也想出去闯闯。可是，到哪里去呢？”

娘说：“你不是有个族叔叫段从德的吗，听说他在山东管军，是个不小的官呢。你去找他如何？”娘又说：“也许能谋个安身，日后有个出头之日。”

段祺瑞点点头，说：“好，我到山东去试试。从德叔我见过，他对我还不错呢。”

儿子要远行了，照地方习俗，得到祖坟上去辞行，求祖宗保佑，一路顺风，前程万里。祺瑞没爹了，只好由娘领着去。娘一边走，一边对儿子说：“启瑞呀，娘是不忍心让你出去闯的，你爷爷活着的时候常夸你是个勤奋好学的孩子，日后求功名不难，让你读书是正道。有什么办法呢，家境变化这么大，几张嘴摆在娘面前，娘一个妇女，往后，只怕连你们的肚子都管不饱，还有一年四季的衣裳，哪里有力供你们读书。没法儿呀……”

“娘，启瑞明白您老的难处。”段祺瑞以长子的口气说，“我都十八岁了，这个家本来就应该由我来承担了。不能替娘分忧，我心里也难过。娘，您放心，启瑞这次闯出去，一定闯个模样再回来。”

娘点点头，又摇摇头，说：“有这志气，那敢情好。不过，也不能好强，即使混不出个模样，该回来的时候，还得回来。水流千里得入大海，人咋能不回家，叶落还要归根。”娘拉起衣襟揉揉见风流泪的眼睛，又说：“娘也不是单单为了你们的吃穿。即使吃得饱、穿得暖，该出去闯时娘也得让你们出去。男儿汉，咋能总闷在家中？你爷爷活着的时候，断断续续地说过段家的家世，不知这几年是不是对你说过？”

段祺瑞说：“只听爷爷说过，咱们老家不在合肥，好像是在江西饶州，又仿佛是湖北英山。别的就不知道了。”

娘说：“说得都对。咱们段家也是根基很深的人家。算起来，你的三十八世祖爷段秀实还做过大唐的太尉呢，封为忠烈王；你的九世祖段本泰清初从英山迁寿州；你的曾祖段友杰赠荣禄大夫、振威将军，道光中迁六安，再迁合肥；你祖父也是以功累保提督衔记名总兵，授荣禄大夫、振威将军，你祖母还封一品夫人呢！只是现在，家计不行了。”

段祺瑞听了，心中一忽儿热火起来。祖上出过太尉、封过王，又赠、授过大夫、将军，难道到我就不行了吗？他对娘说："娘，我会有自己前程的。"

娘点头，笑着说："我也盼着你能荣耀祖宗。"娘忽然想起了一件事，又说："我相信你能有出息。早些天，娘去看一位阴阳先生，他说咱家有发头，还会出大官。娘把希望放在你身上了，觉得你能……"娘虽然是个妇道人，大半生不出庭院，可她总是门户人家出身，在娘家还读过几年学馆，又受到家庭的熏陶，心宽着呢。早些时，启瑞抱着爷爷为他买的书籍苦读时，娘在背后瞅着，便乐滋滋地自言自语："孩子有这份勤奋，一定会有个好前程。"这天夜里，娘便做了一个奇梦，她梦见启瑞变成了一只小老虎。小老虎在她身边亲昵了半天，便跑了出去。娘在后面追呀追呀，就是追不上。小老虎跑出村庄，跑进旷野，跑向一座高高的山巅。

儿子到了山巅之后，便恢复了原来的模样，但身形却又高又大。只见他立在山头，手中挥动着一面旗帜，高声呼叫着什么。顷刻间，漫山遍野全是小老虎，他们奔跑着、咆哮着，潮水一般，汹涌澎湃；一忽儿，老虎群便卷着儿子腾云驾雾，冲上云霄；一忽儿又钻进大海！

娘吓醒了，她出了一身冷汗。心想：难道儿子就是一只小老虎，儿子的事业就是在高天、在大海？娘坐起来，点上灯，来到儿子床前。启瑞睡得正甜。儿子的睡姿，正像一只朝着山冈冲去的猛虎：他两手前伸，头微昂着，腰微屈，两条腿绷得紧紧的。娘点着头，心想：像，像梦中的那只小老虎。儿子既然像一只小老虎了，就不必把他关在家中，就得让他出去闯荡！娘决心定了，这才送儿子外出。

段祺瑞跟着娘来到南山冈的土坡上。那是一片雁翅儿排开的坟头，坟前竖着高高低低的石碑。娘领着，按照祖坟的辈分，一一跪拜磕头，娘还口中念念有声，乞求列祖列宗"多多保佑，让启瑞官运亨通，步步高升，为段氏争光，光宗耀祖"！当范氏领着儿子来到公公和丈夫的新坟前，想起了无疾而死的丈夫，想起了关爱孙子的公公，再也控制不住心里的悲伤，坐在坟前，"呜哇"地大哭起来。

段从文死得太突然了。但是，灾难似乎也在意料之中。段祺瑞四岁时，祖父在寿州便以"洪杨之乱"为名杀了当地一个刘姓土豪。祖父当兵走了，刘家扬言报复；隔年，其父从文虑及危险，才在合肥大陶岗置田百亩住下。

据说此番贼盗多半与前仇有关。段从文本来会在父亲之后袭荣禄大夫的，人死了，一切自然空了，留下的，便是寡妻和一群儿女，范氏怎么不悲伤！

十八岁的段祺瑞，很理解娘的心情。他跪在爹的坟前，对娘说："娘，别哭了。我一定为父亲报仇，不除了仇人，誓不罢休！"娘揉揉泪眼，摇摇头，说："先别说这些话了，到哪一天再说哪一天的话。娘只盼着你上进，盼你有出息。"

段祺瑞点点头，说："我一定为祖宗争光。不混出个好前程，启瑞不回大陶岗；不出人头地，无颜再到祖坟上来。"

——段祺瑞跟随爸爸在宿迁军中，认真地读了几年书。若不是爷爷暴病身亡，爷爷一定会让他在科场上露露脸面。可是，由于段祺瑞过早地接触了官场，除了八股文章之外，他也悉知了官场上的一些人际关系，知道了科场之外武行的作用。爷爷不能算是个学问人，科举这条路他走不通，他只能靠祖上的荫德，闹一个空招牌。然而，爷爷竟自闯了出来，那得算托了太平天国洪杨之福——太平天国兴起之后，捻军也在各地兴起。中国的农民运动又进入了一个新时期。朝廷派官兵镇压，地方组织武装"保家"。段佩乘机而动。不想，他竟成为淮军的统领。爷爷的经历，隐约告诉段祺瑞一个道理：科场之外，升官还是有途的……

前天晚上，娘在灯下为他收拾行装，一边又唠叨着，要他好好做事，将来混一个像爷爷那样的前程。段祺瑞对娘说："娘，您放心，我会像爷爷那样出人头地，混个模样。我还要比爷爷混得更好。"娘惊喜地望着他，说："你能比爷爷混得更好？"段祺瑞点点头。

"爷爷混到统领，官不小了，也不容易，你能比爷爷还好？！"娘不相信。

"娘，"段祺瑞叙说抱负和理由了，"您是知道的，我比爷爷念的书多，知道圣人治国安天下的道理多。再说……""说什么？"娘急问。

"我跟爷爷出去的时候，爷爷咋办事，我都记住了；爷爷见到大官时，该咋办、咋说，我也记住了。官场上就那副模样，一学就会。""什么模样？"娘有点惊讶：小小年纪，尚未出门，就把事情看得那么容易，这不好。娘说："你说说，我听听。"

"娘，"段祺瑞知道自己把话说过头了，忙说，"这样的事，只能心里明白，说是说不明白的。""那为啥？我不信。"

"天底下的事，万样千般，一样事就得有一个办法。不能用一个办法办许多事，得会随机应变。”

娘还是皱着眉摇头。但是，她知道这是说不明白的事，于是，就变了个话题。“好好，随你自己逢事去想主意吧。”娘笑笑，了事。

拜过祖坟之后，娘拍拍启瑞因跪拜身上沾的泥土，然后说：“咱们回去吧。”

母子二人进村之后，并没有回家。娘却领着启瑞朝一个小破门楼走去。

“启瑞，”娘说，“咱去看看沈老先生吧。明儿，便想让这位沈先生领着你出门去。”

段祺瑞点头答应。

沈家，在大陶岗村，像他们的门楼一样，是个败落的家族。早在嘉庆年间，祖上还做过知府，那时很兴旺。嘉庆朝末了，知府被罢官了，家便败下来。到现在，这沈家是知府的孙子沈庆珠撑着，但是却一贫如洗，只剩一个空架子了。沈庆珠沾着祖上的余光，还保持着一个“沈先生”的名号。沈先生是过了花甲的人了，早年虽然中过秀才，只是以后再没有发展。别看家败人窘了，毕竟是有过门第的人家，为人处事，处处都讲个“礼”字和“义”字，颇得邻人们的称道。常言说得好，家败如山倒。沈家的日月一年不如一年。沈先生放不下秀才架子，先是卖祖宗的田产，后来卖祖宗的什物，艰难地维持生活。又是俗语话，坐吃山空。眼看着祖上一片家业被吃光了。沈先生是读书人，肩不能担，手不能提，看馆教孩子又无地方，日月越是不行了。此时，好心人便劝他说：“沈先生，京城中不是还有几家老知府大人的故旧么，该去投投。凭哪一家讲讲旧交，手指缝里漏出点儿，还不够你安度晚年的！去吧。”还有人劝：“听说天津卫、济南府都有老爷子的门生，官儿还不小呢。上门找找他们，总不至于拒之门外。”

沈先生是读书人，上门打抽丰的事原本是不愿干的。男儿膝下有黄金，怎肯低首去求柴米油盐！可是，沈先生毕竟是山穷水尽了，万般无奈，只好抱着试试看的心情，决定北上一次，无论济南府、天津卫，或北京城，难得有一两家给个笑脸，也就满足了。沈先生打点了路费，正准备动身，就在这时，段祺瑞跟着娘走进来。

破门楼下的两扇门虚掩着，娘轻轻地推开，抬步进去。见沈先生正坐在梧桐树下看一本什么书，便凑到跟前，按照平素世交，轻轻地叫了一声：“沈大叔！”

沈先生仰起苍老的脸膛，从老花镜的镜底打量一阵子，才忙站起来，毕恭毕敬地说：“啊——哟，是段家大夫人。老朽眼不济事了，耳也沉了，不中用。怠慢了，怠慢了。请坐，请坐！”说着，又去拉身边的小方凳。又说：“这位是不是大公子叫启瑞的？”段祺瑞点，应声“是”。

娘没有坐，站着说：“听说沈大叔这几日要到京城去，俺这启瑞也要北去。这孩子没出过远门，想跟大叔搭个伴儿，路上请大叔照应一下。”

沈先生是个讲究名誉的台面人物，平时总想着乐施好善，只是手头拮据。现在，段家大公子只求一路同行，并不需他花费自己分文，何况自己也算风烛残年了，路上也可相互照顾，他何乐而不为？忙说：“段家大夫人，这事不费神，你不必介意。能同大公子一道远行，路上必不寂寞，实在是一件乐事。再说，老朽也这把年纪了，说不定路上还得大公子照顾呢。我还得谢谢大夫人你呢。”

“不谢，不谢。”娘说，“沈大叔经多见广，学问又好，启瑞跟您外出，就是要靠大叔多指点。”

又叙了阵子闲话，约定了外出日期，娘俩这才告辞出了门楼。儿行千里母担忧！

段祺瑞要离家独自去谋生了，娘心里一下子变得沉甸甸的。她一边为儿子收拾行装，一边思索着还要交代儿子什么事情。自从丈夫段从文遇害之后，这妇道人便觉得天地都狭窄了，自己肩上的担子分外沉重，生怕领不好孩子，惹得四邻八家风言风语，惹得居家上下另眼相待。为了让儿子争口气，她没有少流过三更泪。儿子要远行了，要飞出旧巢飞向万里碧空了，翅膀硬不硬？经起经不起狂风暴雨？天下父母都是一样的苦心；没有人不认为自己的儿子是最好的儿子，又没有人不觉得自己的儿子是最没有本领的儿子，一旦离开家，离开父母，连热冷、饥饱都不能自理。所以，才有“儿行千里母担忧”之说。

娘把衣服准备齐了，又忙着准备路上的干粮——那时候，人出远门，全凭着两只脚板，晓行夜宿，一天走几十里路。家人是按照远出人的总行程准备干粮的。从黎明忙到日落，入夜还在思东想西，生怕漏了该带的物件。做娘的真不容易。

就在娘忙的那天晚上，段祺瑞匆匆忙忙地又朝沈家那个小门楼走去。

往天，段祺瑞从不进这个破落的院子。不知为什么，看到这个院子，他仿佛便看到了一种没落；看到那个老朽，他仿佛又看到了衰败。他觉得那个院子既深奥又恐怖。深奥得像一部天书！

如今，段祺瑞要随那位老朽北上了，老朽是到官场上去打“抽丰”，何况，人家祖上就是官场上人物，还是个四品官呢。凭这一点，段祺瑞又觉得这小院有它的神秘处，官场上的秘诀、瓜葛，那里都有成色的样板；官败了，经验更值钱；沈庆珠虽然没有过过官瘾，祖传的官场“秘方”还是了知的。就为这，段祺瑞才想去。

村庄已被浓浓的夜色围裹，房舍树木都看不见面目了；星星躲在了云后，云沉沉地压住村庄；不知是虚张声势还是真的发现了可疑，犬在高一声低一声地叫着。村庄显得死一般的沉寂。

凭着记忆，段祺瑞来到破院的小门楼外。搭手推推门，门还是虚掩着。他像娘一样轻轻一推便走进去。院子中更漆黑，漆黑得连房檐门窗也分不清楚。段祺瑞在院中站定，轻呼一声：“沈爷爷，沈爷爷在家吗？”

沈庆珠在床上躺着背诵《论语》——他熟读过这本书，没有条件拿它“治天下”，只想拿它消化食。仲春天，昼短夜长，有年岁的人困意不浓，又没事可干，跟圣人对对话，也不失一番风雅。正当他“之乎者也”入港时，有人在院中呼叫，他吃了一惊：何人深夜打门？又想：有朋自远方来，不亦乐乎！忙从床上跳下，口里应道：“哪位，老朽来也！”

沈先生推门出来，尚未站稳，段祺瑞便走上前去，一边打躬，一边说：“我是段家启瑞，深夜造访，有扰沈爷爷了。”

沈庆珠上半天才同段祺瑞说过话，印象颇深，同时也看出他举止不一般，有良好的印象。今见是他上门，知道必有话说，正好解这仲春长夜之闷，忙说：“是段家大公子，快请屋里坐，屋里坐！”

二人走进屋里，老沈又把灯头拨大一点，便对面坐下。暗淡的灯光，映着一老一少的脸膛，虽都是甚感拘谨，毕竟肚里都有点儿墨水，几句寒暄之后，段祺瑞还是开门见山说明了来意：“沈爷爷，您是咱这一方最有学问的人，爸爸在世时便常对我说：‘有机会一定要勤向沈爷爷请教。’我要外出了，不管是军中、政中，总想谋个稳当的差使。老人家知道的，启瑞除随爷爷在军中住过几天，长这么大未出过远门，世事人情都是两眼黑；娘又是个妇道人家，更不润官场。所以，启瑞才……”

沈庆珠一听段祺瑞是来讨教做官秘诀的，心里很是兴奋。暗想：这个门子算你投对了。合肥这片天地，除了中堂李家，还没有谁敢漫说官场上的成败呢。但他还是说："老朽是个槛外人，哪里就说到脉上去了。只不过祖宗的风风雨雨，心里略有个子丑寅卯罢了，说准说不准，都是难定的事。"

段祺瑞又奉承道："沈爷爷您别谦虚了。只是您老不愿做官罢了，若是愿做官，怕早在老太爷之上，说不定咱合肥又要出一位'沈中堂'呢！"

沈庆珠笑了。"再大的官爵，过眼烟云而已，切不可看得过重。官场，究其实，跟赌场是一个样儿的，甚至比赌场更阴险！赌场常常还要给张牌看看，官场……"沈先生摇摇头，转了个话题，"启瑞，你也是读过不少书的人，读过《红楼梦》吗？"

"只读过一遍。"段祺瑞说，"爷爷活着的时候不让读，说那是一部邪书。"

"你爷爷这就错了。"沈庆珠摇摇头，"咋能那样说呢？《红楼梦》有什么邪？那是一部比《论语》厚实的书；兴亡成败，无不析之入骨；琴棋书画，无不品之入骨；忠奸善恶，又无不揭之入骨；光那个'护官符'的学问，就够任何一个官儿一生用不尽的。此书不能不读，不能不细读。这是我今儿对你说的头件大事。"段祺瑞点点头。

沈先生又说："从我祖上的经验看，做官只有一个秘诀：想长期做下去，并且做步步高升的官呢，那就要做糊涂官，得过且过，只求得顶头上司开心，怎么做都别脸红；有好处了，务必给上司大头，自己落小头，切不可独吞；有害自己前程的事，切不可干。要想做一任就不干的官呢，或想干倒霉的官呢，就做清官，像海瑞、包公那样的官，秉公执法，清正廉明，连驸马也敢铡……"

段祺瑞糊涂了，这老家伙说的什么话？怎么把清官、贪官颠倒而论了，谁不想留名青史，谁不想为民办事？还有想落骂名才出来做官的人吗？他想不通，他皱着眉头想问问沈先生。

沈庆珠摇手阻止他，说："我知道我这些话都与书上的不相同，你不敢相信。可是，你要记住，眼下的事就是这样。"停顿了片刻他又说："孩子，大道理就不用多说，以老朽孤陋寡闻，我劝你记住这样几句话：办任何事，都要先想想对自己有好处没有。有好处，就大干；没好处，就不干；虽无好处也无害的事，可以顺其自然。一句话，贴着顶头的官儿办事，让他满意……"

段祺瑞怀着惴惴不安的心情离开了沈家小门楼。

段祺瑞上路的那一天，娘一边揉泪眼，一边说："启瑞，到北边，多给娘写信。"

"娘，"段祺瑞答应，"我知道。""要注意身子。""我知道。"

"天凉了，别忘了添衣服。""我知道。"

"还有……"娘抽泣了，流泪了。

段祺瑞也流泪了。他拉着娘的衣襟，安慰娘说："娘，您放心吧，启瑞会照顾好自己的。我都十八岁了，难道还得要娘事事关心？再说，路上有沈爷爷搭伴；到北方还有一位叔父照顾，怕什么？"娘点点头，终于把眼泪擦干了。

这时，娘扯开衣襟。从衣袋里拿出一块银元，一边递给儿子，一边说："启瑞，娘本想多为你准备些盘缠，可是，娘也难。这是娘攒了好长日子的一块钱，你拿着在路上用吧。以后娘会想法儿不时寄钱给你的。"

段祺瑞把钱推给娘，说："娘，我不要钱。路上有干粮，用不着花银钱了。这一块钱您留下用吧。"

"咋不要钱！？"娘又要流泪了。"拿着。俗话说，穷家富路。娘手里紧，不能多给你，总不能让你空着两手外出吧。拿着，拿着。娘在家中不要钱用。"

娘儿俩推让许久，段祺瑞才把一块银元收下，然后跟着沈庆珠出了村——后来段祺瑞发迹了，人说他是"一块钱起家的"！

第二章

济南的山水不秀丽

初夏的泉城济南，还是浓浓的春意，一街两巷的垂柳，仿佛是昨天才吐出新叶，流过户户门前的泉水，几乎依然呈现着冬的羞怩；风冷冷地过巷穿街，人们春眠尚酣；大明湖的荷池只偷偷地露出几点尖叶，千佛山也还在沉睡。

段祺瑞告别了沈庆珠，走进族叔段从德的军营——这时，他心里才猛然间感到惶恐：呀！见了这位叔父说什么呢？说来谋事，自己有何能耐？说来谋生，也算堂堂七尺汉子了，难道在家连饭也混不上？这不是明明让族叔瞧不起吗！段祺瑞皱着眉，在军营外徘徊一阵，还是走进去了。

任着军营管带的族叔段从德，是个性情比较豪爽的人，一见侄子徒步千里来到面前，甚是高兴，忙着命士卒安排住处，准备饭菜，为侄子洗尘，并且拨去冗务，亲自陪着侄子吃第一顿见面饭。“启瑞，你来了，我很高兴！家中都还好吗？”

段祺瑞忙站起来，说：“好，好，一切都好。我娘让我问大叔好。”“好！”段从德说，“难得你母亲还惦记着我，我谢谢了。”又说：“你娘也不容易，一个妇道人家，拉扯你们几个，够难的。这几年家乡收成还好吗？”

“好，收成好。”段祺瑞回答着。又说：“大叔，我娘说……”他想表明来意。

段从德忙摆手阻止。“大老远儿来了，一路上辛辛苦苦，先休息。休息好了，再在济南玩玩。你没来过济南，济南还是很好的。七十二泉，很著名。”

段祺瑞只好把话收了回去，听从族叔的安排。

挨近四十岁的段从德，身为武官，胸却藏着天地，见这个侄子不远千里来找，心里颇为触动。他知道他的族兄从文是个胸怀大志的读书人，就是体质太差，要不，准是个皇榜上有名的人；若是从武，也绝不在自己之下。可惜英年早逝。这位遗侄启瑞，虽然接触不密，也略知他的为人。现在上门来了，自然是想靠着“树影”找个落脚。段从德觉得自己该帮这个侄子一把，五大三粗的身个，又读过不少书，哪里找不到吃饭的地方！凭着他的影响，他能办到。他在脑海中思索着，看看到底去何处为好。

平心而论，段从德对这个侄子的印象还是挺好的，觉得他不仅好学，而且求其解。是个用脑筋读书的年轻人——他想起一件往事：

那一次，段从德回乡探亲，约了几位同窗好友相聚，畅谈之中，话题转到了历代山水诗的评价上来。自然都大谈盛唐诸家，说得前无古人后无来者。段祺瑞站在族叔身后只微微发笑，并不说话。段从德对这个侄子略知一些，但并不全明白在这方面的功底，便特意询问：“启瑞，你对诸位的评论以为如何？”

段祺瑞虽然少年气盛，但在叔辈面前还是不敢放肆的。只轻声地说：“很好，很好。”

族叔似乎想考验他，便说：“不要顺大流随声附和，要你说明自己的看法。”

“都是长辈，小侄不敢冒昧。”段祺瑞没忘严格的家教，态度十分严肃。

段从德虽然连连点了几下头，还是说：“不必拘礼，这里是瓜田李下，开心罢了。可以各抒己见。”

段祺瑞望着族叔点点头，然后说：“晚辈有点冒昧，在各位叔父面前放肆了。据小侄的孤陋寡闻，我认为各位的见解多少有些厚古薄今，失于公允。”

大家正在兴头上，忽听一个毛头娃子如此冷飕飕丢出一枪，甚感惊奇。于是，都冷着脸膛，把目光投了过来。

段从德见此情形，忙说：“这是舍侄启瑞，颇为用功地读了点书。但总的说，实属孤陋寡闻。”他把脸转向段祺瑞，又说：“启瑞，大着胆子说出见解，今日各位都是名士，说错了也可以聆听各位指教。”众人都说：“不敢当，不敢当！还是请令侄发表高见。”

段祺瑞并不客气，说："唐宋盛朝，诗风大兴，佳作固然层出。若论起山水诗的品位，本朝以来，仅就取材范围之广阔而言，远远超过他们。"

段从德怕这个侄子口出狂言，有失礼节。忙说："先别说定语，要摆出根据。"

段祺瑞点头微笑。"本朝初起，便高手林立，钱谦益描绘的黄山云海、飞瀑、怪石、奇松；厉鹗描绘的杭州西湖秀丽的山光水色；黎简对广东罗浮山川风物的刻画；袁枚笔下漓江阳朔的神奇变幻；吴兆骞对长白山那'白雪横千嶂，青天泻二流'气势的描写，都是前无古人的。黄逢昶对台湾'海天鳌柱峙中流'的磅礴气势和'枫落潮头秋色晚，登仑如踏紫金蛇'的缤纷色彩编织等等，都为祖国的山川增添了奇光异彩。"

"言之有理，言之有理！"众人点头称道。

段从德微笑着说："本朝诸家固出手不凡，但唐宋大家，其诗坛影响也是绝不可低估的。"

"是的，"段祺瑞说，"叔父言之有理。无论唐之杜甫，宋之陆游无不把山水记行和表现当代气氛相结合。国朝许多诗人继承了这个传统，但又有所发展。比如归庄的《天平山》诗：'石如人立百千群，处处苍崖飞白云。山势雄奇产人杰，荒祠端拜范希文。'就是突出天平山奇峰怪石的雄伟气魄，借以寄托……"

段从德是个熟悉诗文的人，一听侄子要把山水诗和抗击外族侵入的范仲淹合为一谈了，心中一跳，这可是大忌！忙阻止："小孩子家见识几何？竟如此无度牵强。去吧，去吧！"

段祺瑞知趣地走了。这位族叔心中却揣测起来：这个后生，心胸不凡！

……现在，这个不凡的侄子来到自己身边了，想让他为他寻求一条谋生之路了，段从德犯了思索。

段从德读过书，但文不行，连个秀才也不曾沾上。弃文从武，混到管带。自觉官也到顶了，再爬就难了。对于侄子段祺瑞，可没有小看，觉得他是个能人，有点才，他乐意帮他一下。凭着军中的地位和影响，段从德为侄子在军中谋个吃饭的差使，只是一句话的事。凭那身条，凭那机灵，还有那读书识字，当个兵总是上等的吧。可是，段从德不想那样轻而易举地安排这个侄子的前程，安在军中就埋没了。何况，军中鱼龙混杂，说不定便走上了邪道。一步走错，再扭都难。就像在小树身上砍了一刀，即使这刀口能愈合，那片疤痕却永远也抹不去了。段从德还想，这侄子虽然从小丧父，家中生活还是较为舒适的。在舒适生活中长大的孩子，往往缺乏大志，必须给他一个锻炼的机会，让他独立去闯，明白人生是怎么回事，才会有出息。让他苦一阵子，受用一辈子。

主意这么打定了，心也平静了，一方面让人安排好侄子的生活，一方面着人带领侄子在济南游山玩水。只要他乐意去的地方，泉城的山山水水都让他游个够。

段祺瑞是乡间长大的孩子，虽然跟随爷爷在外边待过一阵子，大多时间是以读书为主，爷爷期望他能够金榜题名，光宗耀祖。所以管束较严，没有给他过多的时间去游山玩水。如今，他从江淮之间的合肥乡下来到山清水秀、家家泉水、户户垂杨的济南府，心野是自然的，跑跑看看也倒觉得心里畅快。于是，先是城中的大明湖、趵突泉，后是城外的千佛山、白马山，又是老黄河。几日之后，他感到了不对劲。我是来找叔父谋点事做做，话未说明，事未办成，天天游山玩水，这叫怎么着？段祺瑞是读了不少书，心里有抱负的人，不愿意混了天日，怕误了前程。

一天晚上，趁着叔父没有公务的时候，段祺瑞走到他面前，轻轻地叫了声“叔”，然后说：“我来济南不少日子了，不能总是这样天天游荡。来的时候，娘说……”

段从德还是摇摇手，不让他说下去。“我知道，我知道。”“那……”段祺瑞有点惊讶。

“启瑞，你的来意我明白，无非是想找个地方，有碗饭吃。你说是不是？”

段祺瑞点点头。

“光是为了吃饭，那就不一定谋事了。”段从德说，“在我这里吃闲饭，我也完全能管得起。”“叔——”

段从德又摇摇手：“你听我说。想谋事呢，我就不准备帮你了。常言说得好，谋事在人。这个‘人’，便是自己。要自己去闯荡天下，靠人撑腰是不行的。我再说一遍：找饭吃，我这里有；想谋事，自己去闯。别的，再无捷径。”

段从德说这番话时，十分严肃。严肃得脸上像是蒙上了苦霜。段祺瑞的心慌了：这算是什么族叔，怎么能冷到如此地步？他坐在叔父面前，再也说不出话来。

段从德望望这位软瘫的族侄，知道他心里不好受。是的，一个年轻的孩子，乍出家门，世界是个什么样子，他尚不知道，让他去闯，实在是一件难事。他想把自己的苦心对侄子说清楚，让他能够理解。可是，又觉得这事一时说不清楚。即使说清楚了，也并不一定对他有好处。于是，他转了个话题，对他说："启瑞，你既然来了，就不要走了，留在济南，住在我身边，没事就好好读读书。万一有机会呢，我会为你搭个桥，指点你一下。我不会让你去盲目无门子地闯。听说北边正在酝酿组建武备学堂，我希望你去投考。万一考中了，也是自闯一条路，将来便会挺着腰杆做人……"

段祺瑞冷静地想想，觉得叔父的话也有道理。年轻人得有点志气，要做一个堂堂正正的人，自己去闯路。他本来想返回合肥家中，去自找机会。转而又想：离开家了，千辛万苦地来到了济南，又匆匆忙忙返回去，怎么对娘说呢？说不清楚，娘不是会伤心难过吗。好，不走了，在济南等机会吧。万一有机会，我便去闯。北方靠天心近，天子脚下，地广路宽，走也容易走出去。段祺瑞落脚在济南，没事便读书习文起来。

十九世纪四十年代以来，西方帝国主义国家纷纷把豺狼般的目光投向中国，英国商人首先把大批鸦片输进中国。据官方统计，1838 年一年中，光是英国鸦片掠去的中国白银就是一千万两。中国人愤怒了！林则徐在广东虎门二十三天就把英国人运来的鸦片两万零二百八十三箱（约二百三十万斤）全部销毁，全中国人为之扬眉吐气！哪里知道，英国的商人都是以帝国做后盾的，1840 年 6 月，英国侵略者便派遣由十余艘军舰组成的舰队闯进中国广东海面，不久，便开始进攻清军。虽在闽浙沿海未能得手，侵略者转而北上，占领定海后又迅疾北犯，进逼天津白河口。

清廷腐败，不敢抵抗。一面对侵略者屈膝投降，一面撤了抗英英雄林则徐的职。最后，和英、法等签订了诸如《广州和约》《南京条约》《望厦条约》《黄埔条约》等不平等条约，交付了大量的赔款。

法国人看英国人入侵中国大获其利，于 1883 年 12 月派兵四千进攻驻防中越边境的清军，不到五个月，即占领了红河三角洲。执政的慈禧太后冀图避开战争危险，派李鸿章到天津，和法国人签订了《中法会议简明条款》，不仅把越南送给了法国，还几乎输掉了中国的台湾海峡，最后，又和法国人签订了《中法条约》，承认了《中法会议简明条款》有效，并同意在云南、广西两省中越边界开埠通商，而且规定以后中国建铁路必须通过法国人。经过多年的预谋，1884 年底日本帝国主义分子干涉朝鲜政变失败，却借口政变后驻朝使馆被焚、侨民被害，与中国、朝鲜进行交涉，于次年逼迫朝鲜、中国签订不平等条约……

眼睁睁看着中国要被帝国主义瓜分了，中国人无不痛心疾首。朝野上下，自然食宿不安，就连一直热衷洋务的直隶总督兼北洋大臣李鸿章也向朝廷上奏，要在天津开办武备学堂，仿照法国陆军学校的办法，为中国培养素质优良的陆军军官，由他们训练强大的中国陆军，以强国防。

当时清王朝的军队，是世界上比较落后的军队。现在要学习西洋的练军法组织军队了，国人为之振奋，一听说武备学堂就是为组织现代军队培训军官的，人人都想把有为青年子弟送到那里去。身为管带的段从德，自然关注而又热心这件事。得到消息的当天，就把侄子段祺瑞找到面前，语重心长地对他说："启瑞，你出头的良好机会来了，只看你的本领和运气如何了！"段祺瑞："叔，什么机会呀？"

段从德把李鸿章奏请创办武备学堂的事说了一遍，又说："这件事朝廷已经恩准，决定在天津设办武备学堂，由各省选拔优秀子弟去报考。这可是千载难逢的好机会。我要推荐你去应考，盼望你能考中。"

段祺瑞正闷得心慌，一听说有武备学堂可考，自是十分高兴。忙说："叔，请您放心，我一定能考进去。"又问："什么时候考？到天津考还是在济南考？"

段从德说："别着急，这些事现在还都没有具体告示，我想很快会定的。你只管好好准备，到时候我会安排你的。"

段从德还算是一位热心人，除了为侄子准备了一些中国军事方面的材料，又请了几位研究中国军队情况的教习提调提调侄子，让他对军武的知识有所了知，另外就是为侄子打点行装、路费。一切齐备之后，又把侄子叫到面前，认乎其真地说："启瑞，我知道早些天你在怪大叔，怪大叔对你太冷淡，没有在济南为你找个吃饭的地方。按说，我是应该，也能够为你找个地方的。我为什么不给你找？我是怕误了你的前程。我还是那句老话，觉得你不是一个只图碗饭吃的人，你有能耐办大事。关键是你有没有办大事的心胸？"又说："人是不能只图顺路走的，尤其是年轻人。世界上，无论古人还是今人，无论中国人还是外国人，没有谁不经过磨难而成大器的。你懂吗？'梅花香自苦寒来'！你就得先磨炼自己，先经经风雨，然后……

也许风雨把你摧残了，那你就不是个人才。风雨没有摧残你，你就成功了，懂吗？”

许多日子来，段祺瑞是觉得这位叔父太冷了；由于叔父的冷，连济南的山山水水他也觉得不那么清秀，甚至责怪母亲不该让他来找这位叔父。现在，悟悟叔父的话，觉得是至理名言，自己的世界要自己去闯，别人只能扶你一时，不能扶你一世。即使一时把你扶上去了，路自己走不好，还是不行的。他对叔父说：“叔的话句句是真言，侄儿记住了。我不怪叔，我得感谢叔！叔给我的不是拄棍，是意志、是雄心。再结实的拄棍，也不会拄一辈子，只有有了意志、有了雄心，才会一辈子不败。叔，您放心，启瑞不混个模样，绝不回咱大陶岗村，也绝不来见叔父您！”说着，还跪倒在地，实实在在地给段从德磕了个头。

段从德忙把他拉起来，说：“好，好，有你这个心肠，我就放心了。不过，叔还得给你提个醒：世道可不是好混的，官场上的险恶更多。不要认为官位高的人都是正人君子，不是，卑鄙小人多得是，男盗女娼多得是，千万千万要洁身自爱；还有一条，官场上的路套你也得懂一些。知道什么意思吗？”

段祺瑞心中一震：叔父讲了一大堆做人的道理，现在又问我官场上的路套。什么路套？我连官场尚未入，怎么知道什么路套呢。转而又想：路套，是不是沈先生说的那一套，就是《红楼梦》里的“护官符”那一套。段祺瑞心慌了。这些日子只顾瞎忙了，还没有来得及找《红楼梦》来看看。于是，他对叔父说：“叔，我还是个小孩子，除了跟爷爷外出过一阵子，到济南来，还是第一次出远门，哪懂得官场上的事，还望叔父多多指教。”

“这么说，是得告诉你几句要紧的话。”段从德呷了一口茶，又端起烟袋，这才慢条斯理地说：“官场，复杂呀！阴晴无度，变幻莫测，想混下去，就得会适应。适应，懂吗？打个比方吧，晴天在光明大道上可以走，阴天在曲曲小道上也得能走，甚至在没有路的荒野荆棘上，也得能走。再比方，该做人的时候，要挺起胸做人；该做狗的时候，要夹起尾巴做狗。这就是能伸能屈，懂吗？”又问：“知道汉朝的张良张子房吗？”

“知道。”段祺瑞说，“是汉代开国皇帝刘邦的重臣。建议刘邦不立六国后代，联结英布、彭越，重用韩信，又主张追击项羽，歼灭楚军。为建汉立了大功，被封为留侯的。”

段从德微微点头，说："这是其一，还有……""还有？"段祺瑞有些不解。

"张良，城父人，祖与父相继为韩昭侯、宣惠王等五世之相。秦灭韩后，他图谋复韩，在博浪沙狙击秦始皇未中，他逃至下邳。知道张良到了下邳干什么吗？"

段祺瑞恍然大悟。"叔，我明白了，请您放心。果然到了那一天，我也会学张良，我也会跳下水去为不相识的老人拾鞋。"段从德仰面笑了。

段祺瑞到天津，以良好的成绩考入中国近代第一所陆军学堂——天津武备学堂。他在德国教官的严格指导下，经过两年的奋发学习，于 1887 年以"最优等"的成绩毕业，奉派到辽东半岛的旅顺港，负责监修炮台。

段祺瑞从此进入军界，开始了他的仕途生涯。

第三章

到西洋学炮

旅顺，位于辽东半岛南端，濒临大连湾，是中国的重要港口。历来的侵略者，无不把这里看成是入侵中国心脏的门户。

清王朝屡屡受外国人的气，心里挺不好受，便决定在旅顺口增强国防，大筑炮台。段祺瑞在武备学堂是学炮工的，奉派到旅顺修炮台，是理所当然的事。旅顺口是军事要地，清军决定在这里修筑海岸炮台十二座，陆地炮台九座，共要安装大炮八十尊。段祺瑞进入紧张施工中。

段祺瑞的生活也真够颠簸曲折的，跟随祖父在外，祖父病逝了；回到家中，父亲又遭不幸；离家北上不到一年，母亲范氏又病故了。接二连三，忧伤横至。在武备学堂全凭着自己的勤奋，才有那份优异成绩。到旅顺来之前，还好，自己完婚了，办成一件人生大事。夫人吴氏，也算贤惠妇女。

说起这门亲事，段祺瑞心里真是感激他的祖父，觉得这位祖父有些眼光，虑事深远——

吴氏是宿迁的名门闺秀，父懋伟，是个举人，一方名士。段佩做统领时驻宿迁，二人相识，交往甚密。

一天，吴懋伟长衫马褂来到段佩的公署。段佩把他迎进客厅，有人献上香茶，举人谢过，二人便聊起天来。

吴懋伟年近花甲，身条细瘦，面皮白中呈黄，留着短短的八字胡，言谈之中，面带微笑。

“将军驻军下相，一方黎民方得安康。真该给你送万民伞了。”“皇恩浩荡！我一个小小的武夫，作用几何？”段佩说：“还是让黎民百姓都报答皇恩吧！”

“也是，也是！”吴懋伟说，“段将军奉行圣命，治军有方，也是功不可没的。”又说：“听说令孙随营读书，长进很快，将军教训子孙定是极其有方的。”

“家人对孩子多有偏爱，我恐误了他的前程，故而接来身边。”段佩说：“宿迁宝地，人杰地灵，小孩子来此，必然受到灵气才有长进。”

“听说令孙是极其聪敏过人的，日后必有出息。”吴懋伟说，“令孙今年多大了？”

“乙丑年生，刚刚十五岁。”

吴懋伟点头笑了。自言自语：“乙丑——戊辰，一个是属牛的，一个是属龙的，般配，般配。好，好。”

“举人公如此兴致，不知想到了何事？”段佩无意间问。

“段将军，”吴懋伟拱起双手，站起身来，还是笑着说，“吴某人想入非非了，还不知将军能否体谅？”

“咱们已非一日之交了，”段佩说，“段某驻军贵乡，多承关照，你我早是莫逆，还有什么大不了的事，说什么体谅不体谅。有话只管直说！”

“将军，”吴懋伟说，“吴某高攀了。令孙今年十五岁，我家有小女十二岁，我想……”

段佩明白了。忙说：“举人公，你这就过谦了。听说，令爱不仅聪明过人，相貌出众，也是读书知理的好女子，只怕犬孙无此厚福；再说，你我原本是兄弟相待，如此一来，岂不……”

吴懋伟忙摇摇头。“将军何必介意，乡俗还有个‘亲齐亲不齐’之说，你我都为朝廷效忠，更不必过套。”

段佩说：“这么说来，举人公是高兴这门亲事了。那好，我将及早请人登门求聘！”二人相对大笑。

段佩将这事及时写信告诉儿子从文，从文也极是乐意，着人去宿迁表示“听从父命”。段佩便具厚礼、托媒人前往举人吴家求亲。由此，两家亲事便定了下来。

天有不测的风云。段佩为孙子定婚不几月便病故了，祺瑞只好回到大陶岗村。又是家境多事，段祺瑞回乡只三年，父亲暴死，次年母亲也病故了；而他自己，也由济南到了天津，由一个普通学子成了武备学堂的高材生。他二十二岁那年，岳丈吴懋伟便领着女儿来到天津，与段祺瑞行了婚礼，结为夫妻。段祺瑞总算有了一个安定而和美的家。

武备学堂是李鸿章奏请设立的，李鸿章极崇德国，学堂里的教官，也是李鸿章等人从德国请来的；旅顺港设炮台，也多半是李鸿章的主张。

旅顺筑炮台那一年，李鸿章已是六十四岁的老人，他想以自己的洋务作为来奠定自己的政治生涯。李鸿章是道光进士，可是，他却是凭着办团练对付太平军发迹的。凭此，他投到了曾国藩麾下。1861 年编练淮军，次年即被朝廷派往上海，在英、法、美等国支持下与太平军作战，升任江苏巡抚；1865 年署两江总督，又调六万人对捻军作战，一年后便接任了曾国藩的钦差大臣职；1870 年取代曾国藩任直隶总督兼北洋大臣。从此，掌管了清廷的外交、军事和经济大权，开始了他以办近代军事工业为中心、“自强求富”的洋务事业。他设立江南制造局、轮船招商局、开平矿务局、天津电报总局、北洋官铁路局和上海机器织布局等企业。利用海关税收，购买军火和军舰，扩充淮军势力，建立北洋海军。此时，李鸿章正处在春风得意之际，旅顺建炮台，自然成为他的北洋军的业绩之一。

李鸿章到旅顺港来了，他要检查一番这座有中国最先进炮台的海港。大员出动，前呼后拥，冠带似潮，辫子甩动。一群官儿们从海边走到山腰，从山腰走到山头。李鸿章手持手杖，缓步来到一座刚刚修好的炮台前，驻足打量，大约是心中满意，频频点头微笑。“好，好啊！”他说，“炮台修得挺好。”

一位随员对他说：“大人，您知道这个炮台是谁监修的吗？”“是谁呀？”李鸿章问。

“是您的武备学堂高材生——段祺瑞。”

“段祺瑞？”李鸿章左手捋了一下短短的胡鬓，眉头微微皱了一下。

“大人不记得啦？”人回，“就是那个毕业考试成绩‘最优等’的段祺瑞。毕业后便奉命到这里来监修炮台了。”

“我想起来了，想起来了。”李鸿章点点头。“这个段祺瑞，大约还是我的同乡吧？”说着，对随员仰脸“哈哈”笑一阵子，说：“我得说清白，派他来监修炮台，绝非因为是同乡。是因为他有这份才能。”众人都笑了。

李鸿章又说：“说来也是一件憾事，我对这位段祺瑞，没有印象。怕是碰见了也认不得人，叫不出名字。”“要不要传来，同大人见见？”

“自然是要的了！”李鸿章说，“是我的学生，成绩又那么优秀，并且还修了这么好的炮台，怎么能不见见呢。见！”人把段祺瑞传来了。

那一天，晴空万里，蓝天映着大海。海岸的滩头显得分外明丽，海岸的山显得分外青翠；海岸新筑起的炮台，威风凛凛地昂首对着苍穹；海面，翔着几只海鸥，山头飞着两只苍鹰。旅顺港显得一派宁静！

段祺瑞一身军人打扮，来到李鸿章面前，竟然拘谨得不知该行军礼还是该下跪。惶惶恐恐地喊了声“大人”，便垂首立在一旁。

李鸿章一见是一位身材魁伟，面皮白皙、举止温文的书生，笑了。“你叫段祺瑞？”

段祺瑞忙鞠一躬，“学生段祺瑞。”

“你不是学生了，是军人。”李鸿章又笑了。“军人要行军礼。”“是，是……”段祺瑞忙行军礼。

“别拘谨。”李鸿章说，“你确实是我的学生，天津武备学堂。但是，你该知道，我是主张开明办学的。师道要讲，更要讲师生博爱。知道吗？”

“知道，知道。”段祺瑞回答。

“之外，咱们还是同乡。同乡就更亲近了。”李鸿章说，“你是合肥人，对不对？”

“是，小人是合肥大陶岗人。”

“大陶岗……我也是合肥人，只是，对大陶岗不甚熟悉。是在城外吧？”“是城郊，大约七八里路。”

“老乡相逢，自然三分亲。亲就说几句亲近话吧，我问你，在这里修炮台，知道是做什么用的吗？”

“巩固海防，抵御外辱！”段祺瑞立正、挺胸。“外国人打进来，能抵御得住吗？”“能！”

“为什么？”

“炮台坚固，外夷不敢入侵。”“还有呢？”

“还有……”段祺瑞略一沉思，忙说，“万众一心，众志成城！”“好！好一个‘众志成城’！”李鸿章还算清醒，大清王朝多受外辱，而屡屡失败，就是众志没有成城，就是没有坚固的炮台。可是，许多人却不承认这个事实，而把目光屈从于洋人的开恩上去。我们为何不可学洋人强国自卫呢？他觉得段祺瑞是一个不一般的青年人，有些儿大志。又问："依你之见，我朝要想富民强国，当该如何办呢？"

段祺瑞离开大陶岗时，沈先生沈庆珠传授他的"仕途经"已印在脑中了，他虽然对它半信半疑，但还是想试试它有用没用的。可是，他不敢想象，自己面前竟是这样一个大得不得了的官。官大了，水平高，对这样的人拍马能行吗？设若他识破了，厌烦了，岂不是适得其反了。段祺瑞脑壳里在激烈翻腾——他毕竟是没有经过场合的"雏"，官场上的气温他还没有领略，为"盗"了，一出马就去劫"皇杠"，他还没有这个胆。事已燃眉，缩是缩不回去了，有多点心胸就亮出来吧。段祺瑞怯生生地说："回大人的话，我觉得大人的主张是正确的：先自强而后才能求富，自强又必须从强军、大办近代军事工业入门。武强而后国强，国强才是民富之保障。当务之急，是借鉴西方经验，即所谓学洋务，大兴武！学生浅见，不知大人意下如何？"

李鸿章一听，简直像三伏之日吃了凉西瓜，通身舒舒服服。他不曾想到，他那个办洋务、自强求富的主张竟被一个初出茅庐的年轻人如此完美地接受下来！而在朝中，至今尚有许多自称国家栋梁的人指手画脚。你说他能不高兴！李鸿章一高兴，竟忘乎所以了。对着段祺瑞走过去，甩开马蹄袖，竟去拍他的肩，握他的手，口中还连连说："年轻有为，年轻有为！"

这阵势，段祺瑞想都不敢想。这么大的一个朝廷红人，多少身份显赫的人要拍他马屁还够不着；几句半生不熟的言语，却能引得他向一个无名小卒伸去大手！段祺瑞甚是慌张，慌张得不知该如何应酬？二十三岁的卒子站在六十四岁的大帅面前，凭你勇气多大，心也得慌！

段祺瑞见到李鸿章，李鸿章对他又有了那么好的印象，实在是他一生中一件大喜过望的事情。他仿佛看到了一种希望。回到住处，激动得久久不能自拔。他拿起笔，铺开纸，想把这个会见描写下来——写下来做什么？他说不清。但他觉得这次会见，一定是他一生中最光彩、最值得记忆的一件事；说不定会成为一个契机，他会乘机而一帆风顺，青云直上！不过，他没有写出什么。他在灯光下沉思许久，还是落不下笔。他真不知从何处落笔，又写些什么？

在合肥人眼里，李鸿章是一个十分了不起的人物，几乎可以同万岁爷相提并论！爷爷活着的时候，就常在家人面前盛赞他，说："李少荃（李鸿章字少荃）是合肥人的光荣，合肥几百年才出一个这样的大人物。”又说：“朝廷把治国大计都交给李少荃了，说明他是国家栋梁！”段祺瑞受到国家栋梁青睐了，这是多么光荣的事呀！段祺瑞做梦了，梦得很美。

美梦能不能实现，还说不准。可是，合肥却传来了喜讯：吴氏为他生了个儿子！喜讯传来的时候，段祺瑞又惊又喜——他不相信自己作为人父了，但他又为儿子的到来而兴奋不已。他望着上苍膜拜，感谢上苍为段家送来又一代人；他翻书查典，要为儿子起一个吉祥、响亮的名字！他顺手翻开了一页《康熙字典》，却见第一个字是“宏”字，那下边的注释，尽是些“取精用宏”“宏才大略”“广博”之类的兴旺言语。段祺瑞想了想，说：“好，好，就用宏字，宏扬大业，宏扬祖业，让这个孩子其声大而宏！就叫他‘宏业’吧！”

段祺瑞给家中写了封信，把儿子的名字定下来。旅顺港的炮台监修工作进行得很顺利，一年时间基本建成。李鸿章接到炮台修好的报告之后，心里高兴之极却又一下子沉思起来：炮台修好了，炮可以买，谁来用呢？他犯了愁。

到了旅顺港修建成炮台时，中国的军队才算是由长矛换成了步枪，有的兵连步枪尚不知怎么用。什么样叫洋炮？洋炮有什么威力，怎么用？军队对这些玩艺还是一无所知的。中国能够制造枪，也是近年才有的奇事。李鸿章着急呀！他向朝廷打了报告，决定派几个学生出洋留学，去学习炮工。朝廷准奏后，李鸿章便在他武备学堂的学子中举行公开考试选拔。

十九世纪八十年代派学生出国留学，得算是中国的奇闻，闭关自守的封建统治下，人们连世界有多大几乎都不知道，外边的世界怎么样了，更是两眼黑。派学生出洋去学新玩艺，朝廷能恩准，已是一大进步了。所以，凡武备学堂学子无不欢欣鼓舞，积极参选。

段祺瑞顾不得回大陶岗去看儿子，匆匆忙忙从旅顺跑到天津去应考。

段祺瑞成绩优异，竟考了个第一名。和他一起被选中的学生还有吴鼎元（字子标）、商德全（字子纯）、孔庆塘（字文池）、滕毓藻（字兴甫）。这五个人出国之前，一起受到李鸿章的接见。

李鸿章对段祺瑞印象很深，一见面就对他说：“小老乡，机会难得呀！听说你考了个第一名，很好。出洋之后，要认真学习，别想家。朝廷派你们出洋，这是对你们特别恩宠。德国是世界上最先进的国家，洋玩艺多是人家领得先，好好向人家学习。你们这次出去，主要是学炮兵技术。你在旅顺港修筑的炮台，以后能不能发挥作用，就看你们这次能不能学到真本领了。”又说：“段祺瑞呀！你们是我朝最先进的一代炮兵，国家的安危，全靠你们了。以后的战争，是机械战，轮船、大炮，不会这玩艺可不行。你们的担子不轻呀！”

段祺瑞说：“李大人请放心，我们不辜负朝廷和大人的厚爱和器重，一定学好本领。”

“好好，你很聪明，能学好。”李鸿章又说，“出洋之前，去见见你的德国老师，向他们请教请教有关生活、学习，还有到德国之后的各种关系，我想他们是会帮助你的。”

段祺瑞连连点头，说：“谢大人指点，学生就去拜见德国老师。”段祺瑞匆匆赶到天津，跑进武备学堂见到他的德国老师叫迪西里的，扑通跪倒。“学生段祺瑞拜见老师。”

天津武备学堂由李鸿章、袁世凯聘请了六位德国人做教官，李、袁他们认为德国陆军是世界第一流的，也一定能为中国培养出第一流的军队。这六名德国教官便是以迪西里为首席的。迪西里，表面上挺和气，乐意和学生打成一片，终日微笑着和学生亲热；但其内心很阴险，不仅把中国学生当成奴隶，把中国军官也当成奴隶，一点不如他的意，他便默沉沉地想法子报复；学生和他有分歧时，他就用学生听不懂的德语骂他“笨猪”“混蛋”“不堪造就的东西”。可是，他对段祺瑞却另眼相看，他觉得段祺瑞好学、机灵，却又十分听话，是他理想中的中国学生；但段祺瑞那股独立思索、事事追根求源的性格，又使他心里不安。他觉得他是个不易征服的中国人。迪西里望着段祺瑞说：“快起来，快起来。什么事要行此大礼？”

段祺瑞一边爬起，一边说：“我被李大人选定派往贵国学习了……”“我祝贺你！”

“请老师多多关照学生。”

“没——问——题。”德国人很仗义，马上说，“你去德国，必是学炮。军校多是我的同事和学生，我可以告诉他们，他们会照顾你。”“多谢老师了。”

“不要谢。”迪西里说，“你是我的学生，我当然希望你学好。”他又说：“说起到德国学炮，当然应该说一个著名的炮厂，那就是克虏伯炮厂。我给你写封信，你交给军校的校长，他会安排你到克虏伯炮厂去实习的。在那里，可以学到真正的炮的本领。”“多谢老师，多谢老师！”

“不要谢。”迪西里说，“以后只要你不忘记炮兵技术是在我们德国学的就行了。”

“学生不会忘，学生记住了。”

光绪十五年（1889年）春，段祺瑞远渡重洋到了德国，进入军校，做了见习；秋即进入克虏伯炮厂实习炮工。

中国人闭关自守的时候，夜郎自大，什么都是自己的好；到了看见洋玩艺好的时候，又觉得自己什么都不好，连月亮也是外国的亮。

段祺瑞在德国深造了两年，满身金光回到中国，身价不一般了！回国当年即被任命为北洋军械局委员。次年，二十七岁的段祺瑞便成了威海随营武备学堂的教官，主持教练炮兵技术，成为清军崭露头角的军官，开始了他颇有地位的岁月。

第四章
小站投靠了袁世凯

段祺瑞在威海随营武备学堂做教官一干就是六年，直到 1896 年袁世凯奉命在天津小站督练新建陆军，他才被由威海派往小站任新建陆军炮队统带。这一年，段祺瑞三十二岁。

威海六年，随营武备学堂为清军培养了大批骨干，这便为段祺瑞后来的军统天下打下了基础。

段祺瑞在威海期间，中国面临着深重灾难，1894 年 7 月 25 日，日本军队突然对中国不宣而战，进攻丰岛海域的清军舰船——这便是甲午中日之战的开端。

中日之战中方主帅是李鸿章，他的淮军和所练北洋海军，士气消沉，不堪一击，加上腐败透顶的清政府无力抗敌，结果一败涂地，旅顺港所建炮台不闻炮响即沦于日军之手。

清军战败，李鸿章成了众矢之的。同时，一个《马关条约》，不仅承认了日本对朝鲜的殖民统治权，还把中国的神圣领土——台湾、澎湖和辽东半岛割让给日本；另外，在中国内地加辟了沙市、重庆、杭州、苏州四个通商口岸，允许日本臣民在中国通商口岸开设工厂，允许日本船只在中国内河自由航行，中国还赔偿日本战费白银两亿三千万两……中国人民陷入了深重灾难之中。

在中国灾难之中，有一个人物活跃起来，他便是刚从朝鲜回国的袁世凯。

袁世凯机灵透顶，从朝鲜回来，看到中国的惨败，便认定是败在军队不景气上。要改变大局，必须对军队进行彻底改革。于是，他就把自己在朝鲜接触到的各国军事情况，尤其是日本军队情况，再加上西方军队情况的有关材料汇在一起，请人捉刀写了一部兵书发表出去。

袁世凯是不通军事的，只是东拼西凑才凑成兵书。哪知这部兵书竟使他发了迹——清军落后，管军的人也守旧，何时见过这些新东西？何况处在国家“病重乱投医”之际，结果，这兵书惊动了朝野上下。皇族奕䜣、奕譞会同军机大臣翁同龢、李鸿藻、荣禄等奏请朝廷改革军制，建议编练一支新建陆军。因为袁世凯写过兵书，便保举袁世凯负责督练。

新建陆军归北洋大臣节制。此时，李鸿章已失宠，新任直隶总督兼北洋大臣是王文韶，由他决定，练兵处设在天津东南约七十里的新农镇。这里是天津与大沽口之间的一个小站，所以，就叫它“小站练兵”——这就成了历史上一个新名词。

小站练兵是采用西式武器和编制，配有步兵、炮兵、骑兵、工兵等多兵配合。这就势必要用一批新式武备学堂毕业的学生来当教官。袁世凯便去找曾任过武备学堂总办的旗人道员荫昌，请他推荐高材生来当教官。荫昌自然想到了段祺瑞，便极力推荐。袁世凯一听，段既是高材生，又留学过德国，当然极表欢迎。这便开始了袁段的历史结合。

小站有兵，不是从袁世凯开始的，最早是李鸿章。他曾派淮军一部驻此。那是按照他“寓兵于农”的设想派驻和训练的，军队一边从事屯垦，一边训练。淮军调走之后，1894 年又派长芦盐运使胡燏棻来此训练“定武军”，聘请德国教官主持。胡调走之后，袁才来接统“定武军”，以“定武军”作为编练新建陆军的底子。这个队伍原为十个营，四千五百人，其中步兵三千人，炮兵一千人，工兵五百人，骑兵二百五十人。袁世凯又扩兵两千五百人，这才改名为“新建陆军”。

袁世凯有雄心，他要把这支新建军队练成中国最先进的部队。他在小站成立了“新建陆军督练处”，聘请老朋友徐世昌为营务参谋，靠段祺瑞等人用新办法来进行督练。而段祺瑞也想在这个学堂之外的军营中展示自己。

段祺瑞第一次见袁世凯，便出现了一段戏剧性的奇缘——

那是在小站军营中的一间平房里，袁世凯和徐世昌围在一张八仙桌边正磋商练军计划。虽然有人报“段祺瑞来见”，袁世凯只“嗯”了一声，仍聚精会神于计划，并没转神于段祺瑞。

袁世凯虽然东拼西凑写了兵书，但毕竟是文人出身，更未经过征战；徐世昌虽是进士，却也不润兵。谈来谈去，都是纸上的东西。段祺瑞一是年轻气盛，一是自己经过武备学堂和德国军校的专业训练，自觉胸中有军，便贸然插语。“二位大人所论，自然都是练军要事。但却显不够。依在下之见，训军要旨，着重为两大要领，在将以谋，在兵以勇。这谋勇又可分别为……”

袁世凯转脸朝说话人打量一下，不认识。便问：“你是什么人？”“属下段祺瑞。”段祺瑞行了一个军礼，又说，“特来向大人报到。”袁世凯站起来了，忙说：“你就是要来做炮队统带的段祺瑞？”“是属下。”

“好，好，请坐。”袁世凯做了自我介绍之后，又把徐世昌介绍给段祺瑞：“这位是新任营务参谋，徐进士世昌徐卜五大人。”“见过徐大人。”

徐世昌欠了欠身，表示还礼。“欢迎段统带。”他侧目望了望段祺瑞，又说，“刚才闻段统带所说，徐某十分敬服。段统带是李中堂武备学堂的第一高才，又是留过德的，治军之略，自然比我们这些文人高明。我甚盼领教段统带对谋、勇之高见。”

“属下信口所言，不敢妄自高明。”段祺瑞这才想到自己刚刚狂言了。

袁世凯却摇着头，说：“既然走到一起来了，都是受朝廷所派，为兴旺国家练兵，自当各尽其能，何必谦虚。段统带你就说明所见吧，我们也好一同磋商。”

段祺瑞这才点点头，说出自己的见解。“战争的谋略，这是为将之首要。谋略，在下认为系泛指军事对抗和军事实践中所施行的手段；或者说，是作战双方为达到以巧制胜，以小的代价换取大的利益，在战略、战役、战斗中，指挥者总结和探索的军事斗争规律。中国古代战争最有名的总结便是‘孙子兵法’和‘三十六计’；这方面的战例则不胜枚举，如宋楚争霸的泓水之战，晋楚之间的城濮之战，齐魏之间的马陵之战，秦赵之间的长平之战等等，都是以指挥将领的足智多谋而取胜的。谋在战争上至关重要。作将者，必须有谋。而作兵者则不然……”

“那该如何？”袁世凯问。“是不是你说的勇？具体如何解释？”段祺瑞见这两个文人早已听得入了迷，心中暗喜，大着胆子把自己的肠肚都搜刮干净。他说：“勇，切不可理解只是武夫。武夫之勇，绝不可取！”

“统带说的勇，如何理解？”徐世昌问。

段祺瑞对徐世昌点首微笑，说：“我们练出的新军，要是一支勇敢的军队。勇，我觉得要具备两个内涵：其一，要让每一个兵都知道为什么要打这一仗。战争是血与火的较量，不懂得流血的意义，就没有勇气去流血；其二，要让每一个兵都会用武器。古代战争凭武力，今天战争要用枪炮，兵必须会使用枪炮，还得使用得精确。否则，手中的武器都不会用，依何趋败敌人？”

“好！段统带所见甚是！”袁世凯走上去，拉住段祺瑞的手，大有相见恨晚之感。“好，好，我们就要练出一支这样的军队，步兵这样，骑兵这样，炮兵也这样！段统带，你坐下，咱们共同商讨练军大计。”

挨近渤海湾的新农镇，虽有小站之名，却无小站之实，一天之中，不知有无一二辆车子行走在天津、大沽口之间。就大沽口而言，也空留下一片海港。

新秋的小站，旷野一片萧疏。土墙草顶的军营，一群群出出进进的年轻大兵，还算有点精神，唯有那二千余新募来的年轻人，却像布满天空的乌云一样，个个脸色灰暗——他们心系着刚刚离开的家。

段祺瑞只在炮兵营房走了一圈便回到自己的住处。他尚未思考如何带好这一千炮兵，他只在想在小站这片地方如何安排自己？他很满意他和袁世凯的相遇。相比之下，他觉得袁世凯比徐世昌要强。徐世昌，一个书呆子罢了。

段祺瑞并不完全了解袁世凯。到小站来之前，他知道自己要在这位还没大有名气的河南人属下带军了，他不能不了解了解他。可是，那时候的袁世凯并没有什么人影响，远不是一个大人物，若不是在朝鲜待了十二年，他还不是一个平平小军人？他走了李鸿章、奕譞等人的门子，才混了个道台衔来建新军。段祺瑞也明白：袁世凯能担此任，证明了他不简单，此后在他手下领军了，还得好好干才行。

段祺瑞心神不定，思左思右，躺倒床上，一时也睡不着觉。他想出来走走，看看这片长满荒草的地方是一片什么样的夜色。

段祺瑞正要出门，袁世凯迈着缓缓的步子走过来，并且径直走进茅屋。“袁大人，袁大人……”段祺瑞颇显得拘谨。

袁世凯微笑着，说：“随便散散步，走到你的营房来了。来看看你。”“谢袁大人关怀。"

袁世凯不请自坐，然后说："芝泉，你也坐下，咱们聊聊。"

段祺瑞心中一惊，袁世凯竟以字称呼他！段祺瑞这个字却从无人知道。当初，老爷子段佩为他起名的时候，字并未定。还是他跟着沈先生北上，又是先去泉城济南，沈老先生一时冲动，为他定了个"芝泉"号的。袁大人怎么知道的呢？他微微锁着眉，想起来了，原来在他的官职卯簿上有记载。袁大人真是个细心人！

袁世凯望着段祺瑞说："芝泉，对于练新军，你的意见是对的，是全面的。中国历来就没有一支像样的军队，所以屡屡吃亏。希望能从你我开始，练出一支咱们自己的，能够和东洋、西洋抗衡的军队。"

段祺瑞忙说："在袁大人主办下，我们一定能训练出这样的军队。"

"不单是我，是咱们大家。"袁世凯说，"尤其是你。"又说："你是留学德国的，德国是当今世界上最发达的国家之一，用你学来的高等军事科学，何愁练不好军！"

"袁大人在朝鲜多年，精心研究了东洋军事，所著兵书就令祺瑞五体投地。"段祺瑞找到时机了，他要捧袁世凯了。

"这么说，我那本拙著芝泉也看过了？"袁世凯很高兴。

"看过了。"段祺瑞说，"袁大人所论各点，无不一针见血，说出我们军队的要害。"

"纸上谈兵。"袁世凯摇着头笑了，"要说一针见血，说中要害，当该算是芝泉你的一番高论。听了你的一席话，我心中震动极大！皇天有眼，朝廷有福，也是我袁某有幸，在今天能相遇芝泉，我心已足！"

——袁世凯虽然只比段祺瑞年长六岁，可他的经历、影响和雄心，却比段祺瑞高大得无法比拟，此人真是当年一大角色。当初以一平头青年投奔登州庆字营吴长庆时，吴长庆觉得同他的父辈情谊甚厚，安排他在军营读书，企望他日后科举成名，并聘名儒张謇为师。谁知他不是读书的料，一心要武，竟到朝鲜混了十多年，回来后又投上了李鸿章、荣禄一些大人物，弄了个道员虚名来小站练兵。这时的袁世凯不仅早不把吴长庆放在眼中，连他的老师张謇也丢到脑后去了。他原本称张为"老师"，后改为"季直先生"，又改为"季翁"，再改为"季兄"，气得张謇同他断了关系；现在，他又在贬李鸿章，就是对奕谟、奕䜣这些旗族大员，袁世凯也渐渐厌烦起来。他想树他自己的旗，树一杆不受满族左右、不受老朽左右的大旗。小站之任，当然成了千载难觅之机，而段祺瑞，却又是他踏破铁鞋想寻的人物。所以，一接触段，他就想把他拉进怀中，成为膀臂。

客套话说过之后，袁世凯变了一种腔调，说："芝泉，你是知道的，甲午之后，朝廷对汉人，还是心神不定。像过去一样，虽重用中兴名将，却处处防备。我等虽受命练兵重任，也得处处小心才是。"

段祺瑞心中大惊，他猜不透袁世凯与他初次相见为什么会如此说？袁世凯得算朝廷红人，朝鲜归来，他是被朝廷外放浙江温州道的。他自己也打算回河南原籍省亲回来然后走马上任。可是，他听到朝廷准备整军经武的消息，预想到军事制度要变更，或要建立陆军新军，他才趁机写了那部兵书的，朝廷重用了他，就派他来练新军，他算是得宠了，怎么又说出对朝廷二心的话？段祺瑞毕竟是小人物，初涉官场，不敢妄言。他只含含糊糊地说："我到小站来了，跟随大人做事，大人让我怎么做，我一定一心一意。"

袁世凯大约觉察到自己态度异常、言语出格了，忙改口说："对于朝廷，我等自然是当该尽忠尽心。我的意思是，咱们都不是旗人，朝廷之外，难道就没有人挑拨是非了吗？常言说得好，伴君如伴虎。咱们虽远在海边，练新军这事毕竟是朝廷钦定，咱们也算是朝廷身边人了，怎么能不处处留神呢！"

袁世凯一番话，说得段祺瑞心里热乎乎的。他觉得袁世凯是个知己，能够推心置腹。段祺瑞出来前后也十二年了，天津、旅顺、威海都待过，并且留过洋，可是，他尚未投上一个什么"门子"。沈先生交待他的要找一个"护官符"，他尚未找到。他本想投靠李鸿章李大人，那是个炙手可热的大红人，又是同乡，何况还有了接触。可这两年。李鸿章一直走着下坡路，连直隶总督、北洋大臣职位都被削了。以后的日子怎么样，还说不定。他是靠不得了。荫昌推荐他到小站来，荫昌是旗人，又是武备学堂总办，他想投荫昌。又不顺，武备学堂不办了，荫昌去干什么，他不知道；他再想想，与荫昌接触的机会也少，很难靠上他。思来想去，觉得袁世凯最现实：又是顶头上司，又是朝廷红人，靠也靠得住。忙说："祺瑞初出茅庐，能到袁大人麾下是祺瑞的大幸。日后无论待人、待事、练军论武，当然一切听从大人的指导。只盼大人能不把祺瑞当外人看待，就是祺瑞的大幸了。只怕日后祺瑞跟不紧，随不上大人，辜负了大人的教诲，那就不好了。"

"不必这样说，"袁世凯也表现得大大方方，他想笼络这个炮兵统带，令他真心实意地跟随他，成为他的心腹。“你我都是军人，武行，喜欢直来直去。为练好这支军队，心往一处使就行了。个人没什么恩怨，相互关照，不会有什么不愉快的。”袁世凯很坦诚，言语平平静静，态度和和善善，令人感到亲热。

袁世凯走了，他迈着缓缓的步子走出了段祺瑞的茅屋。望着他那粗短的身影，段祺瑞轻松地舒了口气。

妻子吴氏带着儿女来到天津。段祺瑞把他们接到新农镇，安排在一个小旅店住下。吴氏已经是两个孩子的母亲了，儿子宏业已经十岁，女儿宏淑也八岁了。段祺瑞去德国那年生的女儿，名字是吴氏给起的。她觉得，既然儿子依“宏”字排名，女儿也用“宏”吧。女儿两岁时段祺瑞回到国内，去威海之前他见了女儿一面，同意女儿这个名字，说：“这个名字好，女孩子该用‘淑’。”六年了，匆忙间就是六年。段祺瑞对妻子说：“真对不起你们，我没有尽到做父亲的责任，也没有尽到做丈夫的责任。难为你了。”

吴氏说：“别说这话，难也是应该的。只是，大陶岗那一片，家中少了主事人，总觉空空落落，没个依靠似的。”

“别恋那个家了，让二弟三弟他们去管吧，我跟袁大人说说，就把你们都带到军营中。”段祺瑞不放心妻子他们的生活，决定让他们随营。

第二天，段祺瑞就把安家的事对袁世凯说了。袁世凯满口答应：“应该，应该。我还以为宝眷早去威海了，原来还在合肥。快接来！”

段祺瑞说：“行迹不定，军务又忙，咋好携家带眷。此番他们来了，我才这样想。多谢大人关照了。”

从此，段祺瑞军营中有了家。他对袁世凯更是感激不尽。

第五章

在泉城办武备学堂

段祺瑞再到济南，距他第一次已是整整十八年了，正好是他当时人生岁月的一半。十八年前，泉城对他冷冷清清，连那位族叔也只是满足他温饱而已；而十八年后的今天，段祺瑞却是以山东巡抚最重要的随官而开防这个古城的。防务、家居安顿好之后，他竟微服作了一次旧地重游，凭着记忆去寻觅那昔日的一番酸楚。泉城，流水依旧，垂杨袅袅，而那位当年逼他发奋的族叔，却早已离开了人世。段祺瑞望着长空，心情无不悲怆地想："叔父大人，侄儿又来济南了。物是人非，岁月沧桑，侄儿总算可以挺胸告慰祖宗了。"

段祺瑞在小站的第三年，即戊戌，1898 年，这年 10 月，新建陆军改名为武卫右军，由大学士、直隶总督兼北洋大臣荣禄节制，段祺瑞仍统炮队，总办随军学堂。这一年，中国发生了一件翻天覆地的大事——戊戌变法。

甲午战争，大大伤害了中国人的自尊。当年，广东举人康有为来京会试，联合来京会试的举人一千三百余人上书朝廷，请求"迁都抗战，变法图强"。这就是近代史上所称的"公车上书"。第二年，康有为中了进士，授职工部主事，继续上书请求变法。朝廷和旧臣都不乐意变法，变法处处受阻，康有为只好跑到广州、上海，和他的弟子梁启超等人通过舆论宣传变法。法国强占了中国的胶州湾后，朝野大为震惊。康有为跑回北京，第五次上书要求变法。就在小站新建陆军改为武卫右军前不久，康有为又进行第六次上书，要求变法。迫于形势，光绪皇帝终于于 1898 年 6 月下了"明定国是"

的诏书，变法开始。

变法诏书是光绪皇帝发的，但朝政却是握在慈禧太后手中，还得她说了算。慈禧一面答应变法，一边却让光绪皇帝开去军机大臣、协办大学士、户部尚书翁同龢的各项职务，令他出京回籍。什么原因呢？因为翁同龢是光绪的老师，又是支持变法的。慈禧同时调来王文韶参与军机，派荣禄接任直隶总督兼北洋大臣。山东要地，袁世凯是荣禄的心腹，袁世凯任了山东巡抚，段祺瑞才有山东之任。

段祺瑞在济南城跑足了，这才回到新设的山东武备学堂的公署。

袁世凯是来做山东巡抚的，段祺瑞是炮队统带随任，另加了一职山东武备学堂总办，成了济南城中数一数二的人物。刚刚三十过半的人，年轻有为，春风得意，正想舒开膀臂大干一番事业的时候，不想家中遭到不幸。夫人吴氏一病不起，春日未尽，便丢下一双儿女撒手去了，时年只有三十三岁。段祺瑞带着儿子和女儿，过起了艰难的岁月。

天有不测的风云，人有旦夕的福祸。这是没有办法的。是福是祸，该来的必来，不该来的也别想。

段祺瑞家遭不幸的时候，袁世凯倒是猛然间动了兴奋之心——袁世凯来山东，不单单是想有一支军队，还想占有一片地盘。齐鲁盛地，河海通达，米粮煤炭都是高产之地。占有山东即占有东半中国。袁世凯萌生了野心，他要做山东王，他想要笼络人，段祺瑞自然便成了他第一关注人物。

段祺瑞家丧那一天，袁世凯亲来致祭。致祭一毕，坐在段的小客厅里，袁世凯说了话。“芝泉，夫人走了，是一件伤心的事。但是，这是没有办法的，你要节哀，要自己保重。”

段祺瑞忧伤地说：“儿女都还不成人，我又没有时间照顾他们，也不会照顾他们，好生生的一个家，岂不拆散了。”

“事情是不错的，人又有何办法呢？”袁世凯说，“路还是要一步不停地往前走的，总不能都随着亡人过去吧？你好好休养身体，待过些时日，心情平静了，我想我会找一个合适的人为你重新安一个家。”“心慌意乱，女儿儿子都在悲悲切切中，哪里还有那个心肠？”段祺瑞叹着气、摇着头。

“以后再说吧，不安家，无论怎么说都是不行的。”袁世凯十分正经地说，“芝泉呀，这事你就放心吧，我会为你操办的。”袁世凯走了。

段祺瑞把他的话当作一般安慰，心里热了一下也就放下了——他对吴氏有感情，吴氏刚走，他不忍心马上再娶。何况儿女们幼小的心灵正在苦痛，更不忍心给孩子增添苦痛。

段祺瑞放下此事了，袁世凯却没有放下，他一直左右盘算，前后思索——

袁世凯经历的时代，仍然是中国积以成习的“家天下”，皇帝世袭，公侯荫子荫孙；就连争起地盘来，还得是“父子兵”才能团结一气。袁世凯习惯这些，熟悉这些，更有意效法这些。原先，小站练兵，他就想练成一支自己的亲兵，至少是让那些官儿除了所属关系还要加一层师生或者什么亲属关系。对于段祺瑞，他更是另眼看待。当初，他想让他们之间多一层师生关系。可惜，到小站来，段祺瑞大小也是个“老师”，师之中便很难再分长幼辈了。他想收段为义子或别的什么晚辈，可是，段祺瑞虽已看透，却从不就范。“我只比他小六岁，为什么要他做父字辈？”弄得袁世凯很有些不高兴，但也无良策。

现在，良机到了，袁世凯的灵机动了，他要给段续弦，要把自己的表侄女兼义女嫁给他。

——这里，我们得说一点袁世凯的家事。

袁世凯有个姑母嫁给了江西抚巡、都察院左副都御史张芾张小浦了，张家却也轰轰烈烈地过了不少年。后来，原因种种，家败了，那张巡抚丢了官，不久也别了人世。张巡抚是陕西人，做官时比较清正，并没有积蓄多少家业，如今官一败，老家也不像个家了。呼呼闪闪的一个大家族，转眼间就只剩姑母领着一个不到二十岁的小孙女了。老人家无依靠，便来到京城投奔娘家侄儿袁世凯。袁氏姑母哭哭啼啼对侄儿说：“姑母家败了，归天天不收，归地地不留，只有你这个侄儿是亲人了，你不会看着姑母下火坑吧？”

袁世凯忙说：“姑母，千万不说别的话，您永远是袁家的人，侄儿养您的老。以后就是侄混塌架了，讨饭度日，要一碗也得给姑母半碗吃。您老人家放心吧。”

袁氏揉着泪，说：“我没有看错这个侄儿，这个侄儿跟姑亲。姑有靠山了，姑活下去！”

跟随姑母来的孙女叫佩蘅，长得不十分俊秀，人却聪明，性情又温柔。一进门，袁世凯便十分喜欢他。那时，大太太于夫人只生袁克定一个儿子，夫妇俩商量之后，便跟姑母说，要认佩蘅为义女，“亲上加亲，就显得更近了。”姑母满口答应。佩蘅给袁世凯夫妇磕了头，便改口“爸爸、妈妈”叫得十分亲热。袁世凯乐得眉开眼笑，说：“女儿，爸爸不会亏待你的，以后，你的终身大事也全由爸爸做主了，我会让你高高兴兴嫁出去的。”

现在，张佩蘅也是二十大几的人了。袁世凯想把她续给段祺瑞。这一天，袁世凯把段祺瑞请到巡抚客厅，泡上香茶，先问了些武备学堂的事情，又问了一阵子家中情况，然后说：“芝泉，咱们来山东日月不短了，事务越来越忙。我想，你是没有时间过问家中的事了。这样，我做主，最近把续弦的事办了吧。”

段祺瑞说：“办？怎么办？八字还少一撇，再说，我也还没有想过这事。”

“为啥不想？”袁世凯说，“这又不是什么丑事，大丈夫兴家立业，理所当然！有什么左思右想的？至于说人嘛，我做主，保你称心如意。”“是谁家？”段祺瑞问。

“说起来，你也知道，或许人你也见过。”袁世凯说，“打听不需打听，会满意。”

“谁家？”段祺瑞又问。

“就是我家新认的义女，叫张佩蘅的。”袁世凯说，“是我姑母的孙女，跟随姑母来我家不少日子了。人很正派，又很脱洒。我想你是见过的。怎么样？”

段祺瑞略一沉思，便说：“是不是就是那个江西巡抚张芾张大人的孙女儿？”

袁世凯点头称是。“从小在爷爷任上也是受过极严家教的，人品是没说的。”

这位张家小姐，段祺瑞是见过的，也颇为同情她。生长在衙门中，也算是大家闺秀，不幸的是家败了，这如花似玉的女孩也跟着落迫流离，真够可怜的。想到这，他还曾经甚是赞扬袁世凯呢，张家虽然败了，袁大人并未冷眼相待，而是收留家中，妥为关照。这才是真正的至亲至友呢！想到这佩蘅小姐就要成为自己的内助了，心中确实激动，觉得能有这样名门出身的女子来做续弦，也是自己之福，何况又是自己顶头上司主婚。袁世凯想拉段祺瑞为肱股，段祺瑞何尝不想靠袁世凯为靠山！果然亲戚结成了，袁世凯便成了泰山，自己不是根基更牢了吗！不过，段祺瑞还是谦谨地说：“袁大人的盛情美意，祺瑞心领了。只是，我是个穷军人，身边还有儿女，果然事成了，岂不亏待和委屈了张家小姐。”

“不要说这样的话。”袁世凯说，“也算你们前世有缘，今世有幸。我再说一句，此事我做主了，议个吉日，我便把佩蘅送过来。”

段祺瑞不计较晚袁世凯一辈了，满口答应了这门亲事。从此，袁段二人除了多年袍泽关系之外，又多了一层亲戚关系——段祺瑞成了袁府的女婿，从此之后，就连袁克定，也一口一个“大姐夫”地冲着段祺瑞叫。

张佩蘅毕竟是受过严格家教和高尚情操影响的，加上自己品行又好，来到段祺瑞家中，遇事公平处理，持家井井有条，待人接物极其平易近人；对待宏业兄妹俩，如亲生的一般，很快便让人们心悦诚服。

段祺瑞又有了一个完整、舒适的家，平静了心情，一心一意都投进带军和武备学堂上去了，很见成效。袁世凯对他更加信任。

段祺瑞重组家庭这一年，袁世凯又高升了，署北洋大臣、直隶总督，而段祺瑞也跟着水涨船高，以知府补用统炮队及总办随营武备学堂。袁世凯看着“署”官是个空缺，便坐在山东不走，同时奏请留下段祺瑞。所以，他们仍然坐在济南，享受那片“家家泉水、户户垂杨”的美景。不想就在此刻，济南城中突然出现一位对袁、对段都极关重要的人物——徐树铮。这个人与段祺瑞结合后，在军阀大混战的岁月起到了煽风点火、推波助澜的巨大作用。

——1901 年，冬。

万木凋枯，寒鸦哭号的济南，大明湖的三面荷花早已红消香断，一片凋零；千佛山的庙寺殿阁也钟鼓寂寂、烟火萧条了；唯有趵突泉的水仍然卷花喷浪，潺潺汩汩地流入千家万户。几阵萧瑟的西风，给那纵横阡陌的流溪增添了飘渺的云雾；已经穿上棉袍毡裤的市民，也显得精神萎靡。

这天上午，在山东巡抚衙门外不远的一个小巷头，一群闲散的市民围拢一团，聚精会神地看一个青年人写春联。大家一边看，一边不住地喝彩，以致塞堵了马路。

此刻，一队人马远远地走来，走在前边的士卒大声喊道：“让开，让开！总办大人到，总办大人到！”

人群急忙朝墙边靠去。但见枣红大马的脊背上坐着一位身材魁伟、气宇轩昂、非官非民的人物——他就是武备学堂总办段祺瑞。

人们让道的时候，段祺瑞竟然跳下马来，一手提着八团坎肩下的青缎子长袍，一手扬起频频向人们招手，同时，疾步来到写春联的青年人案边。只见那青年人不动声色，无拘无束自如挥毫。段祺瑞心中一愣：气概不凡！他仔细打量那青年人，约莫二十岁年纪，中等身材，白净面皮，眉目清秀，举止端庄，虽然衣单体寒，却也不失轩昂气宇；那落落大方的挥毫姿态，那墨迹行草间杂的秀丽中透出的苍劲磅礴，使段祺瑞既惊且喜，不由地叫道："好字！好字啊！"

青年人抬头看看段祺瑞，只朝他微微一笑，恭敬欠身，便继续伏案疾书。

这位写春联的青年人就是徐树铮……

段祺瑞今天无事，是出来闲逛解闷的。见大街上出现这场面，陡然产生了好奇，驻足不走了，想看看年轻人字写得如何？

——徐树铮，又名又铮，江苏省萧县（今属安徽省）皇藏峪人，二十岁刚过。他十二岁便中了秀才，十六岁补廪生，地方上有"神童"之称。但是，事情非常意外，十七岁去南京考举，竟名落孙山了，从那之后，便再无功名进展。家里人以为是年轻，心神不定，便及早为他娶了妻，却也无用。功名不就，雄心不泯，徐树铮下定决心去闯世界。

徐树铮的内兄叫夏仲陶，正在济南山东武备学堂深造。徐树铮想通过这位内兄的关系，到济南来谋个发迹的途径。徐树铮是春天来到济南的，不想这位内兄既不愿帮忙、也帮不上忙——夏仲陶是一个学生，武备学堂的学生，性格内向，呆气颇足，二十三四岁的人便有些老气横秋。他为徐树铮安排一下生活，便明白地对他说："又铮，济南谋事，诚属大难，就连武备学堂也不可便随就读。你想谋事，诚实说，我实在爱莫能助。"

听内兄这样说话，徐树铮也就打消了求助的念头，只好在济南混混再说。

徐树铮在济南闲住这一年，中国很乱：八国联军占了北京，中国老百姓也在纷纷起来造反。山东的义和团被袁世凯镇压下去之后，相对地说，地方形势平稳一些。凭着道听途说，凭着一知半解，徐树铮对袁世凯产生了好感，觉得此人是中国的栋梁之材，有意投奔他。于是，经过一番苦心思索，又用了几天心思，写了一篇《国事条陈》的文章，竟想从巡抚衙门直接递给袁世凯，企望袁世凯能够动心，由动心而器重，说不定会有一条宽阔之道。谁知阎王未见，先被小鬼窝了一下——他在巡抚衙门口一站，三句话未说完，就被衙门外的看门狗"咬"了出来。徐树铮很气恼。

可是，气恼有何用？人家是守门的，不守住门能行吗？

徐树铮气恼了半天，不知是太自信那份《国事条陈》的价值，还是自信自身的价值，他决定变个方式再闯一下。徐树铮在市面上买了一件官场上通用的封套，署上袁世凯的亲戚、候补道徐彦儒的大名，托武备学堂的公差将条陈送到巡抚衙门。

袁世凯批阅文件时，竟真的看到了这篇文章。袁世凯正在扩充势力，又一心经武发展，一见徐树铮满纸都是“武力平天下”的叙说，一下子来了兴奋——

“好一份《国事条陈》，‘条’得有理，‘陈’得有节，高见，高见！”袁世凯要立即召见徐树铮。

也是天不遂人愿。此刻正是袁世凯家有丧事，他要回原籍河南项城。他只把召见徐树铮的事委派一位叫朱仲琪的道员去做。

又是天不遂人愿。这位朱道员也是一位颇有才气的人，只是性格傲慢，目中无人。他和徐树铮见面之后，几句话便锋芒相撞，不欢而散。徐树铮投袁之途被堵死了。

徐树铮流落济南，坐吃山空，眼看着囊中空空，生活无依，只是等待家中寄来路费，方好回家。哪知路费迟迟无影，虽心急如焚，却也毫无办法。几天前，几位失意文友相聚，又谈起诗文。徐树铮一夜之间竟写了二十首七绝《济南秋海棠咏》，在朋友中一举夺魁，文友们凑些费用，供其生活。这哪里是长久之计，万般无奈，徐树铮才上街卖字。

徐树铮知道身边站着的是段祺瑞，便动了思索：“段祺瑞，大人物，又是袁世凯身边的红人。”自己暗下决心：“我何不在他面前显示一二，说不定会时来运转。”

想到这里，徐树铮精神来了，把笔蘸透，用尽解数，想把字写好，又想写出自己的心愿，让段祺瑞知道他并非凡夫俗子！但是，事太急了，段祺瑞就站在面前，虽说自己气挺壮，心里还是有点紧张的，临时抱佛脚，实在抱个不着。正是心情焦急之际，忽然想起了几天前同诗友们一起写的《济南秋海棠咏》诗，那是最能表达自己心情的。徐树铮想一下子都录出来，让这位武备学堂的总办赏识赏识。可是不行，马路上相逢，没有那么多时间，说不定几行未竟段总办就溜走了。所以，只好拣出其中一首能够表明自己怀才不遇心情的，用功写出来。

徐树铮心定之后，紧握狼毫，唰唰写下：

依稀昔梦小娉婷，消受词人供养瓶。
顽艳一痕难再惹，余花谁与问飘零？

写完，把笔放下，朝着段祺瑞拱手微笑。

段祺瑞虽然一心好武，在文墨上也是有些功夫的人。见字见诗，十分喜欢，一边绝口称赞，一边想：原来是一位落魄的才子！此刻，他猛然想起了自己只身闯济南的情形，陡然产生了同情和爱惜之情。这青年人想出人头地，正苦于无人“问飘零”呢。好呢，我来探探他。

于是，笑嘻嘻地说：“年轻人，你这字写得已是十分难得了，这诗，更是一番情真意切。妙极！请问，这诗是借来玩味的，还是出自你的心意？”

徐树铮知道这字、诗起到敲门的作用了，便自谦而又落落大方地说：“闲来无事，偶尔戏作，献丑了。还请大人指点。”

“这么说，诗也是你写的了？好诗，好诗！”段祺瑞说，“听口音，年轻人不是山东人，因何流落济南街头？”

徐树铮这才报了家门，然后说：“济南访友不遇，待家中汇来路费即返。”

段祺瑞放下诗，朝他再打量，发现年轻人不仅气质不一般，身上却也寒碜，头戴破旧八角帽，身穿灰色夹长衫，寒风之中，有些战栗。便说：“我想请年轻人到我的武备学堂小叙片刻，不知年轻人乐意么？”

徐树铮早明白段祺瑞的身份，正怕攀之不上。听他这么一说，忙点头答应，匆匆收拾纸笔，跟着段祺瑞去了。

第六章

大街上遇知音

济南的冬天，无风还是比较温暖的。早几天落的一场小雪已经融尽了，阳光洒到的街头巷尾，颇有些儿阳春气候。

段祺瑞的武备学堂距离徐树铮卖字的街头不远，他没有再上马，徒步伴随徐树铮走去。一个衣冠楚楚的总办，一个衣着单薄的书生，并肩而行，竟引得路人注目相看。段祺瑞不计较这些，像是他有心来做一次这样的戏耍。

德国留学归来，段祺瑞渐渐产生了一种自豪，他觉得自己不是一般的人才，他会有出息，会有一般人达不到的出息。他随袁世凯到济南来的时候，他的二弟启辅（字弼卿，亦叫碧清）已经是一位极安分的庄稼人，在大陶岗守着祖上留下的一片家业；他的三弟启勋（字子猷）也成了一位很有出息的小煤矿的老板。段祺瑞对他们都不多欣赏。他认为老二只不过求温饱、殷实，老三大不了弄一笔钱财，而他自己，必然会有一番轰轰烈烈的事业，光宗耀祖还得是他。跟袁世凯接触多了，那番"轰轰烈烈的事业"似乎范围又扩大了，想得更远了。远到哪里？说不清楚。段祺瑞了解中国的历史，熟悉朝代更迭的症结，也知道派别斗争、争权争霸的秘诀，他想拉拢人，想有自己的势力。袁世凯拉他了，他也想拉一批有用的人到自己身边。对于徐树铮，从做戏开始，并肩走走，忽然就想到"拉拢"这事上来了。我要探探这年轻人的深浅，说不定他就是我未来的膀臂！于是，段祺瑞决定对这个穷书生厚礼相待。

徐树铮跟着段祺瑞走进武备学堂，来到客厅。段祺瑞脱去马褂、长衫和毡帽，然后和他对面坐下。侍从献上茶来，段祺瑞端起黄铜锃亮的水烟袋，但却没有吸，只有意无意地攀谈着——

徐树铮一进这院子，就感到有点庄严和阴森。坐在客厅里，虽情绪略有轻松，但心中还在打鼓，他说不清这位武备学堂总办想干什么？但他不自卑。他一面与段祺瑞对话，一面窥视这个陌生的厅堂。

段祺瑞有了身份之后，也多了几分官场上的附庸风雅。武备学堂本来是一个军营的小营房，既作了学堂了，自然要改造一番，改造之间，又把邻近一家富户的别墅占了下来，这便成了段总办的客厅和居室。客厅中的摆设，也几乎依旧。

客厅颇为古朴、典雅，墙壁粉白，桌椅紫红，器皿瓷陶兼备，正面墙上悬着巨幅中堂，是沈铨的工笔《孔雀图》，两旁楹联是："日暮长廊闻燕语，轻寒微雨春秋时。"是翁同龢书。左侧悬着郑板桥的《墨竹》，配着郑自书的楹联："花笼微月竹笼烟，百尺丝绳拂地悬。"右侧壁上悬着唐寅的《秋山图》，楹联联文是："无边落木萧萧下，不尽长江滚滚来。"乃郑孝胥书。字画均称上乘，装裱也工精、典雅。左壁画下放两盆金菊，右壁画下铺一张古琴，正面紫松木的条几上放着文房四宝，一端大瓷瓶中插着几轴字画；条几前是八仙桌，桌旁太师椅，一侧墙角点着松香，轻烟袅袅，香气习习。徐树铮边看边想：这个段祺瑞文气挺足，好一派雅士儒风！

段祺瑞有心选贤，徐树铮凌云志盛，二人越谈越投机，越谈越锋利。段祺瑞不时点头，击掌。但他心中却想：这年轻人学问，见地都是不错的，只不知道他人品如何？待我试一下他。

段祺瑞招手，一个侍从过来。他交代几句，那侍从退出去了。片刻工夫，抱出一个包裹，放在段祺瑞身边。段祺瑞拿到面前，取开来，原来是一套棉衣，另加白银二十两。他站起身，微笑着说："秀才身逢不测，段某甚表同情。初次见面，略备薄礼，不成敬意，还望秀才笑纳。"

徐树铮见段祺瑞要赠他衣服、银两，甚是高兴。他正缺这两样东西，在大街上抛头露面书联卖字，就是为了衣服、银子，有了衣服、银子，一切急难都解决了。

不过，徐树铮并没有去接受，他觉得应该显示一下做人的骨气。段祺瑞一见面便赠厚礼，必是把我当成"打抽丰"的平平寒士了。这礼我万万不能收。若收了，人品便完了，段祺瑞会说我鼠目寸光，见钱眼开。想到这，徐树铮站起身来，双手拱起，淡淡一笑，对段祺瑞说："总办大人的厚爱，学生深表谢意。学生目下处境，是十分窘迫，但是，无功受禄，学生是万万不敢当的。"

段祺瑞忙说："聊表敬佩而已，绝无他意。秀才切不可多虑。""大人若专为此事让学生到府上来，学生便告辞了。"说罢，起身要走。

段祺瑞一见徐树铮如此清高而又豪爽，尤加敬佩，知道他不是等闲之辈。便急忙拉住，说："徐秀才，段某此为，自然并非单单出于怜悯，实在是还有要事相商。秀才这样坚辞，我也只好敛口了。"

徐树铮虽然年轻气盛，举止非凡，却是为进而退。一见段祺瑞来真格的，要逐客了，忙顺水推舟说："承蒙大人厚爱，恭敬不如从命。大人厚礼学生就收下了。至于说与学生'相商'要事，实在不敢当。大人若有见教。学生愿洗耳恭听。"

段祺瑞笑了。"这才叫开诚布公。坐下，坐下，咱们好好谈谈。"二人同坐，侍从重新换上茶，他们重又畅谈起来——

徐树铮对国事的见解，竟与段祺瑞不谋而合。这样的事，在军政界人士中，并不算稀奇；而今，段祺瑞面对的却是一位乍离乡里的青年学子，这就不一般了。段祺瑞是个有些城府的人物，他最欣赏历史上的诸葛亮，欣赏他"不出茅庐便知三分天下"的超人天才。徐树铮何止"知三分天下"，而是对国事了如指掌，见地也超乎常人，以至使这位性格傲慢、比自己大十五岁的武备学堂总办佩服得五体投地，最后竟以求教的口吻问徐树铮："据秀才所见，吾人应当如何治理国家，才能使国家兴旺而久安呢！"

段祺瑞所问，正是早时徐树铮上袁世凯的《国事条陈》上所论的事，朱道员不欣赏，那是朱道员胸无大志、孤陋寡闻，有眼不识泰山。现在，段祺瑞欣赏他了，能心平气和地对面畅谈了，说明段祺瑞有眼力，是个办大事的人。于是，便不紧不缓、有条不乱地把《国事条陈》重述下去。谈到兴奋处，徐树铮竟有些儿情不自禁，竟大着嗓门说："……国事之败，败于兵将之庸蹇，欲整顿济时，舍经武再无急务！"

段祺瑞是武备学堂出身，又在德国受过军训，对武力早已迷信得五体投地，何况他正办着武备学堂。徐树铮所言，句句触动段的神经。段祺瑞有点失态了。他解开了胸前的钮扣，又松散了脑后的辫子，卷卷袖子，亲自为徐树铮添了茶，这才说："听了秀才一席话，胜读孔孟十年书！秀才所见，段某极表赞成，所言诸事，无不切中国情。看来，秀才对于治国安邦，已是胸有成竹了。"

徐树铮谦虚地说："学生孤陋寡闻，信口乱说而已。还望总办大人见谅！"

"不，不是信口，而是至理，是名言。"段祺瑞把身子朝徐树铮探过去，又问，"敢问秀才，愿就事否？"

徐树铮北上济南，就是为谋事。见段如此问，真想扑身跪谢。可是，他却又是为进而退，只不动声色地说："事值得就，则就。"

"好！"段祺瑞站起身来，"我就喜欢这样不卑不亢的性格！请秀才在我这里暂住，日后觉得事情可就，便就；不可就，则请自便。如何？"徐树铮这才点头应允。

——徐树铮投到段祺瑞门下了，段祺瑞如虎添翼！

段祺瑞手下有了徐树铮，在沧海横流、风云四起的中国，推波助澜，祸上加灾，干戈大作，厮杀不止，弄得中国二十年无宁日，人心惶惶！此是后话，暂且不提。

袁世凯在山东，着力抓地方政权，军队便交给了段祺瑞。并且对他说："芝泉啊！"他已经是他的女婿了，他俨然以老泰山的口吻对他说话。"我有个新打算，对你说说。咱们面前的要务，日趋繁重了。这是没有办法，也是大势所趋的。国难当头，朝中又是那般状况，咱不为朝廷出力谁出力呢？从今以后，我想把军队上的事都交给你了。一来是，你能掌管得了，我放心；二来是，我的政务较重，你也算替我分分心。只好这样做了。这样做好了，咱们都有个宽阔的回旋余地；做不好，也许往后的日子会困难的。"

袁世凯的那份口气，段祺瑞是心领神会的。已经是至亲了，还有什么说的呢。平时，段祺瑞对袁世凯，除了地位尊卑的分明之外，自然也多了一层长者的尊敬。所以，袁世凯也下了决心，把军权交给他。袁世凯是笃信经武的，由此可见他对段的信任，段祺瑞也因此感到十分自豪。不过，段祺瑞没想到这个事会来得那么快。另外，形势来了，袁世凯又没有说得十分明白，只含而不露。比如他说的"大势所趋"，什么大势？怎么所趋？北京就那个情况了，外国人要侵略中国，八国联合要瓜分中国，大势定了，谁都明白；义和团运动也压下去了，还有什么大事；兴许是国事缓和了，袁大人才把军队让出？再说，袁世凯说的"朝中又是那般情况"段祺瑞一时也明白不了。

那般情况是哪般情况呢？他心领也领不透。尽管如此，段祺瑞还是对袁世凯忠实地表示了态度："咱们这支武卫右军，是大人一手培养出来的，无论是小站也好，济南也好，都是大人的心血所铸；就连我本人，也是大人栽培的。无论国中、朝中有什么情况，这支军队连同祺瑞本人，都是大人的。我可以领这个军队，但指挥这个军队，永远是大人您！"

得算段祺瑞透顶的聪明和伶俐的口齿，一番话说得袁世凯心中热乎乎——袁世凯哪里就一百个放心把军队都交给段祺瑞了，军阀丢了军队，还凭什么"阀"得起来？他不过想让段祺瑞更死心塌地效忠他，成为他的心腹罢了。想的、盼的，就是段对他表一个这样的忠心。段祺瑞这么一说，袁世凯一块石头落了地。仰面"哈哈"几声，然后说："芝泉，你这话就多余了，丙申（段祺瑞光绪二十二年丙申到小站随袁）至今，也有七年了，我没把你当外人。要不，怎么会把佩蘅送到你身边！军队交给你了，就是交给你了。今天交，明天交，以后永远交；有多大军权就交你多大。交了就全凭你提调。"他又深深地叹声气，说："放你到哪个地方当个知府，都是个好知府。当知府也够你的了！可是，我偏不让，我一定把你留在身边。你得懂得我的苦心呀！"

"祺瑞懂得，祺瑞懂得！"

段祺瑞懂得的，就是对袁世凯尽忠到底。

他愿意这样做，他看清了袁世凯的能量，看清了袁世凯的影响；他要有一个这样的靠山，以后才会发展。袁段结合不仅是大势所趋，也是他们的各自所需。天作之合，情投意笃！

徐树铮来到段祺瑞的武备学堂业经十多天了，他把存在内兄那里的行李也取了过来，并且也给合肥家中写了信，告诉家人"已经谋到事做"，请家人放心。本来他是该安心跟着段祺瑞干点事了，可是，却又不情愿地四方应酬一番。首先是他新结识的诗友，听说他被武备学堂总办青睐了，一定要为他贺喜。友情甚重，这也罢了。谁知他那位内兄也变了脸膛，一定要宴送他一程，还正儿八经地进了一家小馆子。

那一天，徐树铮本来是不想领这份情的，怎奈这位内兄盛情难却，他也就答应了。谁知对面一坐，气氛竟变了。夏仲陶陡然变得有嘴有心又有眼力了，他端着酒杯对他说："又铮弟，我给你贺喜！总办段大人慧眼识才，这是你出头日到！我想从今之后，弟定会一帆风顺，鹏程万里！

“谢谢大哥美言。”徐树铮说，“今天偶然，还不知日后命运如何？听天吧。”

“不，弟今后的路一定是顺畅的。”夏仲陶奉承道，“我早说过，又铮弟不是一般气度，论人论文，都脱俗超常，无论从政从军，都是拔萃的人物……”

徐树铮一听这话，心里大愤：早些时你还这难、那难，爱莫能助，今天竟捧我，实在令人不舒。他连饭也没吃便告辞了。回到住处，心中还闷闷不乐。

正是他心情不快时，段祺瑞竟走进他的住室。

“我来看看你的生活安排好了没有？”段祺瑞一进门，便乐哈哈地说。“谢大人关怀，学生生活都安排好了。”徐树铮让他坐下。“有什么不舒服吗？”“一切都好。”

“不必拘谨，也不必客气。”

“一切都好，大人不必再为学生生活费心了。”

寒暄几句之后，段祺瑞又问他：“又铮在原籍已是成家的人了，有没有把宝眷带出来的打算？”

“没有。”徐树铮爽真地说，“学生自身尚无安居之处，何况……”“现在不是有了安居之处了么，那就可以携眷了。”“以后再说吧。”

“望你早日决定。”段祺瑞说，“到那一天，一切我都会为你安排好的。”显然，段祺瑞是决心想拉住徐树铮了。

徐树铮领会段祺瑞的心意，他却故意用言语叉开，说：“总办大人，学生到此也有多日了，情况也略知一些，不知大人还有什么事情要我具体办的？”

“说不上多具体的事。”段祺瑞说，“既然咱们有缘走到一起来了，我也想与你推心置腹地谈些事情，当然也盼你能推心置腹地说出见解。可以吗？”

“大人，”徐树铮说，“又铮在大人面前时间短，大人还不了解又铮的性格？我对大人直说了吧，又铮为人，坚持这样准则：不愿相处的人，则无话可说；既要与人相处，绝不疑神疑鬼。又铮因才疏学浅，孤陋寡闻，可能会有见解不周处，但在大人面前，却绝不会有心口不一处！大人会在以后的相处中印证的。”

对于徐树铮如此的坦诚，段祺瑞心里十分高兴。于是，便把目前自己所想的、袁世凯如何把军队交给他的，还有以后如何办好武备学堂、如何带好军队都说了个大概。最后问："情况大体如此，没有避你处。日后该怎么办？我倒是想听听又铮你的意见的。怎么样？"

——徐树铮虽然是初出茅庐，但对官场上的事情却不陌生。童年岁月，他便跟着父亲徐忠清混迹上层社会，接触达官贵人。徐忠清四十岁中了拔贡，却不愿入仕途，一心扑在教育上。他认为"官再大，都是老师的学生。"他要当一辈子老师。因而，苦心致志，落了个桃李满天下。当时徐州府所属八县中的举人、进士，十有八九是他的学生。闲暇无事，他便骑着毛驴，四方云游。徐忠清身下有七个儿女，树铮最幼，因而也最偏爱，每次外出，总把他带在身边，让他接触一些头面人物，也趁时教他一些诗词文章。树铮聪明透顶，总是一点便通。七岁时，父亲的一位朋友想考他一下，出了个"开窗望月"的句让他对联，他略加思索便对了"拔山超海"四字。此对惊座，因有"神童"之称。徐树铮离家北上济南时，父亲劝他不要出去，不要入官场。他却留给父亲一道七绝走了。那诗是：

平章宅里一阑花，临到开时不在家。
莫道两京非远别，春明门外即天涯。

徐忠清看了儿子的诗，虽觉有伤离情怀，却也充满着壮志雄心。于是，便不再劝他。徐树铮碰上段祺瑞了，情投意合，正想为他助上一臂之力。这几日来，翻着材料，与人谈心，都是要了解这位知音。倒也真的了知许多。现在段祺瑞问计于他了，也是他展示才华的良机，于是，便坦坦诚诚地表明了己见。

"树铮略知大人的情况，大人的仕途，当该说是比较顺利的。近日，袁大人又把军权移来，更是一番新潮。但依又铮所想，只怕还有一点不足，或者说缺憾。"

段祺瑞心里一惊。但还是心平地问："请又铮明说。"

"总办大人，"徐树铮说，"如果大人只是办武备学堂，凭大人的资历、才学那是足之够了。如今，大人握有军权了，就不够了。请大人试想想，古今中外，没有战功的将军，有几个能形成自己的影响呢？""这么说……"

"大人应该寻找机会，创建战功！"段祺瑞恍然大悟！

是的，他段祺瑞最明白自己，他毕竟是书生管兵。武备学堂学的是书本，德国学的还是书本，克虏伯炮厂还是书本，旅顺造炮台，威海随营，小站练兵，都是从书本到书本，是纸上谈兵。徐树铮说得对，没有战功的将军是没有威望的将军，也是不合格的将军。这个意见好，重要、及时。他对徐树铮俨然起敬起来。

"又铮，你说得对极了！对对对，将军的用武之地是战场！"段祺瑞对徐树铮有了新的崇敬。

他回到自己室内，再想想徐树铮的话，既觉得十分重要，又感到无可奈何。是的，没有赫赫战功的将军就显得底气不足。可是，战争也不是想有便有的。八国联军，那是朝廷对付的事，朝廷不让你去，你怎么去？山东的义和团，袁世凯给镇压下去了。现在？现在的山东还算平和，哪里找仗打呢？段祺瑞有点心焦。不过，他对徐树铮还是崇拜的。他会沿着徐树铮的思路，去开创自己广阔的天地。

第七章

镇压起义民众立了功

正是段祺瑞苦于无战不能立功的时候，老天竟然给他送来了良机——

山东义和团被袁世凯镇压下去之后，山东人民的反洋人、反皇帝运动仍然在此起彼伏，一天也没有停止。在威县，农民赵洛凤父子率众数千人在一方土地上开展了杀洋人、劫官府的行动。一时闹得半拉天红红火火，官府和洋人都不安了。接着，更有农民景廷宾率数千人起义。于是，清河道袁大化、大顺广道庞鸿书、营务处道员倪嗣冲以及赵庄洋教士万其偈等纷纷上书袁世凯，请求派兵剿匪。袁世凯已把军权托给段祺瑞了，剿匪一事自然交给段祺瑞。段祺瑞便率队前往。

别看段祺瑞梦寐有仗打，一旦真要打仗了，他却有些惧怕了。出征之前，他便皱着眉苦苦地思索，以致连鼻子都歪到了极度——

这里，我们得交代一下这位段某人的生理特征：段祺瑞小时候有个牛脾气，认死理。他想的事别人不同意，他便生闷气，气得不吃不睡。有一次，是他在宿迁跟随祖父读书时，祖父让他把《论语》中的一篇念到会背，他想出去玩。结果，他偷着去玩了，书自然不会背。祖父质问他时，他只管站着不回答。祖父十分生气，便给了他一耳光，正巧打在鼻子上。鼻孔出血还不说，鼻子却被打歪了。后来虽经治疗，正了过来，可是，每遇到烦闷或气怒的事，那鼻子便又歪了过去。所以，段祺瑞有个“歪鼻子”的雅号。跟他交往多了或常在他身边的人只要见他鼻子歪了，便知道他轻则遇到不顺心的事，重则在大怒。人们也就习惯以他鼻子歪正来判断他是喜是怒，从歪的程度来判断他怒气大小。

段祺瑞不知“土匪”底细，怕势力太强打不过他们。果然，这一仗打败了，说不定前程便丢了。这是他有生以来第一次实战，别看在武备学堂的课堂上他能把打仗的事说得头头是道，开起火来，可不知道如何，段祺瑞没有把握。他想去找徐树铮，一想徐树铮也是个学生，何况他根本就不读兵书。便作罢了，只好硬着头皮出征。

段祺瑞率队来到威县，听说景廷宾、赵洛凤等人把洋教士罗泽溥杀了，心里更惊。虽然已经探明赵洛凤等人藏匿在赵村，他却不敢贸然攻打，只在村外安下营寨，派人到村中传话，说：“只要交出匪犯，决不株累村民。”

此时，村中有人出来说：“景廷宾、赵洛凤实在不在村中，村民们愿意协助官兵查访缉拿。”

段祺瑞犹豫了：土匪不在村中，攻打没有道理；贸然进村，又怕遭到埋伏。正在这时，有马弁来报：“村东之李村，景廷宾等聚众，打家劫舍，并将南宫县官差郑杰等人劫掳入村。还扬言，只有官兵退去，方可释放郑杰等人。”

一波未平，一波又起。匪未剿成，官差被质。若人质被害，事态不是更大了吗！段祺瑞思索再三，决定暂时撤兵。

官兵撤了，官差果然被放了出来。但官差所押运的银两、物品，悉数被“土匪”截留。

时为壬寅初夏，威县大地还显得几分寒凉。段祺瑞出师近月，尚未剿得一匪，莫说战功了，回去连个自圆其说也说不出。倘若匪盗再起，岂不是他的大罪。左思右想，心中难静。最后只得决定孤注一掷，把李村包围起来，即使没有剿灭匪盗，夺回被截去的南宫县钱物，也算胜利。

段祺瑞率领日前撤出的官兵，乘着漆黑之夜，突然将李村包围起来。由于不知匪众多寡，未敢直攻，只发动了一场说教攻势，号召交出匪首，归还官府银两、物品，解散匪伍，即不予深究。在这同时，又将队伍分于四野，把个小小的村庄包围得水泄不透，里外几层。

也是这伙匪众失策，他们不仅闭门抗拒、置若罔闻，并且调集北边张庆同伙数百人，列阵抬枪，向段祺瑞的官军抄袭过来。段祺瑞见势不妙，即把队伍分成小队抵抗。

经过小站之练，段祺瑞手下的新军还是具备了一定战斗力的，加上枪炮也较先进，比起那些凑合起来的民众，要强得太多。战火一开，段军便节节胜利，“匪盗”一见自己人死伤太多，战力涣散，很快便四散逃走。后来得知，景廷宾也被打死了。

段祺瑞总算初战告捷了。收拾一下战利品，整顿一番队伍，准备班师回防呢。不料溃散的民众四乡活动，竟又纠集五六千人高喊为景廷宾报仇，分路朝官兵袭来。段祺瑞即驰书大顺广道庞鸿书、营务处道员倪嗣冲等，请兵来援。庞、倪两部火速出兵，他们几路夹击。当盗众节节败退，眼看溃不成军时，又闻报说，临村寺庄教堂又聚匪盗四五千人谋攻。段祺瑞即率亲兵前往援救。匪盗虽亦有优良枪炮，但射击技术太差，声势轰鸣，却不能取准命中。酣战两个时辰，只伤官兵四人。段祺瑞则以马队抄袭，连连取胜。盗众见大势不利，纷纷逃走。

经此一战，威县起义民众基本被肃清，被屠杀的无辜民众约千人。段祺瑞夺获前膛大炮三尊，抬炮八十一具，火枪、旗帜、刀矛二百三十余件。随后，段祺瑞又同地方官员商量，制定清除后患措施，令地方逐村造册登记，令盗众悔过自新，设法抓捕盗首，并号召百姓安分守法，不可妄动。

段祺瑞班师回济南了，好不威风！就连袁世凯也出城来迎接他。袁世凯握着段祺瑞手的时候十分高兴地说：“芝泉，回来赶快让人把这次剿匪情况写个折子，我要直报朝廷。”

——袁世凯自小站练兵伊始，便想树自己的军威，在军中，处处显示自己；山东镇压义和团，他在朝野上下，军威颇震。然而，山东并未像他上报朝廷的那样“拳匪灭绝，地方太平”，而是义军仍然四起，洋人、官府都不得安生。他袁世凯不能不心惊！果然消息传到京城去了，他得担着“欺君之罪”。段祺瑞这一胜利，袁世凯的一块石头落了地。为段祺瑞请功，其实正是为他自己向朝廷报喜！袁世凯不但想要获取这次战功，还想向朝廷表明：“我练的新军就是不同于旧军，战力很强，开战必胜！”这样，他手中的军权会更牢稳。段祺瑞是他的部下，为段祺瑞请来战功了，既是他对下属的关怀，又会把下属拉得更紧。这样一举多得的事，袁世凯不会放过。

要向朝廷请功，段祺瑞自然兴奋。于是，他把威县之战，说得天花乱坠，把自己说成了指挥有方、英勇善战的将领。袁世凯专折报奏朝廷。朝廷对威县剿匪大加赞赏，并根据袁世凯的保奏，对于提升段祺瑞作了如下朱批：

武卫右军总办随营学堂劳保准免补知府以道员仍留原省补用，并加二品衔。

对于段祺瑞威县剿匪的经验，朝廷特地又作了这样的朱批：

着即督饬开导乡愚，毋被煽惑，并严谕各属地方官勤求民瘼，加意拊循，是为切要！

隔了一个月，不知谁又起了劲。朝廷再次传旨，对于剿平威县各匪有“丰功伟绩”的段祺瑞，赏戴花翎，并加封为“奋勇巴图鲁”荣誉称号。

一举成名，声威大震！段祺瑞没有忘了袁世凯的保举之恩。于是，率领夫人张佩蘅，用公、私两种形式匆匆走进巡抚衙门，向袁世凯去谢恩。

那一天，袁世凯仿佛已经知道段祺瑞必来，他命人泡好了香茶，洒扫了客厅，端坐在八仙桌边，口含着烟袋，似吸非吸。四十四岁的袁世凯，通畅的仕途，显赫的身份，使他的性情也渐渐孤傲起来。在山东，他很少出门拜客，何况头上又领了直隶总督、北洋大臣的锃亮光环。他无事求人，人都是有事求他。对段祺瑞，他更有一副居高临下的姿态。

段祺瑞进来时，竟不知对袁世凯是该行对待长官礼，还是该行对待家长礼？站在客厅中有些拘谨。

袁世凯招招手，不在意地说：“坐吧。坐下说话。”

段祺瑞拘束不安地站着，站了半天，才说：“威县剿匪，所以能获大胜，全赖大人军中之威。祺瑞不过……”

袁世凯连忙摇手，“你的指挥才能展现出来了。这一点，我心中有数。”

“谢大人厚爱。”

说着，段祺瑞这才坐下。

袁世凯清理了一下他吸烬了的烟窝，把烟袋放在八仙桌上，然后端过来茶杯，轻轻地呷了一口，才又说：“芝泉，这一仗，算是打出了咱们的军威了！朝廷嘉奖，百姓欢迎。说明新练之军就是不同么！”“大人治军有方。”“这是其一……”

“人心思安，仇恨匪盗。”“这是其二……”“还有皇恩浩荡。”“这是其三……”

段祺瑞不知该再说什么了？

袁世凯笑了。他觉得时候到了，该说的话得说出来了。于是，便笑眯眯地问段祺瑞："芝泉，威县这一仗，莫说在朝廷，就是在山东地方，也只是寻常小事。你知道为什么朝廷会对你又加封又嘉奖吗？"

段祺瑞被问迷惑了——心里一惊，如此大胜，袁大人怎么说是小事呢？再说，作战有功，加封嘉奖，这是常情中事。否则，奖罚不明，朝廷还有什么威望呢？可是，袁世凯又这样认乎其真地反问，这就不是小事了。为什么？段祺瑞一时想不出。"还请大人明示。"

"这你就不明白了。"袁世凯还是笑眯眯的，"芝泉呀！这也难怪你，你虽然出来十多年了，官场上的事毕竟接触少。武备学堂也还是学堂，学堂就以书本为主。社会、官场可不同，那要比书本丰富、复杂得多了。"顿了一下，他又问："读过《红楼梦》吗？"

段祺瑞更惊讶了。又是《红楼梦》？沈老先生再三说的……他说："读过了。是最近几年读的。"

"那是一本坏书。"袁世凯说，"但是，又是一本不可不读的书。"段祺瑞不明白。《红楼梦》是好书不是坏书，他尚未有自己的主见。他记住的，只是其中的"护官符"，那是沈先生提醒他的。"'护官符'与今天的威县一战有什么瓜葛？"段祺瑞联不上。

袁世凯没有窥测段祺瑞的表情，他还是按照自己的思路说下去。"《红楼梦》里的'护官符'，是说到骨子里去了，做官的人都要好好地研究一下，最好是借鉴一下，或者当作格言，常常提醒自己一下。有好处。"

"祺瑞领教了。"

"还有一点，"袁世凯说，"'护官符'的要害，不在'符'，在'护'！懂吗？"段祺瑞又是一惊。

"就说威县这一仗吧，"袁世凯入正题了，"仗是打胜了，匪盗都剿清了。但充其量，还是一个小仗，你自己往上报，到不了京城，也惊不动朝廷。那样，加封嘉奖的事全不会出现。这件事放在我手里去做，我写了奏折，直送朝廷，这分量就不同了。先撇开事而论人，一个总督、大臣，还是实实在在的山东巡抚，我能把鸡毛蒜皮的事送给御览吗？所以，一切都变了。归根到底，归到一个'护'字上去了，我护了你……"

袁世凯把话说明白了，段祺瑞当然心领神会了。他感激这位上司兼泰山。于是，即忙站起，一步跨到八仙桌前，便"扑通"一下跪倒在地。"感谢大人栽培，祺瑞永远忠于大人！”

“这……这……”袁世凯忙起身，伸出双手，说，“何必如此，何必如此！你我至亲，话说明白了，也就完了。举此大礼，岂不见外了。日后还得互相照顾，互相保护。”

段祺瑞回到自己的住处，如法炮制，也对跟随他出征的下级军官和士兵进行嘉奖。嘉奖时，用不同方法，向官兵们训示，荣誉和实惠都是他段某人给的，“只要跟我好好干，我是绝不会亏待大家的！”

官兵们除了没有对他跪拜之外，也都像他对待袁世凯一样，纷纷表示“永远忠于大人”。一战之胜，威名大震，段祺瑞很快便有了“虎将”之称。

由于袁世凯的特殊关照，段祺瑞获得了意外的荣誉。在对袁世凯感恩的同时，对于袁世凯的义女、自己的新夫人，也就另眼相待了。

说真话，张佩蘅进了段家，段祺瑞并没有给她多少温存。一来是丧妻的忧伤尚未消失；二来是公务日益繁忙；还有，那张佩蘅是个比他小了十来岁，比他的长子宏业大不了多少，他只把她当成一个孩子对待。现在不同了，段祺瑞经历了一场生死之战，大战之后又获得了意想不到的腾达和荣誉，他似乎对人生有了新的、异样的领略，对家也有了异样的、新的领略。而这些新的、异样的领略又无不与这位新夫人张佩蘅有着万缕千丝的联系——段祺瑞想：若无佩蘅这种联系，袁世凯恐怕不会如此厚爱。因此，段祺瑞对新夫人，油然产生了新的冲动。何况又加上一件新喜——

段祺瑞从威县回来的时候，新夫人为他生了个女儿，母女都十分平安，他十分欢喜。他匆匆走进居室。

“佩蘅，佩蘅！”段祺瑞走到床前，伏在新夫人身边。

张佩蘅正疲惫地闭起双眸养神——这两天，她一直处在生女的喜悦和丈夫不在身边的忧伤中，丈夫打仗去了，男儿志在疆场，她懂得，她也知这是丈夫显示威风的良机。可是，生儿育女，总是女人的一场生死大关，谁家女人生产不盼着自己的丈夫在身边。可是，段祺瑞，却在烽火连天的战场，她想他，她更担心他。

段祺瑞回来了，一回来就匆匆来到她身边，并且亲亲热热地呼了两声“佩蘅”——这是往天从未有的。往天，他常常本着一副严肃的面孔，虽不是大怒却也看不出欢乐；而她，也就自觉地背过身去，或转回自己的房中。夫妻之间一直蒙着灰暗的云雾。而今，这声“佩蘅”，却充满着温情和亲昵——她通身都酥了。她从蒙着的被中伸出手来，对着他甜甜地、无限娇柔地一笑。“你回来了，听说打了个大胜仗。”

“别说话，好好养神！”段祺瑞俯身，伸手为她拽好被子。

“想看看女儿吗？”佩蘅说着，把被头轻轻地掀开一缝，露出出生不久的女儿，“看看吧。”

段祺瑞把脸伏在被角，仔细一看，女儿还在困倦地闭着眼睛。“像，像极了！”

“像什么？”张佩蘅说。

“像你，像你！”段祺瑞说，“也像我。”

张佩蘅来到段祺瑞身边一年多了，尚未得到他如此这般的温存。早先尚可，觉得他的公务重，自己也含羞；在她怀孕之后，她觉得不同了，仿佛是一种失宠的失落，但又不便出口。现在，女儿生出来了，她可以撒娇了。便说：“这女儿只像我，是我生她的。不像你，你心里没有她。”

“怎么这样说呢？佩蘅。”段祺瑞听出新妇人的话中话了，便说，“佩蘅，我知道我对不住你，你来了之后我没有尽心照顾你。你应该知道，我分不出身呀，太忙了。其实，我心中一直十分喜欢你的。”说着，把脸凑下去——

张佩蘅还以为他去亲昵女儿呢，那知道，他竟把大嘴巴热乎乎地贴在了她的嘴上，用力地亲吻起来。一边吻，一边呻吟似的说：“我十分想你，我很喜欢你，我……我……”

结婚年余了，张佩蘅尚没有如此的享受，猛不防来了，她有些儿慌张。但转瞬间，一股幸福感流满全身。她伸出双手，搂住他的脖子，死死地把嘴贴过去……

二人亲昵半天，张佩蘅才转过脸，说：“女儿还没有名字，你起一个吧。”

段祺瑞想了想，说：“孩子都是以‘宏’字作班辈的，自然得从‘宏’字起。”“起什么字呢？”张佩蘅说。

段祺瑞又望望刚出生的女儿，微微皱眉，自言自语：“质胜文则野，文胜质则史，文质彬彬，然后君子。我看就叫‘彬’吧。”

“你说的这‘彬’字是啥意思，出在什么书上的？”张佩蘅问。

“意思就是，有才有貌，即‘文质兼备貌’。”他眨眨眼说，“大约是出在《论语·雍也篇》上边。”

“你说好就好。”张佩蘅说，“她大姐叫宏淑，他就叫宏彬。”

段祺瑞见新夫人满意地接受了女儿的名字，又俯下身，亲昵地吻她一阵子。

第八章
北洋出了一只虎

小站练兵之初，袁世凯是请荫昌为他推荐军事骨干的，荫昌从北洋武备学堂毕业生中推荐了王士珍、冯国璋、段祺瑞、梁华殿四个人。梁在一次夜行军中溺水淹死了，袁世凯手下只剩下王、冯、段三个人。现在，王士珍为工兵学堂总办兼工兵统带，冯国璋为步兵学堂总办兼督练营务处总办，段祺瑞为炮兵学堂总办兼炮兵统带。学堂都是随营设立的，基本上是边练兵边培养亲信。袁世凯的势力越扩越大，骨干人员也越来越多，后来又从武备学堂中招收了段芝贵、吴长纯、徐邦杰、何宗莲、赵国贤、马龙标、王英楷、杨荣泰、曹锟、王占元、陈光远、卢永祥、田中玉、张怀芝、陆建章、孟恩远、雷震春等。这些人，有的是封建文人，有的是科场中失意客，有的是乡村无赖。之外，还有清政府调送的淮军中部分带兵的人，如姜桂题、夏章酉、张勋、倪嗣冲、赵倜等。袁世凯从山东调任直隶总督之后，立即在保定成立了督练公所，成为他在直隶训练新兵的机构、北洋骨干中资格最老的三大员便另有重任：段祺瑞为参谋处总办，冯国璋为教练处总务，王士珍为直隶全省操防营务处督理。由于袁世凯还兼着北洋大臣，他就索性把这支军队改为“北洋新军”。

袁世凯在山东的时候，曾请德国军官观操。那个德国人见王、段、冯三将指挥有方，便用马鞭子指着他们说：“你们不愧为杰出的将才！”洋大人发了话，他们便自封为“北洋三杰”了。后来军中一步一步地把三杰形象化了，他们以王士珍是“三杰”第一名，为龙首，他在政治舞台上，又是个时隐时现的人物，所以称为龙；段祺瑞性暴如虎，又在山东立了大功，有虎将之称，故称虎；而冯国璋体型有些狗头狗脑，故称他为狗。“北洋三杰”便形成了王龙、段虎、冯狗之称。

段祺瑞在北洋将领中，是极少数在德国镀过金的人，当时德国是世界上陆军最强的国家。因此，段祺瑞处处显示自己了不起，不把别人放在眼里。可是，段祺瑞随袁世凯到了保定之后，却碰到一件十分不称心的事——

一天，袁世凯把他叫到总督府，关起门来，二人秘密地磋商起大事。袁世凯说：“现在，国中的形势还算平稳，国际上也没有多大事变。和平岁月，正是咱们练兵扩军的时候。有个形势，不知你看到了没有？”

袁世凯常常是这样，把自己想的东西隐而不发，启发属下说出。而属下说不出时，他再引导启发。段祺瑞摸清了他这个人脾气，也养成了一种对策：能捉摸透的，便顺着竿儿爬，说得袁世凯连连点头，心花怒放；捉摸不透的，便说一点似是而非的见解，诱导袁世凯说明白。这一次，就是他没有捉摸透袁世凯“脉络”的时候，所以，他不无尴尬地笑笑，说：“对于国家大形势，祺瑞一直是孤陋寡闻，再加上祺瑞思绪不敏，自然是大人看得深远。祺瑞只能聆听大人高见，不敢在大人面前信口乱说。”

又是脱身之计，又是高帽。袁世凯自然喜在心头，乐在脸上，他轻轻地晃着脑袋，说：“为了打破分省练兵兵额有限的束缚，我想奏请朝廷恩准，成立中央练兵处，举一位最有权势的皇族大臣来主持练兵。这样还有一个好处，皇族大臣主持练兵了，皇上也会放心。”

段祺瑞豁然开朗：袁大人这样想，既可扩大兵权，又不引起朝廷怀疑。一箭双雕，妙到极点！忙说：“皇族大臣主持练兵了，袁大人务必要争取从旁协助，成为会办大臣。”

袁世凯会心地点点头，还是说：“那就要看朝廷能否恩准了？”段祺瑞说：“朝廷一定会恩准。凭大人治军之影响，此会办之职非大人莫属！”

“尽人事，听天命吧。”袁世凯说，“这就有许多随之而来的事情要办。我考虑，首先把咱们的北洋新军先充实扩大一下，奠定了基础。以后，对外说话也有个依靠。”“大人打算怎么办？”段祺瑞问。

“我打算先成立三个协。”袁世凯说，“这样，北洋新军就正规化了。”“好举措！”段祺瑞说，“事不宜迟，早早抓起。”袁世凯点点头，此事算定下来了。

袁世凯思索扩张军队的时候，国内形势看似平稳，其实，各省、各军队还是很不平静，大家都在争权争势，想扩充自己。袁世凯已经看到，同僚之中，心思各异，互存戒备，不知哪一天，便会出麻烦。因而在扩军、组织自己势力时，他便想努力做到“用人唯公”，显示自己大公无私。所以，他想用一种考试的办法来提拔、重用干部。这事，他并没有同段祺瑞说明，段祺瑞自然毫不知道。结果，事情便出在这上面：

袁世凯在成立第一协的时候，王士珍考取了，他当上了统领；袁世凯在成立第二协的时候，冯国璋考取了，他当上了统领；袁世凯在成立第三协的时候，他当然企望通过考试这一程序，段祺瑞能考取。那样，编制的三协军队统领既都是他的心腹，又是考试录用的，体现了“用人唯公”，谁也无话可说。可是，段祺瑞一连考了两次都没有考取。袁世凯心里焦急了，这怎么办呢？假若这个协的统领被别人夺去了，他袁世凯是不能放心的；再说，段祺瑞往哪里放呢？

段祺瑞更是焦急，军队归编了，编成协了，若是兵权失去了，以后靠什么呢？昔日投考武备学堂和毕业于武备学堂，他都能考出最好的成绩；去德国留学，他依然考出好成绩。现在，要争军权了，他竟两考而名落孙山，这不明明等于把军权丢了吗，这可怎么办呢？段祺瑞不能丢军权，丢了军权岂不连人格也丢完了吗？平时，他总是以在德国镀金自足，目空一切。现在好了，镀的金全磨光了，自己只剩下一块烂铜，多丢人呀！现在，回头想想，段祺瑞才明白，正因为留洋镀了金，才放松了上进。今天可好，就给个样儿看看！他虽焦急，却也想不出解救的办法。

正在此时，人传“总督大人请”。

段祺瑞闻得袁世凯有请，脑门又一热。是不是再来个面试？面试更难，再考不好，可就一切都完了！他不想去。可是，不去是不行的，丑媳妇不能怕见公婆，硬着头皮也得去。段祺瑞匆匆去了总督府。

袁世凯正在焦急地等着他，二人一照面，袁世凯就开门见山地说：“芝泉，考试是咋回事？”

段祺瑞脸膛发热，说：“祺瑞平时有失检点，粗心大意了。其实，大人出的题目，往日我都是挺熟的。”“我想再考你一次，怎么样？”

段祺瑞尽管脸膛又热，不得不假装镇静。他不情愿地说：“祺瑞沉下心去，好好准备”。

“来不及了。”袁世凯说，“这不是临时抱佛脚的事。”“我今夜通宵达旦……”段祺瑞下决心了。

袁世凯背过身去，不再说话，只把手背过来，说：“拿去吧，今夜好好准备，我明天亲自带人考你！”说罢，便把右手摇了摇。

段祺瑞明白了，匆忙一个上步，从袁世凯手中接过折叠工整的一张纸，一边后退，一边说：“谢大人教诲！”

段祺瑞想着袁世凯给他的，是提醒他要准备读什么书，找什么资料的提示呢。回家一看，原来就是一张考试的试卷。这一高兴，简直要发狂起来。于是，饭不吃，觉不睡，便伏在灯下，翻文找书，准备答案。

次日，果然是袁世凯领着几位京城来的大人面考。段祺瑞有准备了，无论笔试还是口试，都能对答如流。结果，总算渡过了这一关，他自然也考取了。于是，袁世凯堂而皇之地发委任状，段祺瑞成了袁世凯新成立的第三协的统领。段祺瑞匆忙到袁世凯那里去表示谢忱，然后走马上任。

段祺瑞过了考试关，王士珍、冯国璋两个统领专程赶来为他道贺，自然免不了说一片“学富五车”“胸有兵书”“聪明机智”等溢美之言。段祺瑞觉得王、冯二位都是知己，昔日情厚，今后还得共事，又都是一个祖宗麾下的部将，不能瞒着他们。于是，便把袁总督“传卷”的事透给了王、冯二人，并且对袁世凯表示了个“受恩深重，终身不忘”的忠心！不料，王、冯二人听罢，都暗自发笑——原来这两位也是“彼此，彼此”！只不过所采取的方法略有不同罢了。

段祺瑞做了北洋新军第三协统领的第二年，即1903年，袁世凯提请中央成立练兵处的奏折获准了。当然，“由皇族重臣来主持练兵”的议奏，也被同时核准。袁世凯本想待奏折恩准后再奏请由荣禄来总理这件事，谁知荣禄“无福”，袁世凯的奏折尚未获准时，荣禄竟一病去了，袁世凯不得不匆忙再奏，推举庆亲王奕劻来主持其事，他自己自然还是协办。

朝廷恩准了，派奕劻为督练新军大臣，袁世凯为会办大臣。袁世凯抓到了督练新军的大权，他不待奕劻下手，便在练兵处设机构、派干将起来。袁世凯任命徐世昌为总提调，下边设三个司，王士珍为军正司正使，冯国璋为军学司正使，段祺瑞以直隶补用道充任军令司正使。

这一年，段祺瑞三十九岁，正是年富力强。

人走顺路的时候，什么好机遇都会碰到。段祺瑞做了军令司正使之后，练兵处在袁世凯的操纵下，开始了全国性的扩兵运动，他决定在全国范围训练新军三十六镇，先在北洋范围成立六个镇，作为示范。其实，就是以北洋为骨干，把全国军队进而化一，成为自己的亲兵。袁世凯雄心勃勃，但又觉得口张得太大，怕吞下去消化不了。他找到段祺瑞，要和他一起商量一个办法。

段祺瑞春风得意，又对袁世凯感恩戴德，梦里都想着为泰山效力。这几年，他能有这几步飞跃，他方才明白沈先生“护官符”提醒的作用，“即便你是好汉，也得结帮！”

段祺瑞坐在袁世凯面前，思索着袁世凯提出的问题，好一阵，才说：“先在北洋建立六镇，是一步好棋。这样，可以把骨干军队抓紧。我想这还不够，得让所有的镇都有咱的骨干才好。”

“我也这么想，”袁世凯说，“只是用什么办法，尚未考虑出来。”“大人，我想这样，你看行不行？”段祺瑞想起了自己的出身，想起了自己发迹的途径，说，“咱们还办武备学堂。办短期的，一批批往下分。分配给各镇武备学堂学生，这是名正言顺的事。你看如何？”

袁世凯也曾想到这个问题。只是，小站练兵之后，武备学堂渐渐停办了。以后虽然有的省还办，不久还是停了。不做的事情重新再做，用什么名义呢？再说，朝廷会不会答应办全国性的武备学堂？袁世凯拿不定主意。所以，他对段祺瑞的话，没有立即表示可否，只闪了闪眼睛，皱了皱眉。

段祺瑞邀功心急，又说：“大人，别犹豫了，只有这一个办法最理想。这个办法可以达到目的：军队是朝廷的，军官是咱们的。”

袁世凯终于下了决心，接受段祺瑞的意见。“好，恢复武备学堂。”想了想，他又说，“你来兼学堂总办。”段祺瑞点头答应。

段祺瑞要退出的时候，袁世凯又喊住了他。“你停一停。”

段祺瑞停步，转过身来。“大人，你……”

“我想保荐铁良为京旗练兵翼长，由他选三千旗兵加以训练。”袁世凯说，“你看如何？”

段祺瑞点头说：“好，好！铁良是满族，又是兵部侍郎。把他请出来……”“可以安定皇室之心！”

"我看，还可以奏请设立一个贵胄学堂。"段祺瑞说，"专门培训满族子弟。"

"好，就这样办。"

段祺瑞四十岁任陆军第三镇统制官，编练第三镇军队，从而固定了他自己的军事根基，进而发展成大混战中的一方大军——皖军；他自己，也成为那个历史时期的中国军队首脑，其时间长达二十余年！

段祺瑞的陆军第三镇，堪称是袁世凯军中的嫡系军，驻扎在袁的总督府保定，但把触角伸到奉天、锦州一带；后来又延伸到长春、昌图地区。京畿紧张之后，调回北京。

陆军三镇没有招募新军，全是袁世凯和他一道从小站领到山东、又从山东领到保定的旧有军队。三镇下辖两个协和一个马标，协统和标统当然全是由段祺瑞挑选的自己亲信。他们先后有：雷震春、徐占凤、卢永祥、张永成、徐万鑫、陈文运和张国泰等。次年，段祺瑞又改任第四镇统制。

这得算是一个微妙的调任——

第四镇是由留京各营改编组成的，驻扎在京郊南苑一带，兼防天津马厂、小站。这一切都是袁世凯安排的，唯有这个镇的统制吴长纯，袁世凯有点不放心。吴虽然也是北洋中人，但在袁氏的亲信册上，吴长纯还没有段祺瑞那样的位置，这个镇又放在京郊，袁当然不放心，他又想到了段祺瑞。着人把段祺瑞找到跟前，对他说："芝泉，我想让你暂到四镇去。"

"到四镇？！"段祺瑞没有想过这事，觉得他不能离开三镇。"是这样……"袁世凯想的，当然不会隐瞒他的干女婿。他把想法说了一遍，又说："我也不想让你长在四镇，只要你把那里的事调理好了，将来能够经得住风雨，然后么，当然还回你的三镇。"

段祺瑞是唯袁命是听的。话说白了，他不是为朝廷效劳，他是为袁世凯效劳。他的一切都是袁世凯给的，朝廷赏的花翎，朝廷给的"奋勇巴图鲁"荣誉称号，也是袁世凯为他请来的。他自然得听袁世凯的。他答应了袁的新任命，但他却说出了自己的顾虑："四镇多是由各地调营编建组成，我只身一人去，只怕……"

"你可以在三镇拣一个厚实的管带。"袁世凯说，"到任之后，还可以把协统的统领调换一下么。"

袁世凯把话说明白了，段祺瑞心上的犹豫也打消了。四十一岁刚到

（光绪三十一年，公元 1905 年），那年正月他便带着自己的马队一营来到陆军四镇上任统制，马队营也随即改成了马标，由他的亲信孟恩远任标统。

段祺瑞在陆军第四镇只干了八个月，到这年八月，他又被调任陆军第六镇统制。袁世凯告诉他："有一项特殊的任务，非你去不能完成！"

第九章

要为泰山显威风

仲秋，华北大平原显得有些萧疏了，白洋淀的荷花荡也只剩下一派残叶枯梗，田野里的稼禾都进了村庄，大地茫茫一片。几阵西风，气候也寒冷了。

村道上，几辆从湖泊洼淀里拖着芦苇的太平车，晃晃悠悠地朝村庄走去。没有喊牛声和鞭子响，赶车汉仿佛就是想享受这份悠闲。

新任陆军第六镇统制段祺瑞骑在一匹高头大马上，由防地保定匆匆朝天津城走去；他身后随着几名护卫的士卒，也在扬鞭催马。

频繁的调任，使段祺瑞的生活显得焦急不安，心情在动动荡荡中。在六镇任职，他的心却一直在三镇。那里才是他的根基，兵将都是他一手栽培的，他不能离开他们，他们也不能离开他。任何一个军阀都懂得：没有兵不行，兵越多越好；而必须是自己的兵，是亲兵，是父子兵更好。段祺瑞明白，六镇的兵源，虽有武卫右军的成分，但较多的还是南洋自强军。编练成镇之后，是由王士珍作首任统制的。王士珍也是北洋班底，“三杰”之首，袁世凯应该对他放心的，为什么又要调职呢？段祺瑞了解王士珍，知道他对袁世凯忠心耿耿，但其人处世颇独到：不露锋芒，不树敌，遇事从无疾言厉色，没有那种武将的威风。难道就为这，他才不能作统制的吗？段祺瑞又想点头又想摇头。

段祺瑞在总督衙门外下了马，独自走进去。袁世凯坐在一座小客厅等着他。

袁世凯情绪十分低沉，满面蒙霜，眼神都有些呆痴。段祺瑞进来的时候，他显得有点惊讶，好像段祺瑞不是他叫来的，而是段有急务要向他报告。“你来啦？！”袁世凯声音低沉。

段祺瑞点头应道：“知道大人有事找我，我匆匆赶来了。”“好，好。”袁世凯这才定定神，“我有事，有事。”

段祺瑞在他一旁坐下，聚精会神，等他训示。可是，袁世凯竟摇着头没头没脑地说：“我朝自咸同以来，军队都是从地方先发展壮大起来的，这情况你大约也清楚。最早的湘军，后来的淮军，都是这样。曾国藩曾大人、左宗棠左大人，还有你的老乡中堂李鸿章李大人，都曾主宰过军队……”

段祺瑞插话说：“正因为这几位大人治军有方，这时的中国军队也显见得像一支军队，像一支强军。”

袁世凯冷冷一笑，“你哪里知道，祸也由此而起。”“祸？”段祺瑞不解，“什么祸？”“他们都是汉人！”

段祺瑞心时一惊，“汉人怎么样？”

“前事莫谈了。”袁世凯说，“这几年，咱们注意了抓军队，还不是想为朝廷练编出一支能够强国的军队吗？这也有异议。”“什么异议？”

“我们到直隶来还不到两年，有人就说咱们总督衙门是中国的‘第二政府’了。你说可怕不可怕？”

“这有什么可怕的？”段祺瑞说，“抓军队，光明磊落……”

“不那么简单。”袁世凯说，“传言到了京城，就成了大问题。”“咱们就不能采取点手段？”段祺瑞觉得手中有军队，军队的威力是巨大的，怕什么。“不行就给他们点儿颜色看看。”

“给谁？”袁世凯笑了。“八国联军？义和团？匪盗？他们都是有形的敌人，选择好目标，进攻就是了。这可不行，可畏的人言，又是飘渺无踪，吃了苦头，也不知吃在何方神仙手下？”停了停，又说：“你大约还没有觉察到吧，朝中出现了一股力争君主立宪的潮流，满族亲贵认为是汉人要夺权。其实，要从汉人手中夺权的倒是满人。前儿我就听到传言，宫里谣传说：‘汉人肥，满人危。’这岂不是一个信号！”

“大人让我来，是不是……”段祺瑞仿佛明白了。

袁世凯竟狠狠地摇手。“这些事，无非是让你知道知道就算了，还用不着你去做什么手脚。”

“那……”段祺瑞有点糊涂了。他觉得此事仅只让他知道，袁世凯是不会把他找到天津来的。找来了，必有要事。

袁世凯把面临的大形势讲明之后，觉得该交任务了。于是才说：“由于这件事引起的，是两种可怕的事实，既有人说咱们的新军有夺权之势，又有人说咱们新军与旧军无别，还是一群经不得一击的乌合之众。朝廷决定，最近在河间一带举行一次南北两军大会操。我是为这事找你来的。”

段祺瑞明白了，什么“大会操”，还不是南军北军来一次大比武！他还明白的是：北军，实际上就是袁世凯的北洋新军组建的陆军六镇，南军，自然是其他军队了。六镇新军，段祺瑞和袁世凯一样熟悉。差不多全是小站练出的人马。他毫无顾忌地说：“袁大人，大会操就大会操吧，我不信咱们的军队就进不得大战场！”

袁世凯笑了，“大意不得哟，也自满不得哟！你知道调出会操的军队是哪两支军队吗？”

段祺瑞摇摇头。“南军是谁？不知道。”

袁世凯说：“北军便是你的陆军三镇，南军是新近组建的、由张彪作统制的陆军八镇。”

“张彪，八镇？”段祺瑞说，“是他，榆次张虎臣。”“对，是他。”

“不就是做了中军官，坐在戏台子上抓住盗贼的那个丫姑爷吗！”段祺瑞有点蔑视他。

“不能轻敌！”袁世凯说，“他除了节制二十一混成协外，尚有护路营、巡防营，并另带江防楚字舰队。还有，他是湖广总督，即将调京重用的张之洞、张孝达的部将。”

“大人不仅是总督，还兼着北洋大臣呢。”

“这就是一件麻烦事了。”袁世凯说，“两支强军会操，朝廷决定派陆军部大臣铁良和我两人为阅兵大臣。可见其重视程度！”他又说：“这次会操，我决定由你指挥北军，你务必夺魁。现在，你仍回三镇抓紧操练。”

段祺瑞答应着，从总督府退了出来。

此时，段祺瑞已在天津安有住处，他几年来培植的亲信也多在天津。因此，段除军务之外，总要在天津家中稍住几日。不想，此次一回到家，他便忽然想起了有关徐树铮的一件事——

段祺瑞在家中把事办完了，便到自己的客厅坐下，喘气片刻之后，便命人“把徐书记请来，就说我有事”。一个侍从答应着，退了出去。

——徐树铮在段祺瑞身边眼看着就有四个年头了。这个初出茅庐的年轻人，为他、为袁世凯，都献出过颇见锋芒的计策，使得这两个人分外器重了他。就说当初袁世凯去不去就任直隶总督一事吧，徐树铮的意见就颇令二人惊讶！

按照袁世凯的素志，他想在山东这片平静的地方再住二年，以便发展，壮大队伍；加上朝廷虽有意让他北上，却也还是令他“署理”。所以，他便想呈个奏折，缓就直隶。段祺瑞是赞同袁世凯意见的。但是，袁世凯无意中让徐树铮说说意见时，徐树铮便狠狠地摇摇头。袁世凯惊讶地问：“此事不妥？”徐树铮说：“大为不妥！”

袁世凯猛然想起了当初徐树铮给他的那份《国事条陈》，他知道这个年轻有头脑。便说：“请明言。”

徐树铮见袁世凯诚心听他的意见，便不慌不忙地说：“山东，没有经历大的战争，洋人涉足也不重，袁大人在这里的兵力很大，威望甚高，发展下去，山东自然是能够成为一片立足之地。不过，据学生所见，山东毕竟只是中国的一隅。以一隅而牵动全局，并非易事。朝廷既有诏大人督直隶兼北洋大臣，虽局面艰难，却可左右中枢。控山东而远天下，握中枢而天下归！大人若是只想安于作齐鲁之首领，据山东也是个办法。但能否长治久安？令人费思。大人应以鸿鹄之志，鹏展凌云：据直隶督署，统北洋军机，‘会当凌绝顶，一览众山小’！到那时，齐鲁岂不仍是大人根基！”

这一番话，说得袁世凯心服口服，他决定即刻北上直隶就职。袁世凯就任直隶总督、北洋大臣了，段祺瑞也跟着北上。不久，他便出任陆军三镇统制。徐树铮呢？水涨船高，升任了镇部的一等书记官，也就是现职。

徐树铮是个不安于寄人篱下的人，他想创自己的基业。可是，他又自知自己的根基不牢，没有显赫的身份。当时，中国正处于一股留洋镀金热潮，而许多人热衷于日本的士官学校。徐树铮也想到那里去镀镀金。

不过，除了官派之外，日本那个地方没有大钱是去不了的。徐树铮盘算一下，袁、段对他虽然印象尚佳，但自己毕竟是寸功皆无的，指望官派，可能性极小。自己筹资，却也十分困难。目下，妻子夏红筠从萧县老家赶来了，日常生活都觉得有点困难。

事出无奈，徐树铮竟假借段祺瑞的名义致书段的一个叫吴凤岭的同僚，说“家中欲置田产，尚缺数百银元”，向吴暂借。吴凤岭是段祺瑞至交，又与徐树铮是同乡，自不他疑，即转来银元五百。徐树铮想待到日本后再函告段祺瑞。谁知尚未成行，段、吴在一次直隶藩台的宴席上无意间说明了此事。段祺瑞甚觉愕然，由此也甚为不满。“他今天可以以我的名义借款，明天岂不可以以我的名义借兵，后天呢……”一气之下，鼻子都歪了。所以，他想找徐树铮，把此事问清楚，然后批评几句。

段祺瑞一到家便命人叫徐树铮，徐树铮便感到了事情不妙。他已经知道段、吴近日见了面，借钱事可能会谈。他也明白，段平时虽然是轻薄钱财的，那多是为了收拢人心，沽名钓誉。而今，假借他的名义借款，对他无益，且有损名声，恐怕就不会那么慷慨了。徐树铮想到这里，便也作出退一步的决定：好吧，见面他若问及此事，并且见责，我便直说，并尽快偿还此款。而后，远走高飞。离开他姓段的，总不至于找不到栖身处吧！徐树铮已经不是济南街头卖字时的徐树铮了，他觉得他有处去，甚至可以到袁世凯那里去。听得有人来请，他便匆匆随去。

坐下等待徐树铮的时候，段祺瑞的脑门忽然冷静下来了：这件事不能冲动，徐树铮是个谨慎人，他能够这样做，准是万不得已。他能够敢于以我的名义借款，说明他自觉跟我的相交很厚。不就是五百银元吗，五百银元留住一个朋友也值得。何况是一个谋士，一个人才！想到这里，他的心情反而豁然起来。我要好好跟他谈谈心，问明情况。

徐树铮进来时，段祺瑞正悠闲地吸着烟。一见面，段便说：“又铮，快坐，快坐！”徐树铮坐下，侧目一看，倒觉奇怪：段祺瑞很平静，鼻子也没歪，没有生气。难道不是为借钱事？他也平静地说：“大人回来了，这几天事情挺多吧？”

“多。事情太多了！”段祺瑞说，“这一阵子不见你，心里空空落落的。几件事都想同你商量一下。所以，一回来就想见你。”接着，便把会操的事说了一遍。“你看这事咋办才能办好呢？”

徐树铮觉得借钱事既已是事实，何必再瞒下去呢，不如早说明。于是，表明了对会操的意见之后，还是主动地把借款那事说了出来：“前些时，内人夏红筠意欲东渡就读，我手中一时拮据，便以大人名义在吴统制吴凤岭大人那里暂借五百元应急。内人因琐事缠绕，一直未能成行。我正想拜托大人将此款奉还吴大人。此事事先没有秉明，便以大人名义，实属不妥，还请大人见谅。”

段祺瑞笑了。“噢，五百大洋，不就是借了五百大洋么！那吴凤岭怕早就忘了。要说奉还，也无需你破费，我不过一张银票就完了。你既有急用，就留在身边用吧。不介意的话，就算我支助红筠的学费，如何？至于吴大人那里，以后你就别再提此事了。”

徐树铮听了段祺瑞如此说，虽然感到意外，但还是十分感激的。“承蒙大人厚爱，我代贱内向大人深深致谢！”说着，便深深鞠了个躬，“至于借款么，还是我还好了。”

段祺瑞一见徐树铮施大礼，忙说：“又铮，你这不是见外了吗，万万不可。”人情既送了，段祺瑞便想不如把人情送到底！他心里明白：什么是内人东渡就读，还不是他自己想出去镀镀金！于是，又笑着说：“又铮，这些日子我太忙了，想到一件事总也来不及同你商量，今儿清闲，咱们谈谈。”“请大人吩咐。”

“不是吩咐，”段祺瑞说，“是想要你照办。”“那就请人大人吩咐吧。”“我想让你去日本东京留学。”段祺瑞十分诚恳地说，“东京的士官学校，是当今的名牌军校。我想你应该到那里去深造。你去那里，我自然为你办理官费。”

徐树铮有点受宠失措了，他本来想这次同段祺瑞会有一场冲突。借款的事烟消云散了，他已经感激不尽，不想段祺瑞又给了他一个官费留学的机会，他感到事情来得太突然。突然得来不及思索。他迟疑着，惊慌着，竟然连句感激的话也不知该如何说。

段祺瑞不急不躁地站起身来，走到徐树铮面前，认真地望着他，语气有些忧伤地说：“又铮，平心而论，我是一刻也不愿让你离开我的。有你在，办什么事我心里都觉得扎实，觉也睡得甜，饭也吃得香，碰到什么事都不慌神。你要真的走了，我会咋样？”他深深地叹息一声，说：“我真不想让你走呀！”他望望徐树铮，对他点点头。又说：“又铮，我得让你走。人么，是应该有远见的，将来中国之事，项城（袁世凯河南项城人，以籍贯代称）必挑大任，你我都应该倾其心力辅助。可是，现实又是不可避免地要论资排辈。更可恶的是，崇洋媚外成风，又不能不崇。因而，我必须送你去日本！你得理解我的心呀！你在日本深造几年回来，就可以大展鹏翅，作为一番！你说对不对？不必犹豫了，着手准备吧。”

徐树铮虽然看明白了这是段祺瑞高价收买他，但也觉得这种自我“出卖”是值得的。只有这样，他才能首先自我翅膀硬起来，作为一番！他对着段祺瑞拱起双手，恭恭敬敬地给他鞠一躬！然后说：“树铮得到大人如此厚爱，终生不忘。今后有生之日，便是报效大人之时！”

段祺瑞忙去阻拦：“何必如此，何必如此。”

不久，徐树铮便去了东京……这一去便是五年。五年之后，徐树铮真的大鹏展翅了，他对段祺瑞忠心耿耿，他成了段的“小扇子军师”，成了写入历史的“合肥（段祺瑞）魂”！这是后话，暂不赘述。清军大会操在一片无际无边的荒原上进行的，以一条天然的东西向河道为界。段祺瑞的北军在河北，张彪的南军在河南，双方阵地临时各设置了一些掩体和目标，并布置了一些假村镇和山丘。河的一端高高搭起了阅兵台。

会操那一天，秋高气爽，晴空湛湛，阅兵台上高高插起龙旗，表明此举为钦定。龙旗四周还插满彩旗。阅兵台下临时搭起了营房，供阅兵官员住宿和临时会议、休息之用。阅兵大臣铁良、袁世凯早早来到宿营，同时来的还有会操中央审判长王士珍、北军审判长良弼、南军审判长冯国璋以及各省督抚派来观操的代表。

会操开始的这天早晨，段祺瑞匆匆来到袁世凯的营房，向他汇报了准备情况。话尚未说话，袁世凯便摇手阻止他。“准备情况不要说了，我培养的军队，我还不了解他们的情况？现在的问题不在军队强弱……”

段祺瑞心中一惊：两军会操，就是强弱较量，怎么不在强弱呢？他有点不解。他皱起了眉。

袁世凯叹息一声，说：“阅兵大臣和南北审判长共是四人。你看清了吗，旗汉各半。”

“我看清了。”段祺瑞满不在乎地说，“那有什么了不得？”

袁世凯还在摇头叹息：你哪里知道，这里边有文章，以后你便会明白的。袁世凯本来想对他说明，铁良和良弼这些满族大臣都是他的死对头，在朝中影响大，反袁也最力。可是，话到唇边又收住了。最后，他只说：“我希望你的队伍能取胜。到那时，咱们的日子也许会好过些。”

段祺瑞还想再问些什么，袁世凯挥挥手，说：“什么都别说了，争取会操胜利！”

段祺瑞退出袁的营房，匆匆赶回自己的营地，他把自己属下的协统、标统、管带都叫到面前，作了最后一次训话，要他们“务必要把会操当成实战对待，官佐都要到前线；注意协、标配合，迎战时机要抓准，攻击要猛！只准获胜，不准失败”！

会操共进行了一周，段祺瑞的北军无论装备，还是战斗力都远比南军为优，他获得了会操的全面优胜!

段祺瑞的北军会操全胜了，可是，会操不久，朝中便有御史提出对袁世凯提出参奏。袁世凯知道，这是要夺他的兵权，他抗拒不了。他不得不交出部分兵权。于是，在朝廷尚未下旨之前，袁世凯不得已将自己精心组建的陆军六个镇中的四个镇兵力交给陆军部直辖，其中就包括段祺瑞指挥的、会操取胜的第三镇。这是袁世凯升任总督以来第一次遭受的挫折，也是满族亲贵向汉族大臣夺兵权的第一次胜利!

段祺瑞的日子相应地不好过起来……

第十章
心里装着清江的黎民

一天，段祺瑞心神不安地来到袁世凯的衙门，想看看失去兵权之后的这位泰山心情如何，顺便也谈谈他该做些什么。秋季会操之后，段祺瑞没有再回六镇，也没有再回四镇，仍然回到他的根基军队三镇。由于会操的大胜，朝野上下，尤其是军方，陡然对他另眼相视了，在他仍任三镇统制的同时，还加领了“北洋武备学堂监督”和“军官学堂总办”两顶桂冠。春风得意中的段祺瑞，不能不为他的恩公袁世凯担着一分“失兵权”的心。

袁世凯没有灰暗，他和昔日一样神采奕奕，谈笑风生。二人一照面，他就乐哈哈地说：“一场大会操，操出咱们小站的风采来了！让那些冷眼的君子们沮丧去吧，我的北洋军永远是一支英雄军！”

段祺瑞受感染了，他也兴奋起来 。“是的，我们要培训出一支国中最强的军队，包括陆军、炮兵、海军！”

“对，对！”袁世凯说，“就得有这种信念。你来了，我正想同你商量一些事。”

袁世凯的部分兵权被解除了，只能算是宦海中一场小小的风波。在政治上，他依然是一位炙手可热的人物。他有这个自信，别人也是这样认为的。这几年，他提拔重用的，除了段祺瑞之外，还有徐世昌、唐绍仪、赵秉钧等，他们的地位都已是尚书、侍郎的高位；还有盛宣怀，他主管的铁路事业，几乎控制了中国重要经济；梁士诒也是在经济方面能够呼风唤雨的人物。袁世凯的儿女亲家端方，新近又升任了两江总督……袁世凯有什么办不成的事？他还怕什么？一部分兵权没有了，但将领还是他的人，段祺瑞会不听他指挥？！

袁世凯本来想同段祺瑞谈谈抓军的事，可是，他不谈了。他觉得谈了也是多余的，“段芝泉知道该怎么做。”他却环顾左右而谈起了徐树铮。“芝泉，徐树铮是个人才，年轻，有为，许多见地不在你我之下！要好好用这个人才！”

段祺瑞见袁世凯如此乐观，一颗悬着的心落了地，原先想着劝慰的话，想着要表的忠心，自然也都多余了。现在，袁世凯提到了徐树铮，他也只得把话转到徐树铮身上。

“徐树铮有才华。”段祺瑞说，“我正安排机会，让他去深造。”“人才难得呀！”袁世凯有些儿惋惜地说：“当初，他那份《国事条陈》，就十分有见地。我若不是家丧，一定会同他面谈。”他对段祺瑞笑笑，又说：“果然那样的话，徐树铮今天便不会到你身边了。”

段祺瑞心里一惊：袁世凯想要徐树铮？此刻，他倒有些后悔，后悔当初不该领着徐树铮跟他见面，更不应该让徐树铮在他面前说一片“据山东而天下远，握中枢而天下归”的话。段祺瑞也是个想发展势力的人，他手下也要有心腹。可是，袁世凯毕竟是上司，是恩人，又是泰山，他得随着他的心愿做。于是，段祺瑞还是不自愿地说：“大人若喜欢树铮，他自然可以到大人身边来。”

“不可，不可！”袁世凯忙摇头，“你我没有彼此可分，我怎么会从你身边要人呢！若是那样，你和他一起过来不是更好么。不过，我得说个明白：你千万不可亏待他。我有难事时，你得让他过来，帮我出出主意。”

“那是自然。”段祺瑞说，“他随时可以到大人身边！”段祺瑞要为徐树铮饯行，他觉得还有许多话要跟他说。他备了一桌盛宴。

段祺瑞和徐树铮相处以来，还从来没有在一起对面坐下认真地吃一顿饭呢。段祺瑞是个不喜欢和任何人一起就餐的人，哪怕是妻子、儿女，徐树铮也是不喜欢和人同桌吃饭的。这两人在一起谈完公事之后，转脸各走各的。这一次，算是例外。徐树铮要到日本去了，一去尚不知几年几日后回来了，谁知局势又会有什么变化？谁知他们还会不会重到一起？段祺瑞不放心，他想用一种什么有形或无形的东西把徐树铮拴住。

用什么办法呢？思来想去，段祺瑞决定在宴席上收徐树铮为弟子。只要他递个门生帖子，树铮便永远是我的人，谁也别想把他从我这里拉走！

这一切，段祺瑞都觉得是极易办到的，徐树铮不会推辞。他段祺瑞无论从公从私，都有理由对徐树铮这样做。

对于段祺瑞的饯行，徐树铮是预料到的。原先，他们是想举行一次颇丰盛的宴席，向段祺瑞谢别。可是，想了想，他改变了主意。“与其今日盛谢，倒不如日后学成归来再谢更显庄重些。今日匆匆，岂不太实用了么！”段祺瑞饯行，他觉得更见段祺瑞大度。本来他是不喜入任何宴会的，今日，他无法推辞，他按时赶到段府。

徐树铮走进小客厅，没有入座，便先客套起来：“大人您是了解树铮的，我从来不在外人家中吃饭，懒得做客，也拙于应酬。大人有事只管吩咐。我看，这饭么……”

“照你这么说，这顿饭是非吃不可的。”段祺瑞说，“头一件，这里不是外人家，第二件，桌上只有你我二人，根本就不需要应酬，你我在一起也不是三月两月了，还不曾对面坐下边吃边聊过呢。再说，你要出远门了，我也还有家事，正需要好好谈谈。”徐树铮受恩于段祺瑞，他怀有知恩当报之心。听了段祺瑞的话，也觉得不应该再说走的话了。

正是徐树铮要入座的时候，他忽然发现餐桌上的盅筷摆设不对劲，他见摆的是一长一幼的家宴。心想：段祺瑞摆了这样一个家宴，是把我当晚辈对待了。这一长一幼，他是不会坐到幼辈席上的，这幼辈席显然是为我徐某人准备的。什么意思呢？徐树铮思索着，暗自笑了。我不能入这个席！

徐树铮立在桌前，微微皱眉说：“大人，树铮今天实在心情不舒，有什么事你只管吩咐，饭还是免了吧。”

段祺瑞一见徐树铮变了脸，心中便明白了几分。年轻人不愿意作后辈！他心里虽然不愉快，却也不便勉强。只好故作惊讶地说：“又铮，你千万不要误会，这是家人无意中摆设的，我没有在意。你也不必介意。我来挪动挪动。”说着，便把原来放成长幼位子上的盅筷改放在宾主位子上，但还是作了一串的解释：“我这个人，从来就不大讲究礼仪什么的，人对我，我对人都是如此。跟总督袁大人也是这样。其实，论年龄，总督也只比我大六岁。每次我在他那里吃饭，也都是这个坐法，坐也就坐了。可能我的家人认为我不计较，今天也这样办了。改，改过来好了。”

徐树铮听着，心里暗笑：我和你不同，你是袁世凯的义女婿，袁世凯的子女都称你为“姐夫”，你的张夫人也把总督家当成“娘家”。袁世凯当然把你当成晚辈对待。咱们可没有这种关系。你的用意我明白，想让我递个门生帖子。这事我得想想。现在，段祺瑞既然把宴席的规格改了，徐树铮也以释疑的口吻说道：“其实，树铮也不是拘于礼俗的人。只是自幼家教甚严，树铮总想更新立异，却也无可奈何。至于今天之事，树铮并未如此想，大人更不必放在心上。既然大人如此盛情，树铮也首破素志，便在大人这里做客。借花献佛，正好表示一下树铮对大人的感激之情。”段祺瑞知道徐树铮不会给他递个门生帖子，只好把美梦破了。宴席的气氛也只好随着破。宴席上不无做作地谈了些相识相知的话，又谈了些军队的情况，东拉西扯，推杯换盏。段祺瑞最后说：“又铮，待你东渡归来，我还有要事相托，可千万不能推辞呀！”

“树铮志向已定，永不离大人。”徐树铮表示态度了，“一定协助大人，治好军队。”“还有一件事。”“大人请讲。”

“我要恭请你为家庭教师，把我那犬子宏业教育成才！”

徐树铮笑了。“大公子业已成人，恐待树铮归来，大公子已经大业告成了。”

“不，不！”段祺瑞说，“只怕他一生努力，也难学又铮才学一二，你一定要好好教他！”

“承大人信任，树铮只好从命了。”

这次家宴之后，徐树铮便匆匆东渡了。段徐二人日后虽依然相依，但也多少留下了隔阂。

没有战争，没有灾难的岁月，日子过得十分快。大会操之后，段祺瑞仍去任陆军三镇统制。由于他依然兼着北洋武备学堂督办和军官学堂总办，他也想着能够桃李满军营，所以，他较多的精力都放在了学堂事务上去了。

学堂的督办公署设在保定东关外的小金庆附近。那里，有平坦的荒原，成排的绿树，笔直的道路，还有一年四季极少见水的小河。这片地上，陆军各学堂林立，最大最有名声的，是陆军速成学堂，后来改称协和学堂——当地老百姓称它为东关大学堂。这个学堂经常有两千多名学生，分步、骑、炮、工、辎重各种科。后来北洋军和国民党军队中许多名将都是这里的毕业生，如齐振林、王永全、蒋志清（即后来作为国民党主席的蒋介石）等。速成学堂之外，还有陆军军医学堂、陆军军械学堂、陆学参谋学堂等。段祺瑞经常奔走于各学堂之间，发表训话，检查军纪，与学生建立感情，在学生中树自己威望。

段祺瑞春风得意，梦想着再有几年，全国各地镇、协、标、营都由他的学生主宰，他便可以一呼百应，地动山摇了！那时期，除了各学堂走走之外，闲暇时，他便约人下起棋来——他的围棋已经成了他生活中的一大需要；之外，也约几位文人在一起谈诗论文，以显示他文雅的生活。

袁世凯没有忘了他，朝廷没有忘了他。在他督办军校期间，不断有新职和重任给他：

丙午2月，授福建汀州镇总兵，仍留原任；

丁未9月，授镶黄旗汉军副都统，不之治；

戊申9月，任会考陆军留学毕业生主试大臣；10月，会醇亲王等覆奏取优等生二十七名、上等生四十一名；

己酉9月，任会考陆军留学生主试大臣，复任第六镇统制；

庚戌（1910年）11月，命署江北提督。

这一年，段祺瑞四十六岁。四十六岁做了一省的军务总兵官，要在江北清江地方主宰一方军务，也算是他称心的职务了。于是，17日受命，24日谢恩召见，12月1日即“请训召见寻赴任”。此时，徐树铮业经从日本镀金归来，段祺瑞请准为他安排了一个“江北军事参议”的职务，他们便一同去清江赴任。

清江，又叫清江浦，位在江苏北部的大运河边，自古便是淮、扬、徐、海间的重镇，是当年海盐转运的中心之一。然而，由于土地荒芜较重，连年旱涝失度，这里又是一片比较贫瘠的地方。段祺瑞到清江来，已是年末岁尾，天寒地冻，北风凛冽，村镇上已出现许多饥饿黎民，有的病死街头，有的携眷外逃。村庄凋敝，房舍破烂，竟是一片萧疏景象！

段祺瑞到了清江浦，心情就沉甸甸的——原来他想在他任期，把军治好，办几件黎民百姓都拍手称道的事。可是，光是饥荒就使他感到十分棘手。

安定之后，他就把主管租课、厘金、盐务的清江财官请来，询问他地方岁银的入出情况。

这位财官是个老“地方”了，姓余，名寅，年约五十，一副消瘦如猴的体型，那双鼠眼却十分机灵。怀里抱个账簿，平平静静地坐在段祺瑞面前，等待他发问。余寅有经验，地方的军政大员他接送多了，该怎么说，他心中是有谱的，怀中的账本只不过是个幌子。见段祺瑞问他岁收情况，心中便明白：“这位大人是要知道他的军饷有无着落？”便故意一边翻着账本，一边说：“本地岁收银数，还是甚可乐观的。地富民丰，安居乐业，皇粮国征不成问题。”

段祺瑞一听，十分不高兴。我亲眼所见，村凋民穷，路有饿汉，怎么又安居乐业了呢？但他还是说：“这么说来，我所辖的一协三标十一营军之饷是没有困难的了？”

“禀提督大人，”余寅有点心惊，“当该说没有困难。”

“没有困难就是没有困难，怎么又‘当该’说没有困难呢？”“这……”余寅有点慌张。

“年度军饷银两是多少？”段祺瑞问。

“通常年份，年度为九十余万两。今年加闰，应为一百万两。”“那你就把这一百万两如数交给我吧？”“这……”余寅更慌张了。

“你不是说皇粮国征不成问题吗，军饷当然是第一要务了。给我百万两银子，你还犹豫什么？”

余寅一看段祺瑞是个认真的人，觉得糊弄他不行了，只得如实汇报。“请提督大人见谅，地方军饷，其实是两笔账算。所需总额，原本来源为各地指拨（地方征），一年为六十万两，淮安关税约二十万两，盐斤加价抵补十万两，永州裁饷十六万两，再加上两淮商票本两万五千两，百万之数也就绰绰有余了。然而，历年入款均难以如额，虽经度支部议准于江南解部盐斤加价内指拨三十万两，以三年为限，藉以补助。不过，这项款亦不能如期拨来。江南财政公所应解来之款已积欠六十二万两之多。”

“实际不足银两是如何抵补的呢？”段祺瑞问。

“这个……”余寅吞吞吐吐地说，“只好由官兵就地筹谋了。”“什么就地筹谋？”段祺瑞说，“还不是加重黎民负担！”余寅点点头。

段祺瑞不再发问了。余寅的话虽然是吞吞吐吐，半说半露，段祺瑞还是听明白了：官银不足养兵，只好再刮百姓。民已经够穷的了，再刮一层如何了得？

段祺瑞挥挥手，让余寅走了。

晚上，段祺瑞把徐树铮找到面前，谈起了军饷筹谋情况。他告诉了徐树铮余寅提供的情况之后，心情焦虑地说："这怎么行呢？军队是皇家的军队，皇家不养谁养？百姓该交的皇捐全交了，再加征敛，怎么行呢？"

"大人打算怎么办？"徐树铮问。

"我看，咱们应立即专奏朝廷，为民请命，应免征江北租课厘金盐务官运增额。"

徐树铮点点头。"事不宜迟，说办就办。"

当夜，他们二人边商量边动笔，便写出了一份《奏为协款无着恳恩饬田部收部发恭折仰祈圣鉴事》的专本，这个本章除了真实地摆明江北年岁征收情况之外，毫不含糊地表明了自己的态度：

……臣亦明知库帑之空虚，催解不易，不应使部臣独任其难。但养兵所以弭变，兵无以养，变且立形。与其事迫求援，使部臣临时棘手，何为先期呼吁！俾部臣未雨绸缪，合无仰恳天恩，俯念江北情形与各省不同，兵饷所关与他款不同，饬下度支部准将协款改归部收部发，指实拨付，以固军心，江北幸甚，大局幸甚！

另外，段祺瑞又知道宣统三年（1911 年），朝廷给江北增加了租课银一万两，厘金三万两，盐务官运三百二十万两，心情尤为不安："江北已是灾难重重了，怎么可以再增加税赋呢？"于是，他在奏折上又奏道：

……查江北租课，征自湖河各滩，地瘠民困，原定租额历年均有滞欠，今欲额外征收，民力实有未逮。江北厘金由臣衙门主持派员征收者，现存十一局原额七万串。自光绪二十七年以来，六次增加，比较定额已达十二万八千串。近则连年荒歉，百货壅滞，委员视为畏途。现定额数尚不可恃，亦未便再议增加；其盐务官运一项，现值岸销疲敝，余利至微，但议增之数尚不甚钜，已饬承办委员会照数勉力筹解……伏乞圣鉴训示。

据记载，这是有清以来，江北地方官为民请命免征课厘的唯一一举！江北百姓甚感段祺瑞之恩。朝廷也对这个奏折及时作了肯定的朱批。

这一年（辛亥），革命军起，段祺瑞被匆匆调京。

第十一章
后顾之忧解除了

翻开厚厚的中国历史，卷卷册册，页页行行，句句字字，无不充满着争争战战，死死活活，兴兴灭灭，沉沉浮浮。你方唱罢我登台，分了合合了分。爱新觉罗氏的清朝，自太祖努尔哈赤建立后金起，到了光绪驾崩、宣统这么个刚断奶的孩子即位，这个经历了将近三百年的王朝，早已老态龙钟，即将就木了！幅员辽阔的中华，基本上分为两大势力集团，而皇室皇族，成了一个躯壳。

在北方，袁世凯的兵权虽似被削弱了，其实，兵权依然在此人之手。袁世凯以北洋大臣身份在保定经过两年的编练新军，再加上各省督抚的常备、续备和巡警等军队，北洋系的军队光是六镇已有九万人，成了清王朝的主力武装。

袁世凯的羽毛丰满了，朝廷不得不另眼看待他，除了直隶总督兼北洋大臣之外，又授予他参预政务大臣、督办山海关内外铁路大臣、政务大臣、督办天津至镇江铁路大臣、督办商务大臣、督办电政大臣和会办练兵大臣等八个大臣头衔。其声望之显赫、权倾内外，远远超过了当年红极一时的曾国藩和李鸿章。袁世凯势大了，朝中其他大臣感到不安，皇族尤为忌恨，就连御史王乃徵也在奏折中骂他“爪牙布于肘腋”“腹心置于朝列”“党援置于枢要”“欲举吏、户、兵、工四部之权一人总摄，群情骇异，谓疑于帝制自为，倚信至斯，可谓古无今有”。

袁世凯毕竟不是旗人，入不了清廷的“家族”，他只是爱新觉罗氏的一个卒子。树大招风，客大欺主，朝廷是对他不放心的。为时不久，也就是光绪死了之后，溥仪的父亲醇亲王载沣代行皇帝职权只有一个月，便发出了上谕：“袁世凯患有足疾，着即回籍养疴。”袁世凯下台了，他回到河南彰德。

在南方，广东省香山县人孙中山组织起革命党，闹起了“驱除鞑虏，恢复中华，创立民国，平均地权”的革命运动。

孙中山早年毕业于香港西医书院，一度行医。1894 年赴京上书李鸿章，主张革新政治，被李鸿章拒之门外。一怒之下，孙中山跑到了檀香山组织起兴中会，1900 年联合广东的会党举行起义。起义失败之后，他东渡日本，把他领导的兴中会和华兴会、光复会联合起来，组织了中国同盟会，他被推为总理，把“驱除鞑虏，恢复中华，创立民国，平均地权”作为政治纲领，把清王朝当成主攻目标，决心推翻它，建立共和民国。

孙中山在南方领导的革命势力不断壮大，渐渐有一支强大的军队。这个军队由南向北不断发起武装进攻。终于在 1911 年 10 月 10 日在武昌举行了规模巨大的起义——武昌起义，即“辛亥革命”。革命之烈火渐渐烧向北方，烧向全中国。

驻扎在江北清江浦的段祺瑞，对于南北两地发生的波波折折，一清二楚。他先是惊慌，觉得袁世凯下野了，靠山失去，以后的日子不知会如何。武昌起事前，段祺瑞在清江还不到两年便被调回北京，去任第二军军统，另外还给他加了一个官衔——署湖广总督，会办那里的剿抚事宜。那时候，段祺瑞还是惶惶不安，生怕袁世凯之后，朝廷中会有人不放过他，他的处境会艰难。武昌起事之后，两湖吃紧了，段祺瑞的情绪反而兴奋起来——

段祺瑞明白：革命军武昌起义了，清政府要派兵讨伐。朝廷思来想去，除北洋军之外，再无兵可派；而对北洋军能够指挥若定的，除袁世凯之外，也再无他人。段祺瑞预测到形势将迫使朝廷会重新起用袁世凯。

事实起了波折，朝廷没有起用袁世凯，而是派新任陆军大臣荫昌督师，以冯国璋为军统，开往武昌作战。段祺瑞又笑了：荫昌，北洋武备学堂的老总办；冯华甫（冯国璋字华甫）军统……段祺瑞估计这是用袁的前奏。

果然，荫昌率队到了湖北孝感，便走不动了。不是他不想走，他原想一鼓作气打下去，直取汉口呢。哪知摆在铁路线的兵力却一车一车都不走了——原来在出兵时，冯国璋便匆匆忙忙到了彰德，向袁世凯报告了情况，也请示了办法。袁世凯略加沉思，便授他六字“真经”，叫他“慢慢走，等着瞧”。这一瞧，便把朝廷瞧急了，主政的隆裕皇太后急得直叫苦。这时，不得不想到袁世凯。

武昌起义第四天，清政府下诏起用袁世凯，命他为湖广总督，叫他到前方会同荫昌一起指挥前方各军。

袁世凯觉得奇货可居了，竟借口“足疾未愈”，拒不赴任。仗已经打起来了，发兵讨逆，兵又不前，朝廷急呀！立即又派袁世凯的好友徐世昌赴彰德，跟袁谈出山条件。最后，不得不降旨将荫昌调回，命袁世凯以湖广总督兼钦差大臣到前线指挥军队……

一切都如段祺瑞的想象那样顺利，袁世凯走马上任之后，安排的大将自然首先是他的“三杰”：王士珍在他身边，担任了随营参赞，冯国璋是前线指挥，只有段祺瑞不在身边。不是袁不需要他，而是段还有更重要的任务。

袁世凯的根据地是北方，是京城和天津，他得把这一片巩固下来。就像家一样，无论飘流到何方，最终还得归“家”。守家的任务便交给了段祺瑞。

从清江回北京的段祺瑞，是任第二军军统的，第二军就驻京津。此番清军南调，荫昌只从原北洋军的第二、第四和第六镇抽调兵力组成混合军的，并没有动第二军的兵力。此时，段祺瑞的老本军队第三镇，正驻防东北，亦无兵力调出。这样，无论南方仗打得多紧，袁世凯的看家部队却是一员未动。于是，袁世凯的指挥专车达到河南南部重镇信阳时，他便给段祺瑞发了一封密电，要他火速如此这般安排……

段祺瑞接到袁世凯的前方来电，把徐树铮找到面前，对他说：“咱们好好商量一下，看看该怎么办才好？”他对徐树铮说：“南方是一片明的战场，袁大人去了；北方是一片暗的战场，交给咱们了。常言说得好，明枪好躲，暗箭难防。咱这片战场，其实是更难对付的。”

徐树铮已是段军的总参谋了，正想着有自己的建树——东京镀金归来，雄心更大，抱负更远，只是尚无用武之地。现在，南北打起了大仗，他早已动起了脑筋。“大人不必忧虑。袁大人让我们把三镇从吉林调来，这已经是一步好棋。这步棋走下来，我们基本上高枕无忧了。”

段祺瑞轻轻摇摇头，“乐观不得呀！”

——段祺瑞说的“乐观不得”，并不是他危言耸听，而是他对北方形势有较充分的了解。

本来，清政府按照袁世凯编练新军时的总体设计，除了由北洋大臣直接控制的六镇之外，还有各省分别建立的三十镇，即总兵力为三十六镇。只是这个总设计到武昌起义时尚有不少省份并没有建立起镇来。锡良任东三省总督时，把原有的第一混成协和奉天巡防军一部合编成一镇，叫二十镇，用陈宧为统制。陈宧不是北洋系人，他出身于日本士官学校；陈宧没干多久又换成了张绍曾，张也是士官学校出身。这样二十镇便基本上不受北洋派统管。此外还有六镇，继赵国贤之后吴禄贞任六镇统制。吴是湖北人，不仅不是北洋派，还同革命党人多有关系。据此，六镇和二十镇两镇便成了北洋系的心腹之患。

北方有这样两个镇的武装，袁世凯心里不安。他要段关注的，当然就是这两个镇。

段祺瑞对徐树铮说："本来朝廷决定，由六、二十两个镇在永平举行的会操，因武昌起事暂停了，让这两个镇各驻原地待命，并想调他们去南方打仗。我看，只怕困难。"

正是两人商谈军事时，忽有人来报，说："滦州军事有异变！"段、徐二人把来人叫入密室，仔细一问，方知事变详情——

原来，会操停止后，二十镇暂留滦州，统制张绍曾与六镇统制吴禄贞密谋，准备在北方举义，响应革命。就在这时，东北三省从奉天运出支援汉口的一批军火的火车路过滦州，竟被张绍曾给截留下来了。这之后，张并且串通第三镇代理统制卢永祥发出了起义宣言，要出师北京！

段祺瑞着急了，连他的亲信卢永祥也反了，他不能不急！这个卢永祥，卢永祥……

徐树铮不急。这是他的个性了，每碰急事，他总是出奇的冷静。事来了，急有什么用呢？当紧的是查明情况，作出对策！冷静了阵子他才坚定地说："大人，我觉得卢子嘉（卢永祥字子嘉）不会跟着张绍曾走，那个宣言肯定有诈！"

"我也觉得卢永祥不会跟他走。"段祺瑞锁着眉，摇着头。

"现在有一个办法，"段祺瑞说，"即发一个密电给子嘉，让他火速将军队移防廊坊。卢子嘉若奉命照办，起义便是讹传；若卢子嘉按兵不动，便说明事态有变，应立即采取措施。"

"只有这个办法了。"说着，段祺瑞便让徐树铮草拟了电报，发给吉林的卢永祥。

卢永祥是袁世凯、段祺瑞多年培养的亲信，作三镇的代理统制，也是袁、段的精心安排。他早已把身家性命都交给袁、段了。一见段的密电，便带着军队马不停蹄地转进关来——原来滦州那个“起义宣言”上的卢永祥是别人代签的。一切误会解除了。张绍曾的二十镇因为失去了卢永祥这个盟友，也感到势单力薄，不敢轻举妄动。

迫于当时全国形势紧张，清政府决定组织一个能够稳定局势的内阁来挽救摇摇欲坠的命运。谁能有这个能力呢？排来算去，只有袁世凯。于是，在十一月五日的御前会上，决定任命袁世凯为内阁总理大臣。

袁世凯当了内阁总理了，南面对待革命党是不能动摇的，北边他却更加关注六镇那个吴禄贞了。

那个吴禄贞也有些看不清形势，袁世凯正是一帆风顺的时候，他却总是跟他对着干。就在袁世凯当内阁总理的前一天，一列由北京开往汉口给袁送物资的火车竟被吴禄贞扣在石家庄了，并且还发出通电，要求清政府停战和谈。

吴禄贞截留军火之后，又在娘子关同山西的革命军代表谈判，达成协议：山西革命党和六镇、二十镇联合组成燕晋联军，三路出兵北京。还推选吴禄贞为联军大都督。

袁世凯不能容忍这个形势。他本想返回北方，亲自处理这个吴禄贞。可是不行，南方正紧，他抽不出身，他只好再给段祺瑞一封密电，让他办理此事。

段祺瑞的主力军队三镇已由长春移师廊坊，他的实力更壮大了，他本来想发兵山西，一举吃掉吴禄贞——段祺瑞有信心，凭他的实力，吃掉六镇是轻而易举的事。可是，他不想那样做。他对徐树铮说：“北方尚属平静，不能再起战火。再说，六镇也是一支强军，将来有用。对待吴禄贞只能用计。”他又说：“用什么计？我一时心中无数。”

徐树铮想了想，说：“南方战争正紧，北方是不能再起战火了。大人用计取六镇是上策。办法还是可以想出的。”停了片刻，他又说：“我想起了一个人，可能有用。”“谁？”段祺瑞急问。

“周符麟！”徐树铮说，“周符麟是大人合肥同乡，他又是原来六镇第十二协的协统，因为同吴禄贞不协调，被吴撤掉了。眼下对吴正满腹的不满，何不找他来商量一下。”“找周符麟？”段祺瑞心里一动。

“无非是答应他事成之后官复原职，”徐树铮说，“大不了再给一点重赏。”

“好办法，好办法！”段祺瑞立即派人去找周符麟。

周符麟被请来了。段祺瑞在一个秘密的客厅里会见了他。一照面，他就热情而又惋惜地对他说：“祥庭（周符麟的字），我一直惦记着你，早该为你的事说几句公道话。只是终日东奔西走，又加上局势老是不定。这阵子你过得如何？”

周符麟也得算北洋系的人物，小站练兵他虽然没赶上，保定的驻军学堂他可是高材生。六镇初组，他便是十二协的第一任协统，段祺瑞做过这个镇的两任统制，他又得算是段的直接部下。职务被撤，完全是因为与吴禄贞意见不合。现在，被老上司请来了，又是那样的关怀体贴，他冲动了，没有开口便先是叹息几声，流出两行热泪。

段祺瑞一看，觉得时机到了，忙说：“祥庭，我和袁大人说过了，找个机会，还让你回十二协去。那是你的队伍，你了解他们，他们也敬重你。”“段大人，你这样厚爱我，我感谢你。”周符麟激动了，“今后，我有生之岁月，都交给你和袁大人了。永远永远不变志！”

“这些话别说了，”段祺瑞说，“今日请你来，是有大事同你协商，希望你担当一项重要任务！”“请大人明示！”

段祺瑞把南方情况作了简单介绍，又阐明了二十镇和六镇的反叛情况，最后落实到吴禄贞身上。“此人很不自量，前方战事万急，他竟敢在石家庄截留军火。这不是置袁大人与前线官兵于死地么！截下军火又同革命军串通一气，要攻打北京，这算什么呢？”

“他吴禄贞反了？！”周符麟冲动了，“段大人，难道朝廷对他就没有办法？袁大人对他就没有办法？他不就是一个镇吗，充其量两协兵，能怎么样？”

段祺瑞淡淡笑着，摇摇头，“两协兵和吴禄贞是两码事。军队是朝廷的，吴禄贞只是他个人。解决他个人的问题，军队还是好军队。”

“这么说，我明白了。”周符麟思想开阔了，他听懂了段祺瑞的话，“段大人，这事交给我吧，我会办好的。”

“我和袁大人都相信你。”段祺瑞又说，“当然啦，我们绝不希望你亲自去做。因为事成之后你还要带军队。你找个合适的人去做，无非重赏他一些银元，我这里有。”说着，把一张两万元的银票交给周符麟。

周符麟没有推辞，收起银票，信心十足地说：“段大人，三日之内向你报告喜讯！”

周符麟回到自己住处，思索半夜，终于想起了一个人——马惠田。

马惠田是周符麟的同乡，曾在周属下任过骑兵营管带。二人关系亲密，无话不谈。此人得到吴禄贞的信任，现在正做着吴禄贞卫队营的管带。周符麟秘密找着他，先把两万元银票交到马手中，说明了情况，又说：“这可是袁大人和段大人交办的事。这两人目前的情况你是知道的，中国的政军大权在握，南方之战也将全胜，今后大局必是他们掌握。我们得识这个时务！”

马惠田虽作了营管带，却也是个贪心不足的人，见钱眼红，见官垂涎。当即对周符麟满口答应：“协统大人你放心，这事只需轻而一举，便可成功。我这里为你准备一壶酒几样菜，你自己先饮着，我马上把吴禄贞的头给你提来！”“祝你成功！”

马惠田回到营部，把自己的兵召集起来，告诉他们“有紧急任务，听从命令！”然后就把他们通通带入阵地——石家庄外的火车站。

吴禄贞的燕晋联军大都督司令部就设在停靠在车站上的列车上，马惠田布置好军队之后，便匆匆走向吴的专车。他告诉守卫的士兵“有机密大事，要面见大都督”，不待通报，便走进车厢。

吴禄贞见马惠田匆匆赶来，且面色慌张，正要问他何事，又见他从腰间摸出手枪，知道情况不妙，便大声喊道：“马惠田，你要干什么？”声音未落，马已开枪。“乒！”一声枪响，吴禄贞倒在地上……吴禄贞死了，滦州的二十镇统制张绍曾闻讯吓跑了，周符麟果然又去任十二协的协统。袁世凯对北方的心腹之患，全被段祺瑞给解除了。

第十二章
咱们也打民主的旗号

1911 年 10 月发起的辛亥革命，毕竟因为革命军势单力薄，未能有迅速的、更大的进展而暂时停滞下来了。停滞在由炮火连天变成了南北和平谈判这个局面上。

在南方，革命党人也看到了自己的不足，看到了敌人的强大，用武力一时不易取胜。他们的目的之一是“驱除鞑虏”，清廷中的那么多汉人，无论从政的、从军的，他们都不是“鞑虏”。只要他们愿意和革命党联合，推翻清王朝，和谈就和谈。革命是大家的事，孙中山愿意和一切有志推翻封建王朝的人共同奋斗。

在北方，袁世凯的一沉一浮，他已经看清楚了大清王朝不是他的靠山，他在这棵大树下，已无“凉”可乘了。满族一批权贵把他当成了眼中钉。那个“回籍养疴”的遭遇，还不是踢他滚蛋！袁世凯得感谢革命党，若不是武昌一役，他还不得在彰德默默无闻地蹲着。袁世凯曾经无可奈何地在彰德感叹：“回首多少中原事，老子掀须一笑休！”可是，他却从来都未休，他在漳河边上的洹上村，不是同时又发出“漳洹犹觉浅，何处问江村”和“开轩平北斗，翻觉太行低”的誓愿么！革命军兴起了，袁世凯从浅浅的漳河边又走出来了，他真想和革命军一起打进紫禁城去，把那些趾高气昂的皇族权贵和不可一世的八旗宠儿通通扫除掉！可是，袁世凯暂时还不想那样做。他的一切，还都是清王朝给他的，他马上那样做了，他要承担历史责任、落万世骂名的！可他又不能不感激革命党。所以，无心剿灭革命党，他的大军只在长江线上，转而进入和谈！“革命党是不在话下了，我看你朝廷作何处理。”

做了内阁总理大臣之后，袁世凯更觉根基深了，和谈提出了高高的砝码，他对北京也放出种种危言。他像个坐观鹬蚌之争的渔人，想从双方都获得利益。

北方内患既平，吴禄贞、张绍曾一死一走，六镇、二十镇兵力仍归北洋系。段祺瑞看看北方没问题，自己的三镇队伍又回到了京郊，他索性率领第二军开赴湖北——名正言顺，他是朝廷任命“署湖广总督会办剿抚事宜”的，自然应去湖广。他的兵只到湖北边沿，便停下不走了——不必前进了，眼下正在谈判和平。

段祺瑞到湖北，知道袁世凯回北京去了。袁世凯是国务总理了，总理要料理国家大事，国家中枢在北京，他自然得以北京为中心。段祺瑞把军队安排好之后，便把业经是总参谋的徐树铮找到面前，聊聊当前大事。

湖北的北部，早已听不到枪声了，连武昌的炮火也平息了。南北正在和谈，孙中山又正在主持召开各省代表会议，准备成立临时中央政府，并且发出响亮声明，只要袁世凯能有办法把清帝赶下台，“今日清帝退位，明日拥公为总统”，孙中山的同盟会也不想“以武力夺取政权”了，只希望袁世凯能够拿主意。武力斗争业已变为政治斗争了，自然听不到枪声。

时值壬子（1912 年）之初，北风料峭，旷野荒凉，因战乱而饥荒的黎民蠕动在村头街巷，和散乱的兵卒相间，却并无相容之意。颇有点春风得意的段祺瑞和徐树铮对面坐下之后，却紧紧地锁起了眉头。

“又铮，”段祺瑞手捧着茶杯，心不在焉地说，“我想问问你，袁大人率部南京，本来可以一鼓作气，直取胜利，却为何又按兵不动，而且搞什么和谈起来？”

徐树铮微微笑着，说：“袁大人有袁大人的打算，咱们有时猜不透。”“革命军打过来了，迎敌就是了，还能有什么打算？”“我猜他有。”

“能有什么？”段祺瑞摇摇头，“你忘了，几天前，他还要咱们联合一些将领发出通电，‘誓死拥护君主立宪，坚决反对共和’！墨迹未干，言犹在耳，还会有变？”

徐树铮知道这件事，南北和谈进行了一段，谈得不合拢。南方原本答应和谈成功，由袁世凯出来做临时大总统。和谈进行中，南方把临时政府成立起来了，并且选孙中山作了临时大总统。袁世凯派往南方谈判的总代表唐绍仪把这个消息告诉袁世凯，袁世凯几乎气疯了。立即拍案而起：“这是个骗局！是个骗局！想用我推翻清朝皇帝，你们坐享其成，我不会上这个当。我不干！”唐绍仪无办法挽回，只好辞职。袁世凯批准了他辞职。随后，就让段祺瑞和冯国璋等北洋将领十八人联合发表声明，“拥护君宪，反对共和”。这个通电就是徐树铮起的草，他怎么能忘？所以，段祺瑞迷惑、疑虑，徐树铮只说了八个字：“此一时也，彼一时也！”

段祺瑞不解其意。“反对共和的通电发出了，大张挞伐的决心也下了，皇太后还从内库提出黄金八万两作为前方军用，为何还是不战呢？”

徐树铮说：“我看还是不战为好。”

“为什么？”段祺瑞相信武力，他认为只有战才是根本。一战取胜，万事大吉。

“有几件事，段大人恐怕是忽略了。”“哪几件事？”“大人还记得吧，孙中山被选举为临时大总统后，选举会还作了个决定，‘如袁君世凯反正归来，则临时总统当选人即当让位于袁，以符本会议之诺言’。”“这是骗局！”

“不是骗局。”徐树铮说，“让位这一点，孙中山和革命党都是有诚意的。”

段祺瑞皱皱眉，不相信。

“孙中山当选临时总统之后，未去南京就职便给袁大人发了一封急电，还是表示自己只是‘暂时承乏’，‘以待’他袁大人这位‘贤者’！”“袁大人为何又不去当临时大总统呢？”“前提未实现……”

段祺瑞明白了，徐树铮说的“前提未实现”一事，即清帝尚未退位！这是有言在先的，袁世凯答应做到“令清帝退位”，孙中山和革命党才答应把临时大总统位子给他。现在，前者既未实现，后者当然无法如愿。段祺瑞不再说话了——还有什么话可以说的呢？袁世凯也有他的难处……

正是二人谈兴正浓时，有人送来“北京急电”。徐树铮接过一看，是新任内阁总理袁世凯发来的。“袁大人要我们立即进京，有事商量。”

段祺瑞接过电报，一边看，一边想：有何急事？还一定让树铮同去？他放下电报，说：“好吧，立即北上！”

袁世凯坐在总理府内，心情十分焦急：孙中山被选为大总统了，清帝还牢牢地坐在紫禁城，他的升腾计划依然飘渺无定，他又缺乏进取办法，这才想到段祺瑞，同时想到徐树铮。

袁世凯已黔驴技穷，找段徐这得算最后一着了。他曾经以以退为攻的办法，要辞去内阁总理职，结果，只骗出隆裕太后八万两黄金；袁世凯曾经和南方达成默契，以制定一项优待清室的条款，使清帝退位后不废帝号且给以巨额岁费，但清廷却绝不答应；为这事，袁世凯还暗示淮军老将姜桂题以北洋全体将领名义发通电，请求皇帝速令皇宫各显贵“捐献私财，毁家纾难，共济时艰”；随后，他又到宫中大谈革命党人如何势不可当。当这一些都没有起到作用时，他赤膊上阵了，走到隆裕太后面前，又恫吓、又拉拢地说：“自古无不亡之国，亡国之君，身受杀戮之惨，古今中国历史班班可考。今天大清皇帝退位，能争取保持其尊号，享受岁费，这是古往今来绝无仅有的创举。为争这些条件，我们费尽了臣子之心了。”

隆裕虽是女人家，虽对袁世凯这片言语心惊胆战，但并没有被吓倒，最后还是说：“大家从长计议，这件事以后开御前会议再说吧。”

段祺瑞领着徐树铮不需禀报，便径直走进总理府。跨进大门，心中这才一惊：这片操着国家大事的地方，竟然冷清得鸦雀无声，连客厅的门也半掩着；应酬接待的侍从不见了，流动的护卫也不见了。这是怎么回事？

段祺瑞按照前两次来总理府的习惯，他先走进小客厅，想让那里的人传报一声。可是，他一走进小客厅时，却见袁世凯正坐在那里闭目养神。

“大人，您好！”段祺瑞站定后才轻轻地叫了一声。

袁世凯闪开双眸，慢慢地站起身来，定定神，才说：“你们来了，坐吧。”

段祺瑞一边对他行着翁婿礼，一边用心打量他。他觉得几日不见，袁世凯瘦了，疲惫了，眼神也显见得灰暗了，连说话的声音也显得低沉、无力。“袁大人心事重呀！”徐树铮递上个“晚愚”的帖子，问了一声“您好”，和段祺瑞一起坐下来。

大约袁世凯想明白了，这两位是他请来的，才说：“请你们二人来，是想同你们谈谈心事，也想商量些令人头疼的事。所以，急急忙忙发了电报。”

段祺瑞代表前线将士问了袁世凯“好”，还想谈谈情况，袁摇手阻止了他。“前方无大事。我心里明白。”顿了一顿，又说，“这两天不知怎么的，我的心绪总是不安，像入了万里云雾之中，弄得六神无主。这才请你们二位来，要你们帮我想个解脱的办法。芝泉，眼下情况，到了万分紧迫的时刻了，事情又是那样的复杂……”

段祺瑞心中一惊，就袁世凯这态度，他觉得也与往日大不相同。往天，总以老子自居，不带“请”字，也没有“商量”的口气。今天，肯定是事有难处，又想寻求办法。段祺瑞思索着，说：“大人，无论是国事还是家事，祺瑞跟大人都是一体的，荣俱荣，辱俱辱。大人有所虑之事，只要用着祺瑞，肝脑涂地，尽心尽力！”

“我明白，我明白！”袁世凯点着头，说：“我之所以把你、把你们叫来，是因为有件大事。”他停住话题，就地踱着步子，转了一圈，才说：“外国人的事，没有事了。八国也好，九国也好，过去了。麻烦的是南方的事，议和议了些日子，还是和不下来……”

“议什么和？”段祺瑞毫无顾忌地说，“中国人跟中国人就得论拳头。议和怎么样？跟孙中山再签订一个“辛丑条约”，割地赔款？普天之下，莫非王土！照着咱们早些时的通电，誓死拥护君主立宪，该用兵的用兵，不就完了！”

袁世凯的脸膛依然如故，心里却在冷笑。你就知道动武。你哪里明白我在想什么？动武很痛快，把孙中山、黄兴都打跑，打到日本东京去，还朝廷一个完整的江山。那我们怎么样？还做人臣？再让他们赶出北京“回籍养疴”？那怎能行？袁世凯领略过寄人篱下，失权的滋味。他现在想的，并非捍卫王土，而是如何把大总统弄到手。发兵，我能不知道发兵？全国之兵他都能调动，他手下的亲兵就有九万多人，仗可以打胜。只是目的不在胜。袁世凯侧脸看看徐树铮，徐树铮仿佛是一位局外人：他手扣着茶杯，指头在杯壁上轻轻地敲着，双目微闭，似笑非笑，仿佛正在欣赏一曲优美的音乐。袁世凯心里一动，人说徐树铮是奇才，难道他对时局有高见？袁世凯想起了当初在济南时徐树铮送给他的《国事条陈》，想到那些有远见的意见，他觉得今天会有高见。便定了定神，问徐树铮：“又铮，当今急务，你看该怎么办才好？”

徐树铮望望袁世凯，又望望段祺瑞，没有回答。

“不必有虑。”袁世凯说，“你是个很有见解的人，我知道。听说你还有个雅号，叫则林。徐则林——林则徐！你的用意是一目了然的，既然自命林则徐，你就应该像林文忠公那样想着国事，关心国事……”

徐树铮有点冲动，他的这个“则林”小号确实是自己起的，有那么个意思，想做林则徐那样的中国人。出山之后才知道自己太狂妄了，便不再提它。只偶尔说说，不想竟被袁世凯知道了，他觉得袁世凯是个细心人。袁世凯把他从前线和段祺瑞一起叫进京来，他也知道袁对他的印象，一路上他便想，袁世凯一定有要事问他。他便思考着该怎么回答——

几年的日本留学，使徐树铮明白了中国以外的大世界，封建王朝寿命无几了，它将会被民主、共和所代替。人类是必然要向前进的，只是步伐快慢而已。在中国，他认为孙中山是个有远见的人物，但是，他并不认为孙中山会胜利。袁世凯并不比孙中山高明，但是，袁世凯有孙中山无法相比的实力，袁世凯想干的事，会成功，哪怕只是短暂的成功。然而，袁世凯和段祺瑞一样，都太唯武力了，迷信武力可以办到一切。这就不能不说是一种悲哀！段祺瑞见徐树铮迟迟不语，还认为他有顾虑或说不出什么高见呢。于是，他带有鼓励性地说："又铮，这里不是外边，有什么想法只管说。不妥帖也不要紧，说出来咱们一道商量。"

徐树铮这才把茶杯放下，挺挺胸脯，说："既然两位大人都如此厚爱树铮，我也只好坦然说出自己的意见了。"

"这就好，"袁世凯说，"怎么想的就怎么说，这才叫同舟共济！"袁世凯表明要和徐树铮"同舟共济"了，徐树铮有点受宠若惊。所以，也便决定直抒己见。"据树铮管见，目前形势，兴师南伐已没有必要；议和仍可维持，不可中止；对朝廷，虽已多方争取，但收效甚微。在这一方面，我看应该进一步……""怎么进？"袁世凯陡然站起来。"步子迈大一些，让朝廷震惊！""怎么震惊？"

"把昔日的奏请改为进谏！""谏——谏什么？""请立共和！"

"怎么说……"袁世凯有点惊慌。"立共和……"段祺瑞更有点惊慌。

客厅里，本来还算平静的气氛，一下子改变了，紧张、惊讶，好像天地也昏暗起来。进谏，无疑是逼宫！请立共和，更是等于推翻朝廷！袁世凯不敢这样做，也不敢这样想；段祺瑞不敢这样做，也不敢这样想。孙中山推翻清王朝，袁段都会从他手里夺回来，建立什么国度都可以，而他们从朝廷手里去夺，夺国之后去立共和，他们总觉得这是大逆不道之举！

惊慌一度之后，袁世凯好像稍为平静了，他缓缓地坐下，用手去端茶杯，手有些颤抖，水溅了出来。

段祺瑞没有坐，他竟像一只饿急了的豹子一样，就地打转转。半天才说："立共和，立什么共和？立共和有咱们什么好处？嗯！再说吧，几天前咱们还有通电……”

袁世凯摇手阻止了段祺瑞。“还是让树铮把话说明白，然后咱们再议。”

“无须忧虑，”徐树铮胸有成竹地说，“树铮自有树铮的道理。”“你讲！”段祺瑞这才冷静下来。

“议和能够成功，当然更好。大总统位子却不一定会落到袁大人身下；清廷不退位，议和毫无意义。世界潮流是共和，革命党高喊共和，共和诚为人心所向。顺应一下潮流，近则可以缓冲形势，远则可以实现大计。大人……”

袁世凯一下又动心了，他觉得自己面前这堵墙终于有了缝隙，透过来一线光芒。可是，他一想到自己是朝廷的内阁总理大臣，去进谏朝廷实现共和，这能行吗？所以，他又沉默下来。

徐树铮看透了袁世凯的心，他是既想不得罪朝廷，又想当大总统。他的内阁总理高职毕竟是朝廷给的，他不想担背叛朝廷的罪名。徐树铮想了想，说：“大人，此事您不必忧虑，树铮既想得出，自有妥善办法去做，您尽可以高枕无忧！”

袁世凯没有点头，也不摇头，只呆瞪着双眼。

段祺瑞急不可耐地说：“又铮，你说具体些，这可是至关重要的大事。”

徐树铮很平静，语气也缓和。他说：“进谏请立共和，自然要避开内阁和总理大人。目前局面，既然是革命军所造成，何不以前线军官之名，进谏朝廷。成，战火熄灭，国人平安，则二位大人当居首功；败，则因军人所谏，无非以‘军不从君’加罪几个军人。到那个时候，总理大人岂不进退都有了更广阔的周旋余地。难道朝廷还会不听总理大臣的？”他望了望袁世凯，又说：“袁大人同南方议和的资本不是更雄厚了么！”徐树铮的话，犹如一阵风拨去了笼罩在袁世凯心头的云雾。这些天他焦虑不安的大事，徐树铮几句轻松的言语完全给解决了。以前线军官之名进谏，既无风险可担，又有大利可图，他佩服徐树铮奇才。他笑了，笑得很轻松。他站起身来，甩了甩朝廷赐给他的马蹄袖朝服，真想给徐树铮施以大礼！

段祺瑞也恍然大悟。此刻，他倒觉得徐树铮夺了他的功似的，他要对袁世凯表一番忠心。他说：“树铮意见可取。袁大人，此事您放心吧，我领头，我去联络各地将领，共同署名，日后有天大责任由我来负。”他望望徐树铮，笑了。“又铮，好，咱们进谏，请立共和！”

袁世凯本就是惯于反复无常的人，可他又怕别人也反复无常：徐树铮出了个好主意，段祺瑞愿意领头，他怕他们会变卦，说出又收回。于是，迫不及待地说："又铮，你就在我这里和芝泉一起起草电文，咱们也好斟酌斟酌。你们不要走了，在这里吃饭。稿子定了之后，还得再商量一下由哪些人联名。马上发电报给他们。"

段祺瑞一边答应着，一边又说："我领衔，我领衔！天大的事我担着。咱来一个大声势：请立共和！"

第十三章
清帝退位了

清室入主中原二百六十多年了。现在，它老了，该死了。也是岁数尽了。不过死也不那么易，百足之虫，死而不僵，何况一个庞然政权!

清室将倾的局面，旗人也并不是没有看到。南北义和期间，奕劻和贝子溥伦也主张从速退位，以保皇室安全。隆裕太后问摄政王载沣有何意见，载沣心神不安地说:“事到如今，别无良策了。”

可是，肃亲王善耆、恭亲王溥伟和辅国公载泽一群，却坚决反对退位。他们说天下得之不易，“自我而失，对不起列祖列宗”。不仅不同意退位，溥伟还伙同满族一群主战派组织了一个保全皇室的宗社党，要继续打下去。

就在这时候，北京城发生了一件颇为震惊的血案：一天，袁世凯从宫中乘着一辆金漆朱轮的马车出来，经过丁家街三义茶馆门外时，竟被人扔出一颗炸弹炸翻了；马拖着车拼命奔跑，跑到祥宜坊酒楼门外又一颗炸弹飞来。袁世凯的卫队营管带袁金标以及一个排长、两个赶车夫和两匹马均被炸死，只有袁世凯逃脱幸免。事后，有人说是同盟会干的，也有人说是宗社党干的。抓了几个同盟会会员，以后因为证据不足，也被保释出来。

总之，南北形势都很紧张。袁世凯抓着段祺瑞紧紧不放，也是没有办法的办法。徐树铮不愧是好文才，展纸提笔，边思边写，龙飞凤舞；段祺瑞坐在一旁，一字一句，仔细斟酌，袁世凯竟真的高枕无忧，躺在太师椅上，闭目养神起来——他累了，精神十分疲惫，大事压顶，悬而不定；两颗炸弹，人死马亡，惊魂未稳，怎么能安心休息？现在好了，总算有眉目了。这一着再不行，我就可以兵谏了！想到兵谏，他马上坐起来：“芝泉，你过来，我有话说。”

段祺瑞放下手中稿子，走到袁身边。

“我想了一件事，必须着重说出来。”袁世凯说，“要说明我军之困境和难处，说明民心之所向。朝廷若不体恤官兵之难，官兵若有异动，我们这些做将者……”

“我明白了。”段祺瑞说，“我们一定要让朝廷心惊！”“也是不得已时留的一个退步。”

“要不要告诉溥伟他们，不行我们就要兵谏了！”

袁世凯摇摇头，“何必明言。意思表出，足矣。”

经过字斟句酌，一个《为痛陈利害，恳请立定共和政体，以巩皇位而奠大局》的谏文即起草成功。段祺瑞交给袁世凯，袁世凯从头到尾细审了一遍，满意地点点头。“很好，很好。就这样定吧。”他把稿子交给段祺瑞时，又说，“下一步就是署名问题了。我看这样，声势大一点，上次那份通电是十八个将领，这次，要多。越多越好。”

段祺瑞陡然多了一番心思：上次十八个将领是反对共和的，通电发出尚不到一个月。现在，一百八十度大转弯，要立共和了，岂不自相矛盾吗？他问袁世凯：“这个通电上要不要对上次通电略作解释？”

“解释什么？”袁世凯摇摇头，“当初是当初，今日是今日。这种事，说不清。越解释越糊涂。不解释！”段祺瑞点点头，不再说话。

段祺瑞依照北洋“族谱”，把当前影响最大的将领，通通排入名单，然后一个一个通了通讯。他们包括尚书衔古北口提督姜桂题，护理两江总督张勋，察哈尔都统何宗莲、副都统段芝贵，河南帮办军务倪嗣冲，陆军统制王占元、曹锟、陈光远、吴鼎元、李纯、潘矩楹、孟恩远，河北镇总兵马金叙，南阳镇总兵谢宝胜，第二军总参议官靳云鹏、吴光新、曾毓隽、陶云鹤，总参谋官徐树铮，还有陆军统领官、巡防统领蒋廷梓、朱泮藻、王金镜、鲍贵卿、卢永祥、陈文运、李厚基、何丰林、袁乃宽、施从滨等。这些人都是袁世凯一手培养起来的，是段祺瑞亲密同伙，北洋系中的骨干。他们唯恐北洋散板，唯恐袁世凯倒台，平时，还想着法儿向袁、段请命，今日有事找到他们了，哪会有不答应的。于是，一个一个都在通电上署了大名。段祺瑞论资排辈地把名单排了一下，共计是四十二位。1912 年 1 月 26 日，段祺瑞领衔的这份四十二将领的“请立共和政体”的通电便向天下发布出来。因为这是一份十分重要的历史文件，故而全文录后：

窃维停战以来，议和两月，传闻宫廷俯鉴舆情，已定议立改共和政体，其皇室尊荣及满蒙回藏生计权限各条件：曰大清皇帝永传不废；曰优定大清皇帝岁俸不得少于四百万两；曰筹定八旗生计、蠲除满蒙回藏一切限制；曰满蒙回藏与汉人一律平等；曰王公世爵概仍其旧；曰保护一切私产。民军代表伍廷芳承认列于正式公文，交万国平和会立案。云云。电驰报纸，海宇闻风，卒士臣民，罔不额手称庆，以为事机至顺，皇位从此永保，结果之良，轶越古今，真国家无疆之休也！想望懿旨，不遑朝夜。乃闻为辅国公载泽、恭亲王溥伟等一二亲贵所尼，事遂中沮，政体仍待国会公决。

祺瑞自应力修战备，静候新政之成。唯念事变以来，累次懿旨，莫不轸念民依，惟国利民福是求，惟涂炭生灵是惧。既颁十九信条，誓之太庙，又允召集国会付之公决，又见民为国本，宫廷洞鉴，具征民视民听之所在，决不难降心相从。兹既一再停战，民军仍坚持不下，恐决难待国会之集。姑无论迁延数月，有兵溃民乱、盗贼蜂起之忧。寰宇糜烂，必无完土。瓜分惨祸，迫在目前。即此停战两月间，民军筹饷征兵，布满各境。我军皆无后援，力太单薄，而加以兼顾数路，势益孤危。彼则到处勾结土匪，勒捐助饷，四处煽扰，散布诱惑。且于山东之烟台，安徽之颍、寿境界，江北之徐州以南，河南之光州、商城、固始，湖北之宜城、襄樊、枣阳等处，均已分兵前逼。而我皆困守一隅，寸筹莫展。彼进一步，则我之东皖、豫即不自保。虽祺瑞等公贞自励，死生敢保无他，而饷源告匮，兵气动摇，大势所趋，将心不固，一旦决裂，何所恃以为战？深恐丧师之后，宗社随倾。彼时皇室尊荣，宗藩生计，必均难满志。即拟南北分立，勉强支持，而以人心论，则西北骚动，形既内溃；心地理论，则江海尽失，势成坐亡！祺瑞等治军无状，一无何惜，特捐躯自效，徒殉愚忠，而君国永沦，追悔何及？甚非所以报知遇之恩也。况召集国会之后，所公决者，尚不知为何项政体？

而默察人心趋向，恐仍不免出于共和之一途，彼时万难反汗，是徒以数月水火之患，贻害民生，何如预行裁定，示天下以至公？使食毛践土之伦，歌舞圣明，零涕感激，咸谓唐虞至治，古今同揆，不亦伟哉！

祺瑞受国厚恩，何敢不以大局为念，故敢比较利害，冒死陈言，恳请换汗大号，明降谕旨，宣示中外，立定共和政体，以现在内阁及国务大臣等暂时代表政府担任条约、国债及交涉未完各事项，再行召集国会，组织共和政府。俾中外人民咸与维新，以期妥奠群生，速复地方秩序，然后振刷民气，力图自强！中国前途，实维幸甚，不胜激切待命之至。

一纸通电，满天惊雷，朝野无不震惊！

住在紫禁城里的隆裕皇太后，手捧着这件通电，尚未看完，便昏倒在龙椅上——

四十四岁的隆裕叶赫那拉氏，垂帘听政四年了，比起她的姑母慈禧叶赫那拉氏，她可是吃尽了苦头：小皇帝溥仪，屁事不懂；摄政王载沣，又是个拿不起、放不下的庸才；还有几位亲王，大都是些成事不足、败事有余的人，谁是她的顶梁大柱？她器重了袁世凯，她顶着重重压力把袁世凯又拉出来，给他高位，给他大权，她希望袁世凯能够为她稳住局面。可是，这个重新出山的袁世凯，没有消灭革命党，却和革命党议起和来了——议和了两个月，竟针对着清帝退位和建立共和政体两件事闹腾。而今，段祺瑞这一群武将竟逼起宫来！隆裕，一个女人，她束手无计了。她哪里有她姑母那样的福分呀！早几天，她已经在御前会议上哭了几场了。现在，段祺瑞扛着大刀杀到宫门来了，要立即逼她出去。怎么办？她真不知道该怎么办。

她想把袁世凯找来，问问他究竟是怎么回事。可是，他派人去了，袁世凯说："前线紧急，无暇进宫。"

她想找摄政王来，让他把八旗显贵找来，一起商量个对策。可是，摄政王却给她带来一个又是震惊的消息：满族亲贵听到那个通电，纷纷携着眷属朝天津、大连和青岛跑去了；没有跑出去的，都变着法儿朝袁世凯家中跑，请袁派兵保护。

隆裕又哭了，她哭得悲悲切切，涕泪满面。"我怎么不跟着姑母一起死去呢，死了多好。这个烂摊子为什么会落到我肩上，那么多皇亲贵胄、英英武武，他们为什么不摊这样的事？”哭着、抱怨着，她又想起了段祺瑞：段祺瑞是个什么东西，我咋记不清这个人了？他怎么会有这么大的能耐，一下子就勾结了几十个将领，难道他们都是孙中山、黄兴早就派进朝中来的奸细？

正是皇太后哭得昏天地黑的时候，有侍卫报：“袁世凯派人来问安！”隆裕精神一振，她觉得此时袁世凯派人来，也许是解她困的。忙说：“传见！”

——段祺瑞的通电发出之后，他就把他驻在廊坊的三镇大兵主力调入北京，说是“保卫皇宫”，其实是监视皇宫。他和袁世凯都估计到，通电一发，朝廷便会大动，或依通电退位，或有坚决反对。但半天过去了，并不见有什么反应。袁世凯焦急了。他本来想让段祺瑞进宫去见隆裕，但又怕逼之太甚，适得其反。于是，便派民政部大臣赵秉钧、外务部大臣胡惟德和邮传部大臣梁士诒三人进宫，明着是问安，其实是打探宫中对段祺瑞通电的反应。

赵秉钧等三人进得宫来，请安问好之后立在隆裕面前。

隆裕泪痕满面，泣不成声地说：“赵秉钧呀，胡惟德呀，梁士诒呀！我们不行了，不行了！你们快去对段祺瑞说，让他拿刀来，把我们母子都杀了吧，杀了吧！”哭一阵，又说：“你们快去对袁世凯说，请他保全我们母子二人的性命！”

赵秉钧等人一听隆裕太后话有分别，她只恨段祺瑞，却对袁世凯抱希望，便知道事情还有退步。于是，便说：“太后放心，臣等一定保驾！”说话的时候，他们也做戏般的抽抽噎噎流出几滴泪水。

北京城中，风急雨骤！一个四十二将领通电刚刚发出，一件大刺杀案又发生：宗社党骨干人物良弼被人行刺，命在垂危。

良弼是贵族中反对清帝退位最坚决的一个，那个以保全皇位为宗旨的宗社党，虽是溥伟打的头，其实是良弼左右的。何况，良弼历来就是袁世凯的政敌。如此，“通电”和“行刺”便不能不合二为一了。良弼在日本医院做了截肢手术，终因流血过多而死亡。

良弼死了，朝廷中的主战派渐渐销声匿迹了。宫廷之中，到处啼声，北京城里，一派阴云！

段祺瑞通电发出的第三天，即 1 月 29 日，隆裕太后再开御前会议，她的王公亲贵便寥寥无几了。

30 日，直隶总督张镇芳又领衔以北方各省督抚的名义发通电，促请隆裕太后“即日宣布共和”。

业经精疲力竭的隆裕皇太后，山穷水尽了，她不得不在皇冠和性命之间择其后者了。她立即召见载沣和奕劻，仰在绣着凤凰的黄绫宝座上眼也不睁地说：“我们没有路可走了，没有路可走了！我已经决定，立即让皇帝退位。该怎么办理，你们去看着办吧。”

2 月 1 日，隆裕太后下懿旨，命袁世凯与南方代表磋商优待清室条件。

2 月 12 日，一个值得永记的日子。无论这一天是怎样到来的，但在中国人民的政治生活中，这一天却是明媚的！缓缓流动着几千年的封建历史长河，到这一天，总算终止了！这一天以后，“皇帝”这个词，将成为历史，成为过去。中国，开始向民主、共和迈进！

这一天，清室以宣统皇帝的名义奉隆裕太后懿旨，下诏书宣布退位。中国，再没有皇帝了！

一个阴沉沉的声音向中国亿万黎民宣布，向世界五大洲宣布：

> 前因民军起事，各省响应，九夏沸腾，生灵涂炭，特命袁世凯遣员与民军代表讨论大局，议开国会，公决政体。两月以来，尚无确当办法。南北睽隔，彼此相待，商辍于途，士露于野，徒以国体一日不决，故民生一日不安。今全国人民心理，多倾向共和，南中各省，既倡议于前，北方各将，亦主张于后。人心所向，天命可知。予亦何忍以一姓之尊荣，拂兆民之好恶，是用外观大势，内审舆情，特率皇帝将统治权归诸全国，定为共和立宪国体，近慰海内厌乱望治之心，远协古圣天下为公之义。袁世凯前经资政院选举为总理大臣，当之新旧代谢之际，宜有南北一统之方，即由袁世凯组织临时政府，与民军协商统一办法，总期人民安堵，海内必安，仍合汉满蒙回藏五族完全领土，为一大中华民国。予与皇帝得以退处宽闲，优游岁月，长受国民之优礼，亲见郅治之告成，岂不懿欤？

半月之内，国情巨变。第一个高兴的，要算袁世凯。袁世凯在隆裕太后发布退位诏书的同时，即给孙中山打了电报，通告清帝退位消息，说什么“大清皇帝既明诏辞位，业经世凯署名，则宣布之日，为帝政之终局，暨民国之始基。从此努力进行，务会达到圆满地位，永不使君主政体再行于中国”。

无疑，袁世凯这个电报是向孙中山要大总统位置的。南北议和代表有言在先，清帝退位后，袁世凯表示拥护共和，孙中山即将大总统地位让给他。

其实，袁世凯早就做了手脚，他不怕孙中山不给他大总统，他有办法——隆裕太后的退位诏书让他过目的时候，本来是没有“袁世凯前经……与民国协商统一办法”这段话的，那是他袁世凯硬要加上去的。这么一加，他不光不怕孙中山不肯让总统，果然那样，他便可以按照诏书自己组织临时政府，照当大总统！同时，他也向国人作了一个交代，表明他不是从大清皇帝手中夺权，是帝后要他组织临时政府的。

无论是什么手段、什么办法，袁世凯当了共和国大总统这是千真万确的事实了。2 月 13 日孙中山提出辞去临时大总统职，2 月 15 日临时参议院选举袁世凯继任临时大总统，3 月 8 日，袁世凯发表就职誓词……一个似乎红彤彤的共和政府在中华大地上出现！

中国成为共和国度了，共和政体是由四十二将领一个通电促成的，段祺瑞是四十二将领之首、领衔人，他自然成为缔造共和政府的英雄！于是，举国上下，朝野内外，一派颂扬声，几乎像欢呼实现共和政体一样，来称颂段祺瑞：颂电雪片飞来，颂词令人昏昏！袁世凯这边宣誓就职，那边便任命段祺瑞为陆军部总长，让他掌管全国军队；不几日，又发布命令，授他和黎元洪、黄兴同一级别的陆军上将衔；不久，又授他和唐绍仪、黄兴、冯国璋等同一级别的勋位——勋一位！这些，都是段祺瑞不曾想到的，四十八岁的段祺瑞，一年之中头上添加了那么多光环，不光是他走出大陶岗村时没有想到，就连他跪倒袁世凯膝下称“泰山”时也不曾想到！他更没有想到一纸通电会有如此金贵的价值。

通电给段祺瑞带来了崇高的声誉和地位，他没有忘了那是徐树铮的功劳。陆军部总长一上任，他就提拔徐树铮为军学处的处长，不久，又让徐树铮署军马司司长兼管总务厅事。他对徐树铮说：“又铮，以后无论如何，我身边都不能少了你，少了你，我就没有魂了！咱们一同干吧！”从此之后，徐树铮又多了一个雅号——“合肥（段祺瑞当了陆军部总长之后，人们便以籍贯呼之，有‘段合肥’之称）魂”！

第十四章

小胡同中刮阴风

癸丑（1913年）四月，北京城依旧春意盎然，有柳的地方柳绿，有桃的地方桃红，有水的地方也早已冰融凌解，碧波荡漾！不过，胡同深处的老朽们，却依旧连毡帽也舍不得丢，他们蹲在朝阳的旮旯里，有一搭无一搭地聊着家常，至于大街上还是依旧挂着龙旗呢，还是换成了五色旗？谁也不关心。连散散落落的四合院也都静悄悄的。但是，府学胡同却不同。

自从去年袁世凯做了大总统起，这条胡同就变得热闹起来，一拨一拨大员，前呼后拥，出出进进；一辆一辆车马，铃声叮咚，往往返返，常常把胡同塞得水泄不通。

府学胡同里有段祺瑞的府第，段祺瑞是陆军部总长。在那个风云多变的岁月，执掌着全国军队大权的段祺瑞，可是一个了不起的人物，更何况头上还有一顶“缔造共和”的英雄桂冠，国中谁人能比上他！

段祺瑞原本住在西堂子胡同，那里的四合院并不比北京城里的其他四合院大多少。府学胡同这个比普通四合院大了好几倍的四合院，是袁世凯的。作为私宅，袁世凯花了三十万大洋。房子刚买好，他便被朝廷以“足有疾”送回原籍“养疴”去了。临走之前，袁世凯把段祺瑞和夫人张佩蘅叫到面前，怀着生离的沉痛心情对他们说：“我不行了，下野了。北京没有我立足的地方了。你们在北京好好过吧。有你们在北京，以后我想来，还有个落脚的地方，我想你们也不至于撵我。我原来是想着把你们安排得更好的，还没有来得及。现在晚了，我很惭愧，但也无法弥补了。所幸，我新近购了这片私宅，虽然不是多宽敞，但是也够你们住的了。我就赠送给你们吧，这算是我给佩蘅补办了一点陪嫁。别嫌薄，你们收下吧。”

段祺瑞一见袁世凯赠给如此厚礼，又是那么悲伤，忙说：“大人厚赠，祺瑞本不敢接；大人作为陪嫁礼，我和佩蘅只好表示感谢了。”他又说：“大人此番出京，满朝无人不明镜，那实在是一件意外。不过，大人也不必忧伤，官场上事，历来都是沉浮无定。我想，用不了多久，大人还是会回来的，说不定会比往日更光彩！”袁世凯只没精有打采地摇头、叹息。

武昌一战，袁世凯真的回来了，真的比往日更光彩了，连昔日反对他的人也不得不靠向他，并且自己也由地方督抚，至内阁总理大臣，今天又登上了大总统宝座，正应了段祺瑞当初的预言。袁世凯心中高兴，更加上他一个领衔进谏为他换来个大总统，那片三十万大洋购的私宅，他便不想再收回了，何况当初是自己亲口言明，作为陪嫁给他们的。当了总理、总统，还怕没房子给住。索性府学胡同这座院子便再不放在心上。

说来又巧，这房子正和陆军部住处相连，段祺瑞作了陆军部总长，为了便于做事，便把隔墙打了一个通道，安上一个门，两处就通达起来。朝廷散板了，新政刚开始，军政人士等自然惶惶不安，那些军中头头，地方上的督军，还有巡抚、提督以及北洋系的“哥们”，便擦肩挤背地朝段祺瑞面前来“烧香拜佛”，这府学胡同自然热闹非凡起来。

府学胡同里的这个段氏公馆，却庞大得让人咋舌，花园、内宅、书房、客厅都是跟王府一个标准的，中心有母四合院，前后左右还有子四合院。这里，光是马车就是三辆，养着六匹高头大马，马夫、赶车的、跟车的杂用人员就是二十好几位，光是打扫庭院的杂工就是三位；加上采买、厨师、老妈子、小丫头又是一大群。段祺瑞有身份了，自己的喜好也提高了层次，公馆里单辟了厅堂，还养着几位棋友、诗友、茶客。这样，这个公馆就庞然可观了。

今儿异常，客人都离去了，院子里陡然静悄起来。那些忙碌了一天的下人们，也轻松地舒了一口气，各自去寻安逸了。

人也怪，忙时喊着累死，闲下来，就安安生生地躺着休息吧，可又不行。几位老少，偷着空儿，挤到一个墙角斗嘴嗑起牙来。

“老哥，怎么这伙房大师傅净是给咱们萝卜吃呀！是不是觉得咱肚子里油水太多了？”说这话的是一个叫老胡的打杂工。话说出了，便摸出烟袋，蹲在一个老杌面前，“啪嗒嗒”地吸烟去了。

那老杌也是个不安分的人，听了老胡的话，竟生起气来，挺着脖儿说：“我也是这么想。哼！有一天，我要给几个伙夫头儿样子看看，叫他们知道我马王爷是三只眼！”

谁知这话被一个叫段聋子的小厨房大师傅听到了——名为聋子，其实不聋——，段聋子眼一瞪，说：“想吃好的，”用手朝着段祺瑞的小餐厅一指，“到那边桌上去！”

事又巧了，若是一般下人，吞口气也就罢了，那老杌原来不是一般下人，是跟着段祺瑞的爷爷当过差、曾经照顾过段祺瑞的人。段祺瑞不忘旧情，把他接到公馆来享福的，此人姓邢叫宝斋。就凭着这一层关系，邢宝斋在段公馆常常倚老卖老，他眼中何时放进过一个厨师！他挺起肚，说：“咋，去不得？这公馆里还没有我去不得的地方呢？瞧你那臭架子，我一句话就会砸你饭碗。不信，试试。”

段聋子这才仔细一打量，“原来是这个老杌！”竟倒抽了一口气，忙赔个笑脸。“是邢爷，你老去得，去得！”说着，转身走了。

邢宝斋余怒未消，冲着段聋子的背影，狠狠地吐一口，接着又骂道：“王八羔子，哭爹也不认准坟头。别说你，他老总敢在我面前大声说话？”

——这位邢宝斋，也真说得起这话。当年邢宝斋在江苏宿迁跟随老爷子段佩在统领营中，段祺瑞还是个孩子，老统领就把孙子祺瑞交给他看护和管教，要他好好读书。这邢宝斋虽是奉命行事，却总把段祺瑞当成自己孩子看待，严加管束之外，尽心关怀。那时候，段祺瑞一天到晚鼻涕邋遢。邢宝斋随时为他擦洗，还唠唠叨叨地说：“你是少爷呀，得讲究干净。鼻涕邋遢叫什么少爷？不怕人笑话。”又说又教又动手，段祺瑞还是不改，邢宝斋气极了，就板起脸来训：“瞧你这个吊样，一辈子也别想上桌！”说真话，段祺瑞还真在他面前受益匪浅。所以，发迹到了北京之后，便派人四处打听邢宝斋，把他请到北京来，对他说：“邢大叔，你就别走了，住在我这里，我养你老。想吃什么，只管对下人说；想到哪里去逛逛，便让他们领你去。你老人家好好享几年福吧！百年之后，我一定给你做一副厚厚的棺材，送你到南北坑里去。”

邢宝斋是个知足的人，朗朗笑着说：“如今你办大事了，没忘了我，我就知足了。把我找到北京来，我真是一步到了天堂！你就别挂心我的事了。马夫、伙夫、杂工，都会是我的朋友，我就跟他们吃住，也能帮他们干点事。”

段祺瑞说：“咋能和下人在一起呢，得让他们好好服侍你才行。”

“这可不行。”邢宝斋说，“我做梦只梦见两件事：吃饱穿暖，有地方睡觉。你不让我跟他们一起，我干啥？在你大堂上？多碍事！我跟他们在一起不拿捏，心里舒畅。你就只管办你的大事，我就钻我的伙房、马圈！”

段祺瑞虽然觉得他这样要求也自由自在，但还是把管事的头头找来，认真交代了一番：“这是我的恩人，你们都得当老爷子对待。他有什么不到处，都得看在我份上，多担待些。”段祺瑞这么交代了，谁还敢不高看他。邢宝斋虽然终日混迹在下人中，有时不免地总提提当年。听的人有时也同他打趣：“你不是说人家‘一辈子也别想上桌’么，如今惊天动地，连你也跟着沾光了。”邢宝斋咧着大嘴笑了，“咱也不知道他会有这一天呀！”

有人说：“现在看清了吧，人家三句话就把清家皇帝推倒了，了得吗？！”

在段公馆中，像邢宝斋这样没事做的人，还养了许多，姨太太们——段祺瑞业经有五位姨太太了，大姨太陈氏，二姨太边氏，三姨太刘氏，四姨太也是刘氏，五姨太李氏。前三位姨太是经媒人说合来的，还算名正言顺；而末两位就不同了，是花银钱买来的——老爹、兄弟，教少爷、小姐们读书识字的西席，棋友，诗友，还有不常看病的大夫。好在陆军部长的家大业也大，多几位食客也吃不穷，反而显得公馆中人丁兴旺，气氛热烈。那段祺瑞虽是伍行出身，毕竟是读过书的人，知道名声的重要，又想效法古人的德行，常常想做一个今日的孟尝君，门下有食客数千。还表示“我一定让他们出有车，食有鱼”。这话也并非无据，那位大夫罗朗斋，就享受了这样的待遇。

说起罗朗斋，得先说说罗朗斋的儿子罗凤阁。

罗凤阁，号慰生，是段祺瑞的干儿子。段祺瑞器重他有两个原因：其一，罗凤阁聪明伶俐，相貌清秀；其二，办事认真，忠厚老实。是陆军部四个副官中年龄最小、最受段祺瑞喜欢的一个，他不到陆军部办公，只在公馆里替段办事。公馆里收到的公文信件，全部先由罗凤阁阅后摘出事由，然后再送给段过目；公馆来了客人，段祺瑞不愿见或不能见时，也由罗凤阁代见。这罗凤阁为人正直、性情温和，无论是上司还是下人，他都会平易相处，在公馆里，人缘极好。

不久前，段祺瑞去武汉迎黎元洪来北京和袁世凯一起商讨组成临时政府问题。本来随行人员中没有罗凤阁，他却主动请求随行。“爸，我也去吧。这几天您身体不舒服，我可以照顾您。”“家里还有事，你能离开吗？”段祺瑞问。“能，家里的事我都安排好了。”“那你就随我去吧。”

段祺瑞是由南京乘着军舰逆着长江去武汉的。那几日，天低云暗，风紧浪急，整个长江都在翻天覆地。罗凤阁随在段祺瑞身边，形影不离，一时送茶送水，一时问寒问暖。当轮船颠簸严重时，罗凤阁几乎用身子支撑着段祺瑞。当军舰接近武汉时，却因浪急与一条大船相撞，随即出现失控现象，摇摇晃晃，几欲倾翻。

罗凤阁见形势危机，便用军刀将救生艇砍倒，放到水里，自己先跳下去，想把段祺瑞也拉到救生艇上去，不料段未上艇，罗却掉入水中，被巨浪卷走。

罗凤阁被淹死了。但军舰却没有倾覆。

段祺瑞觉得罗凤阁是随自己乘船淹死的，心里甚是难过。因而，对罗凤阁的老父亲罗朗斋格外关怀了。“罗先生，凤阁殁了，我会安排好你的生活的，你放心吧。”

罗朗斋很识大体，便说：“我没有不放心的。您把我安排在公馆里住，还派人照顾我，我有什么不放心！儿子死了，心里难过，您不也是一样吗，他也管您叫爸。”段祺瑞点头说：“是。”

罗朗斋是个双目失明的人，医术很高，医道很好，公馆上下，都很敬重他。

有一天，罗先生失子之悲稍稍平稳了，段祺瑞找到他，对他说：“罗先生，大总统这几天身体不好。慕你的名，想请你给诊视一下。我觉得你近来心情不好，没告诉你。如果你觉得精神还好了，是不是到大总统那里去一趟？”

这位罗医生已是年过古稀了，自从遇到段祺瑞，便不再对外出诊。可是，公馆里，无论上下，谁有了头痛脑热，只要找到他，他都颤颤巍巍地走上门、认认真真地诊脉、开方，差不多都是药到病除。若是外边有人来请，他是不出门的，有头脸的人，也得把帽子给他戴得高高的，还得有车有马。袁世凯不同，他是大总统，大总统慕他的名了，何其光彩！他便说：“好吧，大总统那里我去一趟。”想了想，又谦虚地说：“大总统那里连御医都去过了，我还能比御医高明吗？只怕误了大总统的病。”

“没事。”段祺瑞说，“人都有长处，人也都有不足。说不定大总统这病御医隔门，正是你的长处。”“这么说，我就试试吧。”

总统府一辆马车把罗先生拉到袁世凯面前。袁世凯刚刚忙完了公事，听说罗医生来了，忙把他请到小客厅，满面赔笑地说：“罗先生，劳你大驾了。听芝泉常夸你医术高明，我终日瞎忙，未得见你，今日幸会，多有劳神。”

“大总统欠安，我能为大总统效劳，万分荣幸！”罗朗斋眨眨失去作用的眼睛，说：“只怕小可医术浅薄，有失大总统厚望。”

袁世凯轻蔑地笑笑，说：“罗先生不必客气。你先听听我把症状对你说说，我知道你会有极好的办法的。”袁世凯介绍自己的病情说：“这些日子以来……”

这罗朗斋有个古怪脾气，最怕病人给他先说病情。若是一般病人这样做，他就会不诊脉、不开方子，还要说：“你自己知道哪里有病了，还用我看病做什么？”今天不同，他面前不是一般人，是大总统，新的人王地主，他不敢用那种语气去撞他。他只对袁世凯摇了摇手，说：“大总统，请免开尊口，待我从脉理上看个究竟。”

袁世凯心中一惊。中医治病，凭的是望闻问切。这罗朗斋没有眼，“望”已是做不到了；再不愿“闻”，又不想“问”，只凭一个“切”字，倒是有点奇处。不知他是卖弄还是真有本领？他不声不响地停住话题，把手伸给罗朗斋。“罗先生，请你诊脉……”

就在罗朗斋进总统府为袁世凯看病的时候，段公馆里又出了风波——

段公馆里，有两个厨房：小厨房是专做好饭好菜，伺候段祺瑞和太太、姨太太、少爷小姐们的，两位大师傅是哥俩，也姓段，山西人，上下都叫这哥俩“段聋子”“二聋子”。大厨房有两个任务，一是供上上下下管事，号买、马夫、杂务人员一日三餐的，一是红白喜事、款待宾客置办宴席的。大厨房有总管，姓孙；总管下有两个伙夫头，一位姓倪，一位姓张；最出力的是厨师。这三层人，关系不怎么协调，总管没有伙夫头权力大，厨师又不听伙夫头的。平日里，勾心斗角，磕磕碰碰，只是没有闹出皮，还算相安。这一天出了事，倪、张两位伙夫头多喝了几盅酒，在小院子里骂起街来：“龟孙，龟儿孙！哪个龟孙咋不死呀？”

孙总管一听口口声声骂龟“孙”，心中一惊：我惹你们啦，为啥骂我？想着，便闯进院子，指手划脚问：“你们两个东西骂谁？别隐隐藏藏，有种骂到明处！”

倪、张二人一见是孙总管，又是如此气势汹汹，那里咽下这口气，便说："骂谁？就骂你这个东西，骂姓孙的！老子骂人从不在暗处，你能咬老子的蛋！"

孙总管也是忍了再忍，实在憋不住了，便拾起一根木棒，冲到二人面前，来个秋风扫落叶，旋风打转，把两个已经半醉了的人便都扫趴下了，头触地，嘴啃泥，眼也昏花了。等到这两人醒过神来，可就发起疯了，一跳三尺，骂得更凶："你等着看，你这个小龟孙，明儿就叫你知道我们是谁——明儿就得叫总长赶你滚蛋！

——倪、张二人平时也是这口气，动不动就说"叫总长赶你滚蛋"。你说他们究竟凭什么这样大口气呢？原来这两位都是从清江浦跟着段祺瑞从提督任上过来的。当初在清江时，有一协队伍哗变，几乎要了段祺瑞的命。是这两人保护段的家属卖过力气，立了大功，段祺瑞给了他们这份特权。所以，在公馆里，他们敢横行霸道。哪知这一次针尖撞到麦芒上去了，这位孙总管也有来头，他原来是从袁世凯那里作为义女的陪嫁过来的，是专伺候张夫人、保护张夫人的。靠着袁世凯这棵大树，也是在公馆里不吃杂面的人，只是平时注意收敛罢了。今天，倪、张二人要借总长之势赶他滚蛋，他竟收敛不住了。便冷笑着说："小子别发狂！知道我是从哪里来的吗？我是大总统那里来的，我看谁敢赶我？"

也是倪、张二人气急败坏，一时只想报复，嘴上便少了分寸，一跳三尺地说："大总统怎么样？大总统也得俺总长的军队保护。没有总长一个通电，他袁世凯当得了大总统……"

谁知在这场混战激烈之中，段祺瑞早站在一旁看得明白，听得清楚，本想走上去，双方都批评几句完了。尚未开口，竟听到事态发展到他和大总统身上去了，这一气，肺都炸了！他气冲冲几步，走到院中，大声呼唤："来人，把这三个混蛋通通给我捆起来，看他们还放不放臭屁？"

果然来了几个士卒，不容分说便把这三个人都捆上了……

段公馆里这场不大不小的风波，竟旋风似的传到袁世凯的耳朵中去。正是罗朗斋为他诊脉已毕，正谈病情之际，袁世凯一怒，拍案而起，大声说："我没有病，我不需要你开药方了。来人，送客！"说罢，转身走了。

罗朗斋被送出总统府，尚皱着双眉，不知大总统为什么对他发出这样的无名之火！？他更不会想到还会引出什么事来？！

第十五章
兵权这玩艺不能丢

段祺瑞官运亨通，喜事连连，在陆军部稳坐总长交椅的同时，1913 年 5 月又暂代国务总理；7 月 17 日把代总理让给朱启钤了，朱启钤只代了两天，19 日又还给了段祺瑞；8 月 26 日段祺瑞把总理再让给熊希龄，自己只担任陆军总长了。总理频繁更迭，可见形势动荡之剧！段祺瑞却“乱云飞渡仍从容”。在他几番代总理的时间内，虽然时间匆匆，他却分秒必争地安排心腹，从中央到地方，把显要位置尽可能都抓到手；同时又对所有亲信重授勋位，大加褒扬，几个月内，步军统领、直隶民政长、工商总长、北京警备司令官、江淮宣抚使、热河都统、广东民政长、山东都督、江西民政长等要职，都易成段祺瑞的亲近，连他前妻的弟弟吴光新也给了个陆军中将衔；军队中人，更是“亲者上”，能上多高便上多高！

业经做了军马司司长的徐树铮对这种类似膨胀的状况有点担心。有一天，他走进段祺瑞的小客厅，对他讲起了“树大招风”的故事，然后又说：“老总”——徐树铮对段祺瑞一直是这个称谓——“伴君如伴虎呀！我有点担心。”

段祺瑞笑了。“又铮，是不是想得太多了？”“不多。”徐树铮说，“有备才能无患。”

段祺瑞皱眉了。他像是自言自语，又像是跟徐树铮对话。“咱们待大总统——他不叫‘袁大人’了，称‘大总统’——无三心二意，一切都听从他的。”

徐树铮笑了。“一切？只怕办不到吧。谁能一切都听别人的？连对皇上也不可能。千件万件听了，一件不听，只一件，会如何？”段祺瑞还是皱着眉，但却不说话了。

徐树铮本来还想再讲一个胜利者杀功臣的故事，但他收敛了。他沉默了一阵，却没头没脑地问：“老总，我想问您一个离奇的事：大总统要是想当皇帝您拥护不拥护？”“有迹象吗？”段祺瑞问。

“假设。”徐树铮说，“假若他想当皇帝。”

“不会。刚刚推翻了皇帝，他怎么会去当皇帝呢？”

“要是变个名儿的皇帝，比如‘共和皇帝’。您会怎么样呢？”

段祺瑞想了想，说：“大总统不会忘了咱们的，咱们也不应该忘了他。”

徐树铮明白了：段祺瑞会永远忠于袁世凯的。他想谈话就此收住。当他要告别的时候，忽然又来了灵感，徐树铮说：“老总对大总统的赤诚，令人感动，树铮本该无话可说了。不过，我又想提两件事，说出来，老总在没事时，可以独自思索思索，也许会有点作用。”“哪两件事？请讲。”

“第一，共和政体，是您领衔进谏换来的，您是缔造共和的英雄！政体仍回到帝制，您这英雄自然就失去光彩了。”徐树铮说着，侧目望望段祺瑞，段祺瑞皱着的眉头锁得更紧了。但只紧而已，并无明显反应。他又说，“第二，皇帝是世袭的，老子死了传给儿子，儿子死了传给孙子。这是千古不变的事实。”话说完了，徐树铮告辞了。

徐树铮走了，段祺瑞的眉锁得更紧了。

徐树铮不愧被人称为北洋军阀时期的“小扇子军师”，称为“北洋怪杰”，对于袁世凯、段祺瑞之类的人物，他竟能钻到心里去看他们，而且看得那么准。相安无事的北洋二雄——袁世凯、段祺瑞之间，没多久，便发生了令人意外的矛盾。

世界上的事情真够微妙的，有时说不清是一种什么因素，便改变了一个固定规程的性质，使整个局面立即发生巨变。

袁世凯当了总统之后，曾派他的大公子袁克定出访德国，德皇威廉二世器重了这位中国的“皇太子”，跟他大谈起治军的事情。德国是军国主义国家，为了进行侵略，疯狂扩军备战，把国家置于军队控制之下，实行军事独裁。这个德国皇帝把自己的治军经验归纳为四个字，叫“强干弱枝”，他要袁克定告诉他的老爹袁世凯，“中国也应该这样做。”袁克定跟他爹一样，是个穷兵黩武成性的人，竟把这句话当成金科玉律带了回来，告诉了老爹。而袁世凯也把这句话当成金口玉言照办不误。

威廉二世说的“强干弱枝”治军法，说白了，便是把强大的军队都抓到皇帝——总统手中，强皇帝——总统这个“干”；而把弱不成阵的兵交给下边，所谓“弱枝”。袁世凯想想，觉得自己失策了，军队都交给段祺瑞了，段祺瑞虽然忠心，但总是外人，一旦有事，他能忠到底吗？袁世凯闷在“皇宫”，思索有日，又同儿子密谋，终于想出了第一步，先成立一个陆军模范团，把主要兵权先抓到手。

段祺瑞是陆军总长，管全国军队的，组织模范团，当然是先找他。袁世凯把段祺瑞找到面前，一副诚恳的样子对他说：“芝泉，有件事我思考许多日子了，要同你商量后才能定下来。所以请你过来一下。”“请大总统明示。”段祺瑞也表现得十分诚恳。

“是这样，”袁世凯说，“你是很明白的，现在国家在咱们手中，跟往天不一样，咱们就得管好它。世界各国经验，无不以军队为管理国家之本。咱们目前的军队，你是知道的，除了咱们小站的老底子之外，还有其他成分。虽然将领们也表了忠心，总不得不提防着点。国家政权是一块大肥肉，谁都想吃，谁都想独自吃。现在既然到咱们手里了，不得不有个防人之心。出于这个念头，我想在咱们军队中成立一个模范团，作为咱们军队的核心。万一碰到不测，不至于束手无策。”

成立模范团？段祺瑞心中一惊：陆军部业经把军队统起来了，军队都是政府的，还成立什么模范团？他只是这么一闪念，并没有说出口。心里又想：大总统一声声“咱们”，并没有把我排除在外；又是这样的至关大事，单找我商量，也得算是信任；再说，大权在握了，是得有“看家”的兵，成立一个模范团，却也应该。于是，他便说：“大总统想得好，有远见，该成立一个模范团。”

袁世凯一见段祺瑞诚心诚意答应了，很高兴，忙又把组团的设想说出来。段祺瑞一边听，一边想，又一边做美梦：大总统的模范团，是军中核心，这核心自然得我段某人挂帅！他想他是北洋老人，又是干女婿，又是陆军部总长，模范团那是非他莫属！所以，袁世凯说一条他答应一条，提一件他拥护一件。袁世凯很满意，笑嘻嘻地抚摸着短须，轻微微地点着头，慢悠悠地闪着眼睛，亲密密地偏过脑袋，不容置疑地说了一个肯定的打算：“既然咱们想到一起去了，那就这么定了吧！成立一个模范团，让克定去当团长。”

段祺瑞一听让袁克定作模范团的团长，脸膛马上就寒了起来，眼睛也呆了。袁克定，典型的纨绔子弟，不学无术又六根不净，怎么能让他当模范团的团长呢？沉思了半天，说：“我看他不行吧。”

袁世凯一听段祺瑞不同意他儿子当模范团团长，心沉了，为什么不行？他本来觉得段祺瑞会双手赞成。在对待儿和婿的分量上，袁世凯自己把儿子看重了。但是，他也觉得没有薄待段祺瑞，关键时刻，段祺瑞不该不支持他。这么想着，他马上联系起看病时听到传言，心里跳了：难道段祺瑞到了功高震主的程度？我还真得防备他一二呢。又想：是的，按说，克定不够格当模范团团长。什么“格”不“格”？我是培养的父子兵！克定不能当这个团长，我也不能让你段芝泉当。这么想着，便板起脸来说：“你看我当这个模范团的团长行不行呀？”

段祺瑞见袁世凯发难了，知道事情严重了。便站起身，垂下头，说：“祺瑞执行大总统意见。”

结果，这个陆军模范团从成立的那一天起，便真的由袁世凯兼着团长。

段祺瑞退出总统府，鼻子便立即歪了。你组织模范团，你兼模范团长，什么你都定了，你还找我商量什么？自此，段袁之间便出现了鸿沟。

当了大总统的袁世凯，其实是没有满足过的；他的靠山大英帝国也教唆他不能满足。英国驻华公使朱尔典在祝贺袁世凯就任大总统庆典会上就对他直言不讳地说：“中国，不适合共和，你们办不好！中国还得帝制。大总统没有无上的权力，至高无上的权力是皇帝！”袁世凯也是做着这样的梦：大总统也是管着全中国，我为什么不能称皇帝呢？自从做了皇帝梦之后，袁世凯便有意地在他的心腹之中探口气，心腹的核心当然是“三杰”。

王士珍聪明透顶，南北议和刚有眉目，他便激流勇退，辞职谢官，回正定故乡隐居去了。冯国璋在南京，任着江苏都督，算是外官，袁世凯把他找到北京，试探性地问了问，冯国璋也只表示“时机不成熟，怕各方掣肘”。现在，影响最大、权力最大的，自然得算段祺瑞了。袁世凯觉得段祺瑞会比冯国璋开明，他会双手拥护。于是，他把他找来，细说了此事。

那时候，袁世凯尚未成立陆军模范团，他跟段祺瑞的关系尚未见隔阂。袁世凯说明了心事，用手抚了一下下巴，乐哈哈地等着段祺瑞拥护呢。谁知段祺瑞连思索也不思索，便狠狠地摇头。“不行，不行！现在不可能这样做到这样的事。”“为什么？”袁世凯有点惊讶地质问。“外边空气太坏。”段祺瑞说。“怎么个坏？”

“反正皇帝当不得。”段祺瑞想起了徐树铮的话，心里又坚定又着急，“老百姓不能答应。”“你呢？”袁世凯迫逼了。

“我？！”段祺瑞还是从当前形势着想，他对袁世凯还是摇头。袁世凯像一只漏了气的皮球，软瘫瘫地坐下来。

北洋三杰虽然都不同意袁世凯做皇帝，但唯独段祺瑞，语言、行动都令袁世凯心惊又心寒。他闭目思索缘由，思索不出来；他仔细回溯往事，他觉得他没有对不起段祺瑞的地方。为什么会出现梗阻呢？袁世凯想不明白。难道他有跟我争权之意？不，芝泉不会那样做。想虽然是这样想，袁世凯还是从往事中找出了许多件段祺瑞军权大了之后对于用人行政、奖惩褒贬等事的自作主张，他是不是在另搞一套？

在袁世凯想不出段祺瑞与他鸿沟因何而出之后，他便想到了徐树铮——这个被人称为“合肥魂”的小扇子军师。袁世凯心跳了：风源大约就在此人身上！

对于徐树铮，袁世凯是极称道过他的，承认他是一个超常的人才，有谋有勇，胆大心细，当年那件《国事条陈》，就很使他动了心，他认为对国事的那种卓识远见，莫说是一个二十岁上下的青年人，即使混迹官场十年八载的政客，也不见得出此高见！进谏请立共和的将军联合通电，段祺瑞是想不出的，连他袁世凯脑壳也没有虑出如此妙计，还是徐树铮。徐树铮，大才、奇人，怪不得人称他“怪杰”，算是一杰！袁世凯又犯了历代掌权者的通病：爱才之余反而恨才！徐树铮在段芝泉跟前，好主意出得惊人，会不会坏主意也出得惊人？他想起了他跟徐树铮的几次接触，想起徐树铮那副惊人的冷静和那派目空一切的高傲，他认定他不是为他所用的人。我得把他从芝泉身边拨出去，让他们分开，“魂”不附“段”！

世界上的事情，都在不停地演变着。因为世界在运动着的。在段祺瑞和袁世凯之间几件事演变之后，他们的情感也随之演变了，由同舟共济，变成提防，变成勾斗。演变又把某些不成问题的问题变成了问题：

袁世凯想起了模范团长事。

袁世凯想起了皇帝可不可当事。

袁世凯连府学胡同中段家佣人吵嘴的事也想起来了……事事揪心啊！接二连三，岂不都与徐树铮有关！就在这个时候，陆军部又发生了一件事——

袁世凯当了大总统之后，世界上的第一次帝国主义大混战已打得热火朝天，英、法、俄为一方，德、奥为一方，后来日本也对德国展开了狗咬狗的斗争。就在这个时候，徐树铮密令驻守山东潍县的军队把一车军火运给了当时占领青岛的德国军队。那时候，正处在中国掌权者怕日本人怕得要命的时候，这事传到袁世凯耳中，他又吓又气又恼，拍着桌子大叫："这还了得！这样做，岂不表明中国公开参战了！中国有什么能力参加这场世界大战？！""来人！"袁世凯大叫一声。"大总统……"内侍走进来。"把陆军部段总长请来。""是。"内侍去了，袁世凯余怒未消，他在苦思该如何处置这个"小扇子"？

段祺瑞听说袁世凯请他，心中一愣。这翁婿俩业经都明白之间的隔阂了，段祺瑞也尽量避开袁世凯，能不见时总躲起来不见；而袁世凯呢，也是不想多见段祺瑞。所以，段祺瑞有点心惊。但是，总统请了，又不能不去，只得匆匆忙忙来到总统府。

二人见了面，一番寒暄应酬之后，袁世凯说了话。"芝泉，听说潍县驻军给青岛德军送了一车军火，这是怎么回事？"

徐树铮运军火给德军的事，段祺瑞其实不知道。袁世凯问起来了，他只得说："我回去查问一下，再向总统汇报。"

袁世凯一听，马上又来了火。"陆军部办的事，还要再问什么？""可能是徐树铮办的。"段祺瑞说，"我回去找他问问。"

"徐树铮……"袁世凯显然很不耐烦，"陆军部的事，你还是要多过问才好。"

段祺瑞听出来了，这是袁世凯指责他不问陆军部的事。他索性也来个软策略顶他一下。"陆军部的事，树铮能够处理得了。而且干得很不错。"

"噢？"袁世凯正是想处理徐树铮，尚未找到话题，现在，话题来了，他也索性说到明处吧。"我正想跟你商量树铮的事。""请大总统明示。"

"新政冗杂，百事待兴，深感有用之人不足。我想把树铮派到一个重要的位置上去，发挥他更大的作用。不知你的意思如何？"

袁世凯要"重用"徐树铮的话一出口，段祺瑞就明白了："动真格的了，给我来个釜底抽薪，拆我的台了。"段祺瑞鼻子错位了，他冷冷地笑着，说：

“总统如此厚爱树铮，很好。只是祺瑞也有个请求，请总统先免了我总长的职，尔后，要怎么办就怎么办，岂不更利落！”袁世凯冷冷地颤了一下。他没想到段祺瑞会真的不驯服，能敢顶撞他。他想马上就免了他的陆军部总长。可是，袁世凯毕竟觉得自己的事还多，有些事还得用着他。比较起来，在贴身的人中，段祺瑞得算贴得最近、最紧的。马上撤掉一个陆军部总长，这影响可不是一件小事！忙改变口气说：“我只是动议了一下，不是在争求你的意见么。树铮归树铮，怎么能免你呢？此事先放下吧，以后慢慢再议。”

段祺瑞见袁世凯改了口气，自己马上也改了态度：“我不是偏爱树铮，身边像他那样能办事的人太少了，我焦急呀！”

一阵剑拔弩张，总算有惊无险！但杀机却是埋下了，该发生的事情仍然会发生……

第十六章

躲进西山成一统

段祺瑞“病”了。自从和袁世凯面争了徐树铮的去留问题之后就“病”了，闭门谢客，不理军务。外边的事情他更不想理会，他只想“养病”，所有事全交给徐树铮。他不仅为徐树铮争来了将军府事务厅厅长职，还为徐树铮争来了陆军部次长职。有人对徐树铮不满、疾恨，又害怕，我就是要重用徐树铮！

自从和袁世凯神离之后，段祺瑞的腰杆似乎更硬了。往日，他像小媳妇在凶婆婆面前度日那样，腰不敢挺，头不敢抬，连大话也不敢说一声。现在，仿佛他醒悟了——他不该这样屈从于他。往日同为朝臣，今日同为国民，我为什么非在你面前低三下四不可？现在，天下是你的了，当总统、当皇帝你随心所欲。你想让人人都做你的奴隶，还得看看我愿意干不愿意干呢！段祺瑞不是当年流着鼻涕的赖孩子了，也不是当初旅顺炮台的监修工，而是堂堂地一国军队之首！我一纸通电可以赶走皇帝，我还有什么事情办不到？

就在段祺瑞闭门谢客之后，袁世凯还是没有忘了他，更是想利用他。召黎元洪来京时，袁世凯就让段祺瑞署湖北都督；召张镇芳来京时，又让段祺瑞兼领河南都督；到了袁世凯成立“大总统府陆海军大元帅统率办事处”的时候，还是让段祺瑞兼充办事员，他与参谋总长、海军总长共为办事处鼎足。不久，袁世凯又加封他为建威上将军，兼管将军府事务，授一等文虎勋章，仍然顶着陆军部总长职，头衔一摞，赫赫耀眼，老泰山对他够厚爱的了！

段祺瑞一件一件都一笑了之，既不去荣任，也不去推辞。他心里明白，袁世凯是在变戏法。戏法只能变给台下人看；台上人、幕后人心里都明镜，那是把戏！

——袁世凯是在耍把戏，耍着一套并不高明、但却阴险的控权把戏。

袁世凯帝制自为的决心渐大，控军权便是第一步骤。袁克定从德国学来的“强干弱枝”经验，很中老爹的意。这父子俩当即商定：请王士珍回京，代段掌军，在总统府成立陆海军大元帅统率办事处，由总统直接掌握。

王士珍被从正定请回来了——原本是说袁世凯想他了，请来谈谈心。谁知刚一到京，袁世凯即发布命令，授予陆军上将，派为统率办事处坐办。统率办事处除了陆军总长段祺瑞、海军总长刘冠雄、参谋总长黎元洪为当然办事员之外，另加了荫昌、萨镇冰、王士珍三人。这样，段祺瑞便成了管军的袁世凯麾下的六助手之一，陆军部名存实亡了。

统率办事处成立后，袁世凯又下命将各省都督一律改为将军，实现了削弱地方军权的目的。

再说袁世凯的模范团，袁自兼团长，任命赤峰镇守使陈光远为副团长；又由荫昌在武备学堂中挑选二百八十名优秀生为中下士，由北洋军各师中抽调中级军官为骨干，以每年八个旅的速度扩大，袁世凯想在两年半时间内握有超过现有北洋军总数的十个师的模范团军力。这样，袁世凯便不需任何人点首他便一统天下了。

袁世凯紧锣密鼓抓军权，段祺瑞闭门谢客不理事。几天之后，段祺瑞觉得这步棋走错了。原来，他想着闭门几日，袁世凯会找上门，让他快快干事。谁知，趁着段祺瑞闭门期间，袁世凯竟成了统管全国军队的大元帅，连陆军部也架空了。段祺瑞沉不住气了，他不能再闭门了。闭门的主意是徐树铮帮他出的，现在，不闭门了，他还得去找徐树铮。

徐树铮正伏在案边泼墨作画。见段祺瑞进来，只点了一下头，继续作他的画。

段祺瑞在徐树铮案边坐下，满以为徐树铮会放下画笔，同他交谈。他见徐树铮不停笔，连一句应酬的语言也说得那么勉强，心中便不痛快。啥时候了，你还有那样平静的心情画画？再看看徐树铮，还是平平静静，段祺瑞静不住了，焦急地说："又铮，现在的事情很严重呀！我肚子都快气炸了，瞧你，你还有那份闲情！"

徐树铮这才放下笔，忙去给段祺瑞倒茶，一边说："喝茶，喝茶。是新茶，龙井，你最喜欢的。"

"我什么都不喜欢了！"段祺瑞说，"我喜欢不起来。你知道吗，他当了大总统还不满足，还想当皇帝……"

"那就让他当去吧，"徐树铮说，"老百姓乐意让他当，乐意喊他万岁、万万岁！他就当皇帝。老百姓不乐意再有一个皇帝了，也会推倒他。"

"更气人的事还有呢。"

"别生气。天底下的事都看淡一点，没有值得生气的。"

"不对。有值得生气的。"段祺瑞说，"把陆军部交给咱了，又不许我指挥军队，陆军部之外又搞什么陆海军统帅办事处。大总统指挥军队还不行，还要当大元帅！让我当办事处的办事员，明明是架空我，收回我的兵权。我不干！"

徐树铮摇摇头，笑了。"不就是兵权吗，要就给他。""给他？！"段祺瑞一惊，"兵权给他了，咱怎么办？""不给他又怎么办？"

"我不是问你吗？"徐树铮想了想，觉得自己也把话说直了，忙改口说："时至今日，我想问问老总，咱们跟项城究竟要保持一个什么关系？""什么意思？"段祺瑞问。

"你和他要保持翁婿关系呢，咱们就在服从的前提下，争取不失去兵权，或少失兵权。"徐树铮说，"若是不讲亲疏关系了，咱们就来个抗争，做给他看看。"

"什么翁婿关系？还不是狗扯蛋的事。一个姓袁，一个姓张，哪码哪码？"

"这么说，咱们就抗争！"

"怎么抗争？"段祺瑞气起来只会歪鼻子。鼻子歪了，常常束手无策。"难道再来一次兵谏？"

徐树铮摇摇头，但却说："兵谏虽然不失为一种办法，但并不是上策。""你有上策？""只能试试看。""说！"

"第一步，疏远他。在疏远的同时，进攻他。进攻得逞，再难为他；进攻不得逞，第二步摊牌。让他找咱……"徐树铮把他的第一步、第二步具体做法仔细说一遍，段祺瑞微闭双眼，紧锁眉头，想了阵子，点着头说："只有这样做了。也是不得已而为之。”

1915 年，是中国人的国耻年，日本帝国主义者撕去了“友好”的面具，向袁世凯提出了丧权辱国的“二十一条”，袁世凯不敢不接受，又不敢接受。于是，便派各种名称的使节去日本谈判——什么谈判，讨讨价钱而已，或者说是为自己装装门面而已。

就在这时，段祺瑞以陆军部名义向袁大总统上了一道呈文，请求增加部员和军士薪金。

什么要钱，军队都快交出去了，还有心思管它薪金多少？这明明是和徐树铮议定的一个步骤——一个给袁世凯施加压力的步骤。

段祺瑞的呈文到袁世凯面前，袁世凯正为派往日本谈判的代表人选发愁——原先的全权代表是外交部总长孙宝琦，孙宝琦和日方代表日置益会谈几次，觉得日本人态度十分强硬，怕是二十一条之外难以争取优惠，便缩着头对袁世凯说：“宝琦不才，恐难胜任，请大总统另派高才，宝琦请求辞职。”

袁世凯正着急外交，外交总长要辞职，你说他心里能平静下来吗？铁青着脸色说：“你不行谁行？总得有个人交代呀！”

孙宝琦早有准备，他的次长陆征祥对袁世凯贴得很近，便说：“如此重任，自然是非陆子欣（陆征祥号子欣）莫属了。”

袁世凯一听是让陆征祥去同日本谈判，眉头一皱。此人对他靠得虽近，但是办理如此外交，他心中还不能十分放下。正是为“二十一条”锁眉的时候，段祺瑞的呈文来了，袁世凯能不气怒：这不是有意添乱嘛！他连呈文内容都不看，提笔在眉页上批了八个大字：“稍有人心，当不出此！”批后即扔出去。“退陆军部！”

段祺瑞见批示，怒从心起，歪着鼻子大骂起来：“骂人了，娘的！我看谁不是人？”于是，他便毫不含糊地发表一个声明：“中国人宁可战死，绝不能接受‘二十一条’！”

袁世凯做事从来都是独断专行的，无论国人如何谩骂，无论段祺瑞等如何反对，也无论长江巡阅使张勋、广东惠州镇守使龙觐光等十九省将军如何“请拒约”。对日谈判还是按照他那既定的调子“保护外人，尤宜谨慎”及“我尽东道之谊，斯无衅隙之生”等屈膝投降，出卖利益，去迎合日本人。并且训示那些进谏的将军：“将军等正宜尽心军事，不必兼顾外交。”还要将军们“如有造谣生事者，仰该将军协同地方官禁止”。

还有一件可气的事：以太子自居的袁克定，通过模范团和陆海军大元帅统率办事处向各界宣布，说日本人就“二十一条”发出最后通牒时，老头子问陆军总长可不可动武，段总长说：“如果发生战事，三日之内即必亡国。”袁克定据此狂论：“陆军如此无能，总长所司何事？”

几件事凑在一起，段祺瑞方才明白徐树铮的妙计也无妙处了。山穷水尽了，段祺瑞不得不以“养病”为名，避居西山。袁世凯派员假惺惺地慰留一阵，最后，一方面任命王士珍“署理陆军部总长”，一方面堂而皇之地发出一份“大总统命令”：

前据陆军总长段祺瑞呈称：“自去冬患病，饮食顿减，夜不成寝，适至今春，遂成咯血。多方诊治，时轻时重。医言：血亏气郁，脾弱肺热，亟当静养服药，方能有效。迄今四月有余，方值国家多故，未敢言病。现大局稍就平定，拟请开去差缺，俾得安心调理，冀获速痊”等情。当传谕少给假期调养。兹据续“请开去各项差缺，俾得安心调养，冀获就痊”等语。查自辛亥改革以来，该总长勋劳卓著，艰险备尝，民国初建，忧患迭乘，数年经营，多资臂助。因而积勤致病，血衰气弱，形容羸削，迭于会议之时，面谕该总长，酌于一星期抽两三日赴西山等处清静地方调养休息，以期气体复强。而该总长以国事为重，仍不肯稍就暇逸，尽瘁事国，殊堪嘉敬！兹据呈请开缺，情词肫挚，本大总统为国家惜人才，未便听其过劳致增病势，特着给假两月，并颁给人参四两，医药费五千元，以资摄卫。该总长务以时局多艰为念，善自珍重并慎延名医，详察病源，多方施治，切望早日就痊，立即销假。其在假期内，如有军务重要事件，仍着随时入内会议，以抒嘉谟而裨国计。

段祺瑞受到优待了，又赐参，又赠银，又给假，还想着有事找他商量，袁世凯真够宽宏的。

按说，段祺瑞今天的境遇，也是和徐树铮共同预料中事，陆军总长的位子还占着，躲进西山不理事，一切仍由徐树铮代理。用不多久，袁世凯就得找上门来。

打如意算盘的人，不一定每次都如意。这一次，段徐就把算盘打错了——

走了段祺瑞之后，袁世凯比段祺瑞轻松了，能够和他掣肘的人，敢于和他掣肘的人不多了，他可以放开胆子做皇帝梦了。

袁世凯也真够累的，快六十岁的人了，日日夜夜不能安生。跟孙中山打交道还算顺利：那个宋教仁尽作梗，除了他！赵秉钧这人不会办事，杀宋教仁事竟露了马脚，闹得举国上下一片叫骂。没办法了，借赵秉钧的头以谢天下吧！袁世凯以为这些事办得还算严密，谁知也闹得满城风雨。袁世凯把内阁总理熊希龄叫到身边，又把江苏都督冯国璋叫到身边。结果，这两个人都不行了，上阵还得父子兵。袁世凯把儿子袁克定找到面前……

——1915年的初秋，北京城气候反常，夏旱接秋旱，干燥的风裹着迷迷蒙蒙的尘沙，弄得大街小巷一天到头浑浑浊浊，人也乏了精神。

坐在老子面前的袁克定，比他老子的心情还焦急。因为，他在做着跟老子一样的皇帝梦，甚至比老子的梦还迷人：老子快六十岁了，身体不好，能活几天？只要老子大位定了，今天定，明天死。天下也是他袁克定了。一天大位不定，袁克定一天心不安。

“大爷，”袁克定管老子不叫“爹”，叫“大爷”，“你找熊秉三（熊希龄，字秉三）了？”袁世凯点点头。“他什么意思？”

“能有什么意思？”袁世凯轻轻地叹息一声，“还是流行的调子，潮流，潮流……”

“冯华甫（冯国璋，字华甫）也这个调子吗？”

“这些人，都是跟着段祺瑞跑的。这个段祺瑞……”“你不是让他到西山养病去了吗？”

“养病就干净了？”袁世凯瞪了儿子一眼，又说，“那个徐树铮啥事办不成！”

一提到徐树铮，这父子俩都不说话了。说什么呢？他们承认徐树铮的才华，但更承认徐树铮并不为他父子所用，他是段祺瑞的人。袁氏父子想把他赶走，就是赶不动。现在，段祺瑞养病去了，徐树铮以次长代理陆军部总长职务，更是举足轻重了。

袁克定沉默片刻，说：“大爷，徐树铮不就是一个次长么，免了不就完事了。”

“免，怎么免？”袁世凯说，“总长离职养病，次长免了，惊动太大。”“找个理由，不会出事。”袁世凯轻轻地摇头。

袁克定想了想，又说：“徐树铮曾经把军火运给德国人……”不等儿子把话说完，袁世凯便摇手阻止："早就平息了的事，再提有什么意思。"

"还有事，"袁克定说，"听说徐树铮动用库银买军火，光是浮报就是四十万元。这不是大事？""有据？"袁世凯问。"有人可以作证。"

袁世凯想说话，但又闭上口。心想：徐树铮不是一般人，弄不好，收不到预期效果，还会惹出麻烦。沉思半天，才又说："芝泉不是咱们的人了。我很不喜欢这个徐树铮。什么'小扇子'，什么'合肥魂'？奸猾狡诈，不可依赖！"

袁克定见老爹对徐树铮如此深恶痛绝，心里明白了，决心也大了。"大爷，你放心，我有办法。""什么办法？"

袁克定附在老爹耳边如此这般说了一遍，又说："这样做，冠冕堂皇，谁也说不出话来。"

袁世凯想想，虽觉不是妙计，但不失为一计。便说："只好这样做了，先把鸡杀了，不行再杀猴。"停了停，又说："只搞徐树铮，是不是太显眼了？能不能扩大一点，让人没有反感。""大爷你的意思……"

"像张弧、叶恭绰这些人，也都不是好东西。""那就一起免！"

几天之后，肃政厅便呈文大总统，弹劾徐树铮购买外国军火浮报四十万元一案。

既有人弹劾了，大总统便名正言顺行使职权。于是发出命令：免徐树铮陆军部次长职；免张弧财政部次长职；免叶恭绰交通部次长职。

这就是被史家称之为"三次长事件"的近现代历史事件。徐树铮心里明明白白，他是受了段祺瑞的影响；那位张弧和那位叶恭绰却心中迷惑：我们待大总统不错呀，为什么……可是，他们却不知道：兼着财政部总长的熊希龄和交通部总长的梁士诒，都因为不同意袁世凯做皇帝而被袁怀疑了，你们只是先代以替罪罢了。

第十七章

一封旧信

北京。西山。

这是一片十分幽静的地方，坐落在北京西郊翠微、平坡、卢师三山之间，东西北三面青峰环抱，南面平原敞开，林木茂盛，野草清香，奇石嶙峋，泉水潺潺；八座寺庙分布在三山之怀，是一处休养的绝好处。

为了表明是来“养病”休闲的，段祺瑞文武助手不带一个，只领着来顺和易敬羲、张国英、刘有碧等几位棋友上了山。来顺，一个乡下老汉，一直陪着段祺瑞下棋，是段的老对手了，由于棋技平平，这几年不上桌了，陪着段下棋的便是易敬羲等高手。可是，那位乡下老却十分精于服务，每次开局，棋盘、棋子、桌子、椅子都摆布得十分规矩，深得段的称心，所以，依然是段的贴近棋友。段祺瑞的棋友都是由陆军部开薪水的，少则每月三四十元，多则每月上百元。除了棋友之外，还带去了曹缵蘅、梁鸿志两位诗友。由于心情不好，诗是不作了，只想作作幌子，以避袁世凯的耳目。

段祺瑞每天早起，在山坡散步；早饭之后，便同棋友下棋。看似清静，其实，他却仍然惦记着北京城发生的一切——

徐树铮的次长被免了，段祺瑞一天没吃饭，没下棋。袁项城动真格的了，他是杀鸡给猴看的。好吧，我倒要看看下步棋你怎么走了。正是段祺瑞隐居西山的时候，有位不速之客来到门外，说“一定要见段总长”。

段祺瑞在一个小客厅门外接迎此人，却见是一位便装简从的中年人；再仔细打量，认出来了，原来是即将去四川就任会办军务的陈宧。忙走上去，表示欢迎。“陈次长军务在身，怎么会这时跑到西山来了？”

“有紧急任务，要向总长汇报。”陈宧随着段祺瑞一边走进客厅，一边说。

“在野之人，早无急务了，连缓务也没有了。”段祺瑞摇着头，一边命人献茶，一边在思索——

陈宧是参谋部次长，由于参谋总长黎元洪不到任，一切部务均由陈宧负责。这个人，得算是袁世凯的亲近。今天到西山来见段，段说不出因何而来。所以，他以谨慎态度接待他。

坐下之后，陈宧开门见山地说：“我要远征了，来向总长告别。”“到哪里去？”段祺瑞问。

“去四川。”陈宧说，“大总统给我三个旅的兵力，让我去做四川军务会办。”

“好事，祝你荣升！”

“总长，我此来告别，行迹匆匆，就不转弯子说话了。咱们都是被人称作大总统亲近的人，我知道，大总统帝制十分坚决，我辈阻止是无用的。此番入川，我似乎担着特殊任务……”陈宧望着段祺瑞，段祺瑞只沉思，并不说话。陈又说：“昨天我到总统面前去觐见了，总统却交代了一件小得无足轻重的事。”“什么事？”段祺瑞问。

“总统说，‘四川自古以来号称天府之国，明代藩王的宫殿旧址仍然存在，你此去很好地整修一下。’他还说，‘也许将来会让云台（袁克定，字云台）去成都。你去跟云台谈谈，你们当作自家兄弟看待，也许将来我叫你负更大的责任。’我猜不透什么更大的责任？特来同总长商量一下。”

段祺瑞明白了，这是袁世凯帝制的一个步骤。自从他计划实现帝制之后，就常常顾虑西南，怕西南有人不支持他，并且会坚决反对他。是派陈宧为他把门去的。便以试探的口气问：“陈将军你对这件事是怎么想的？”

陈宧没有正面回答，却提出了另外一件事。“我去见袁克定了，他眼睛长在额头上，根本瞧不起我。后来，一个老者跑来传话，说‘总统传下话来，叫大爷跟陈大人换帖结拜兄弟’。这时，袁克定才改容叫了声‘二哥’。”

段祺瑞笑了，心想：袁世凯尽会用这种办法拉拢人。他心里也清楚袁克定的为人，他不是个东西！段祺瑞记得最清楚的是，袁世凯当了大总统之后，在宫廷里恢复了清朝的跪拜大礼。段祺瑞是最反对这种礼仪的，他不想到总统府去跪拜。冯国璋劝了他好半天，又赶上春节，他才走过去。袁世凯见他下跪了，还假惺惺地说："不敢当，不敢当！快请起，快请起。"段祺瑞不得不去见袁克定，行大礼时，那家伙只把手摆了一下。气得段祺瑞当时鼻子就歪了。现在想起这件事，还怒从心起。段祺瑞问陈宧："既然你们已经结拜了，是不是就得为他老子尽心？"

陈宧想了想，说："总长，外界都知道您是不拥护帝制，今天如此处境，可能与此有关。果然到了那一天，我会站在总长一边的。""你……？"段祺瑞感到惊讶。

"我还可以告诉总长，还有一个人也是支持您的。""谁？"

"蔡松坡。""蔡锷？！"

"是他。"陈宧说，"中国百姓吃帝制的苦太深了，有识之士无不深恶痛绝。我们不能再回过去走了。"

段祺瑞震惊了，他有同道了。他亲自捧起茶杯，对陈宧说："将军所见，我极表赞同。此番入川，依我之见，若为国家，将军尽可尽心尽力；若为帝制，还是三思而行。切不可落进千古罪人之列！请你代转松坡将军，我段某人敬重他。"

陈宧走了，段祺瑞在西山不安了。他觉得西山虽然幽静，毕竟不是久居之地。段祺瑞不甘心他就此败下来，他自认是对的，他会仍然在中国叱咤风云。他决定返回府学胡同。

北京府学胡同的段氏公馆，依旧灯红酒绿，虽然前来拜谢、问事的官员少了，那一群内眷、下人、车马还是热闹非凡的。段祺瑞回来，使得本来还轻松的公馆气氛变得拘谨、紧张了。

段公馆里的常客，除了徐树铮在被罢免了陆军部次长之后去了上海清闲之外，还有靳云鹏、曲同丰和傅良佐，这三人总是常在段身边，他们藏在密室中，谁也不知谈了些什么——徐、靳、曲、傅四人，是被时人称为段祺瑞身边"四大金刚"的，都是北洋派的老人。靳云鹏虽然正式受命为山东督军了，还是隔三岔五地来北京，有事无事到段公馆。

这一天，段祺瑞正同靳云鹏谈话谈到舒畅时，忽有人报："大总统派人给总长送参汤来了！"这两人都愕然吃惊。段祺瑞望望靳云鹏，充满疑虑地说："我刚从西山回来，大总统怎么知道的呢？"

靳云鹏笑了。"我们这些人的举止，是瞒不住大总统的。大总统耳聪目明，洞察一切。"

段祺瑞冷笑笑，说："得谢谢大总统还没忘了我们这些人。"他转脸对来人说："请大总统派来的人小客厅见。"

来人是总统府管内务的一个佣人，他提一个当年御膳堂用的小提盒，来到段祺瑞面前，放下提盒，深深鞠了一躬，说："大总统惦记总长的身体，特让自己的小伙房为总长做了一份参汤命小人送来，请总长补补身体。"

"谢谢大总统的关怀。"段祺瑞说，"大总统日理万机，还惦记着一个清闲的病人，请向大总统禀报：祺瑞深谢了。改日身体好了，便去总统府拜谢。"

"小人知道了。"那人一边退出，一边又说，"大总统还交代小人，以后让小人天天送鸡汁汤、参汤过来。"

"大总统如此厚爱，祺瑞更不敢当了。"他对来人说，"我也要感谢你，感谢你送汤之劳。"

送汤人退出去了。段祺瑞打开提盒，见提盒中放一只金黄色的瓷罐，揭开罐盖，便见一股热气冒出来，乳白色的汤液，送来扑鼻的异香。他真想捧起来，贪婪地喝它个光！

不过，他只把汤罐移出提盒，便放在了桌上，随手盖好，背过身去，陷入了沉思——

袁世凯毕竟与他人不同，他没有忘了我。我不乐意干事，装病请假，他给病假，送药物，送银两；我这刚刚返回，他又派人送来补品。父子母女关系又能如何？袁世凯待我不薄呀！想到这里，他重新望了望汤罐，觉得那气味、那色泽，都充满着深情和关怀！段芝泉呀，你得知足，你得辨别亲疏，不能再做傻事了，袁世凯做了大总统把你提得够高得了，你得满足。喝了这罐汤，你就得赶快到部里去办事！你还是陆军部总长，不办事不像话。段祺瑞端起汤罐，仰起脸来……

不过，段祺瑞把昂起来的头又垂下了，捧到唇边的汤罐又缓缓地放到桌上。他陡然锁起了眉——段祺瑞心疑了：袁世凯该知道我的病情，难道我这里连一碗鸡汁汤、参汤也吃不起，非要他从总统府张张狂狂地送过来？！此时，段祺瑞忽然想起了赵秉钧之死：一个堂堂的国务总理，竟然死得不清不白。难道此人对大总统的忠心不比我段某人强吗？当时，段祺瑞听到传言，就说是袁世凯赐给了鸡汁汤、参汤之后赵秉钧便死了。赵秉钧可是为袁世凯出过大力气的啊，刺杀宋教仁是他一手干的，许诺的奖赏不给，反而杀人灭口，赵秉钧无非说了句心寒的话，连国务总理加生命一起都丢了。段祺瑞想到此人此事，心就扑通扑通地跳。我不做赵秉钧第二。赵秉钧为他杀人立了功，我是没有支持他当皇帝，我也不乐意把军权都交给他，我还明明白白不让他儿子当模范团团长，我对他犯过罪，袁世凯记恨呀！他自己兼模范团长之举其实就是对着我来的。想到这些，他真觉得袁世凯是一只虎，是一只张开血盆大口、露出青面獠牙的恶虎；而面前这罐汤，里面就藏着毒药，是剧毒的，只需他吞一口，便会立即毙命！段祺瑞的双手发抖了，面前也泛起了云雾。“来人！”他大声喊一句。

一个随身侍从走过来。“大人，小人在。”

段祺瑞用手指指面前仍然冒着热气的汤罐说：“把它拿去！”“是。”侍从提盒拿在手中，但又迷惑地望望汤罐。段祺瑞把手一摆，说：“撤下，倒掉！”

侍从果然把汤捧出去给倒掉了。以后，袁世凯也曾多次差人送汤来。段祺瑞却从不沾唇，通通倒掉。大约袁世凯发现段祺瑞仍然活得很自在，业经健康了，不久，也就不再为他送“补汤”了。

段公馆与总统府的关系显见得远了，连夫人张佩蘅也很少走娘家去。听说，昔日一天到头人来人去；一时不来去，还电话不停。现在，电话也停了，张夫人很少再向总统府拨打电话。

无论天下的事情发生了多么巨大的变化，袁世凯当皇帝的决心是下定了。“北洋三杰”各被“安置”之后，国中能够有力跟他抗衡的人不多了，再加上一群趋炎附势的家伙跟着呐喊，于是，1915 年 8 月 14 日中国便出了一个“以筹一国之安”的组织——筹安会，紧锣密鼓为袁世凯登极筹备大典。这是杨度、孙敏筠、严复、刘师培、李燮和、胡瑛六个人干的，还自称为“筹安六君子”。

杨度等“筹安”的时候，“北洋三杰”的虎和狗也都另打自己的算盘：安徽合肥人段祺瑞无论在西山还是在府学胡同，都在组织自己的皖系势力，一旦时机成熟，他要干自己的；直隶河间人冯国璋，无论在河北还是在江苏，也在积极组织自己的直系势力，有朝一日也要干自己的；就在这当口，远在关外的张作霖也在组织一个势力——奉系，且已渐成气候。杨度等人为袁世凯筹备的“一国之安”形势，其实早就分崩离析，毫无安感了。8 月 14 日“筹安六君子”的联名宣言一经电波发出，并且又在北京石驸马大街成立了筹安会，他们企盼着各省将军、巡按使以及各公法团体会即派代表到京，表示入会。

袁世凯盼望着筹安会一个倡议，全国响应，他便可以登上金殿了。谁知事情麻烦了，蔡锷首先通电宣布独立，并且说袁世凯“天祸中国，元首谋逆”“既为背叛民国之罪人，当然丧失元首之资格”！据此，打起了“护国”旗号，组织了以自己为总司令的中华民国护国第一军，拉开了规模巨大的反袁护国运动。袁世凯坐不住了，他得起来征剿……

就在这个时刻，袁世凯的高级谋士曾毓隽来到了府学胡同中的段氏公馆。在客厅里一见段，便说：“芝老（曾毓隽同是段的幕僚，相识很早，相从很久），你离开陆军部去养病了，大家都在惦记着你。你这一向病体已大好了吧？”

段祺瑞笑笑，说：“感谢大家的关怀，身体么，还是老样子。”“项城想念你呀！”曾毓隽俨然以私谊代表袁世凯说话，既不用皇帝、总统，也不用大人，只用个“项城”。“芝老你该知道当前国中形势吧，很不好呀！”

“芝泉只顾养病，无暇他顾。”段祺瑞一派冷漠态度。

“芝老不想出来理事吗？”曾毓隽说，“是时候了，西山不可久留！”“宿疾未痊，难以出动。”

“芝老，”曾毓隽动情了，连声音也有点颤动，“现在局势乱到如此地步，项城业经盼你望眼欲穿了。他让我告诉你，请你无论如何不要坐视他满头白发人遭人欺负呀！”曾毓隽叹息着，几乎流出泪来。

对于袁世凯这套把戏，段祺瑞是熟悉的。往天，他曾帮着他干过这样的事，蒙蔽过不少人，收到过预想的效果。今天，拿来对待他了，他不能不冷笑笑。段祺瑞不仅心里明，消息也灵，昨儿他还得到可靠消息，以“皇太子”自居的袁克定又在老子面前说他段祺瑞的坏话，甚至要除掉他这个眼中钉，只是袁世凯尚未表明态度，儿子尚不敢动手。忽有一日老子点头了，他段祺瑞还不得命归西天！今天形势紧了，云南起事了，他想我了，要用我了。段祺瑞对曾毓隽无可奈何地轻轻摇头，说：“我理解他的处境，只是我无力为他解忧。他能体谅我呢，算是关怀我的身体；不能体谅我呢，我也只好等待遭受各方指责了。”

曾毓隽一见段祺瑞死着心就是不出头了，心里冷丁丁地打了个颤，锁着眉头，叹息着，方从内衣袋中拿出一个旧信封。一边递给段祺瑞，一边说：“芝老，项城待你，一向是真心实意的，其中有些小小的不顺心事，也是实有可谅之情，千万千万不可有他想。今番此局，项城也是实意相托。他让我转交一个信给你，你看过了，就会一切释然的。”

段祺瑞接过信一看，是冯国璋写给袁世凯的信，忙重新叠好奉还，说：“这信不是给我的，你弄错了。”“没错。”曾毓隽说，“正因为是冯华甫的信，项城才坦诚地交给你，以表心思。”

段祺瑞心里一惊，忙重新取信，仔细看下去。

——前文已有说明，北洋家族之中，早在分割势力，皖段、直冯、奉张各立山头。三家之中，成气候的，只是皖、直两家。最早，袁世凯是比较相信和依靠直系冯国璋的，觉得他实力较强；后来，段祺瑞连连为袁立下汗马功劳，冯便有点失宠了。由失宠而至忌妒，由忌妒而至挑拨。于是，袁世凯当大总统不久，冯国璋便写了一封密信，说尽了段祺瑞的坏话，呈给了袁世凯。为了给自己留一个退步，只在信尾说明段祺瑞是受徐树铮挑拨，才干了许多坏事，让袁驱徐抑段。袁世凯收到这封信，如获至宝，一方面增强了他组织模范团、建陆海军大元帅统率办事处的决心，一方面限制段祺瑞的权，撤去徐树铮的次长职。事情闹到今天，云南起事了，连派去征剿的将士也选不出，才又想起段祺瑞。可是，跟段祺瑞又“将”到如此地步。他知道，想让段祺瑞重归属己，实在不是一件容易事。袁世凯思之再三，只好出卖他身边的“狗”（冯被称作“北洋三杰”中之狗）而去拉拢他身边的“虎”了。所以，冯国璋这封信袁世凯便通过曾毓隽的手轻轻一举，便送到了段祺瑞手上。

段祺瑞看完了信，眉头锁得更紧了，但却不知该怎么说才好。曾毓隽机灵，忙又说：“项城还让我告诉你，他已经决定了，重新启用徐树铮，还让他回任理事，一切仍由你安排。”

段祺瑞心里却七上八下：袁世凯这样又打又拉，太令人心寒了。然而又想，重新把权抓起来，总比在西山闲居好；尤其是启用徐树铮，他情绪有点轻松。不过，要他向曾毓隽立刻就表示个可否的态度，他是不会干的，他生怕再上袁世凯的当。他只含糊其词地说：“国家形势，谁能不担忧。老头子能幡然悔悟，当然是国人之幸。至于我个人，实在是无足轻重。今日所谈之事，容我再想想，改天我去见见大总统。”——什么去见大总统，而是要先去找军师商量一下。

曾毓隽见段祺瑞已有动摇，倒也感觉事有回旋，也就告辞去复命了。

第十八章

丝竹声怪吓人的

上海，秋。

黄浦江畔一个幽静的院子里，金桂喷吐出醉人的异香，黄叶零落在树阴下，新阳给雕栏铺满了灿烂，怒放的菊花与金桂争芳斗艳！几只野鸟在树丛中叽叽喳喳地唱着颇为忧伤的小曲。翠竹掩映下的那个小书房里，传出阵阵悠扬的丝竹之声，行云流水，忧惋交错，但却是一派温馨气氛。

这里是刚刚被罢职的陆军部次长徐树铮的别墅。

徐树铮身着长衫，头戴礼帽，金丝眼镜在手中，茶杯放在面前，半闭着双目仰在摇滚椅上，随着椅身前后滚动，全神贯注地听他新纳的小妾沈定兰在唱曲。曲子是徐树铮新填的《蝶恋花》，沈定兰自弹琵琶：

> 草脚苏青寒尚在，润窃芳池，池面水初解。仿佛东风悭作态，慢吹暖讯归香霭。不是鲜花娇不耐，可惜春皇，力薄浑无赖。暮雨飘帘凉似海，小梅愁倚红阑外。

一曲终了，沈定兰便坐在那个轻轻滚动着的椅子扶手上。

徐树铮停住摇滚，仰面对沈定兰笑笑，说："好，你唱得挺好！音韵、节拍、情感都唱出来了。"停了停，又说："只是那'慢吹暖讯归香霭'的'霭'字低了点。似乎应该高一点才好。低沉了，便有伤曲衷。"

沈定兰执拗地摇摇头，然后说：“为什么要高昂呢？我觉得低一点好。应该低。”

“为什么要低呢？”徐树铮说，“芳池、冰解、东风，都是欣欣向荣，一个‘霭’字昂上去……”

“徐先生，”沈定兰娇滴滴地说，“瞧你，终日风风雨雨，戎马倥偬，还不够高昂的？如今，不是一落千丈了。不做官了，不领军了，一身清闲，正好领着我们过几日悠然平静的生活。咳！我真想能够这样低沉地白头到老，平平安安，那才称心呢”。

几句话，说得徐树铮心里酸楚楚的。他把她从椅扶手下抱下来，抱在怀中，说：“好好，好！咱们就这样悠然自在地过下去，过到白头。”就在此刻，人报“段总长来了”。

徐树铮的别墅是段祺瑞帮他置办的，连徐树铮的随从也是段祺瑞为他安排的。段祺瑞不用人禀报，便径直走进来。

徐树铮迎上去，惊讶地问：“您何时到上海的？怎么连个信也不告知一声，自己就来了？”

“就是不告诉你信，这样做好。”段祺瑞大咧咧地走进小客厅，一边坐一边说，“咱们现在头上没有纱帽了，盯梢的尾巴还不少。这样不声不响地来去，免得那些不三不四的东西捕风捉影，造谣生事，弄得人坐卧不安。”

“您不怕意外？”徐树铮为他沏上茶，又说，“上海也不是世外桃源。”

“怕什么？”段祺瑞说，“只要姓袁的不杀我，别人还不敢。姓袁的暂时还没有杀我的计划。”顿了一顿，又说：“早些时想杀，没如愿。这些时来，他不想杀了。”

徐树铮这才打量一下段祺瑞，却见他学着东洋人的派头留起了八字胡，但却穿起了长衫，又披一件黑色披风，头罩礼帽，足穿布鞋，手中还拄着油漆得紫铜色的手杖。这副打扮，看上去，连徐树铮也不认得他了，怪不得他可以“一路顺风”到上海。徐树铮轻声问道：“近来身体还好吗？”

段祺瑞答非所问地说：“又铮啊，你一拍屁股跑到上海来了，把我害苦了。”

徐树铮淡淡地笑道，说：“无官一身轻么！袁大总统——袁皇帝不喜欢我们，我们何不离他远点呢！他不喜欢别人论政，别人就缄口，也算识时务吧。老总不是也到西山悠闲自在去了么？！”

“屁！”段祺瑞击了一下桌子，怒气冲冲地说，“袁项城倒是希望我能在西山长久清闲，可是，老天爷却不容他，老百姓也不容他。这不，云南起事了……”于是，段祺瑞把京中、西山、府学胡同发生的事，原原本本说了一遍，然后说：“就这个形势，我来上海干什么，你会明白的。”话说完，段祺瑞才站起身，脱下帽子去洗脸，然后坐下来喝茶。

——对于袁世凯，段祺瑞和徐树铮的看法原本是有差异的。昔日，他们在一起谈论英雄时候，段祺瑞说：“当今能称起雄才大略，英雄豪杰的人，怕除了黎宋卿（黎元洪，字宋卿）便是袁慰亭（袁世凯，字慰亭）了。”

徐树铮并不同意段祺瑞的意见，他对段祺瑞的评介，却不屑一顾地说：“黄陂（黎元洪黄陂人，故称黄陂）一生，以骂人起家，项城一生，以骗人起家。然则，真豪杰是既不骂人也不骗人的。今黄陂、项城一骂一骗，充其量只能算作‘半豪杰’。豪杰而半，其他一半属屠沽也！”段祺瑞对徐树铮的评语，当时并不认可。现在，他明白了，他觉得徐树铮有远见，而徐树铮也觉得段祺瑞今天能认清袁世凯也是一件好事。

徐树铮想了想，说：“老总，早先我发过一阵狂言，不知您还记得吧？”段祺瑞眨眨眼，记不起了。“你说什么事？”“对待袁项城。”

“我想起来了。”段祺瑞说，“你说‘袁项城太狠毒了！有我徐某在，决不令此辈猖獗祸国！’正巧，我来找你，也是为这事。”徐树铮摇摇头。“时候不到，咱们还得静候一时。”

段祺瑞见徐树铮态度冷漠，便从内衣袋拿出冯国璋的信，交给徐树铮。“这里有篇奇文，你看看。”“谁的？”

“一看便知。”

徐树铮展开信，先看上下落款，见是冯国璋写给袁世凯的，只轻轻地一笑，便重新折叠起来，还给段祺瑞。说：“冯华甫不是个正派人，别让他的污秽语言脏了我的眼睛。不看！”

“不看？！”段祺瑞把信又扔给徐树铮，以责备的口气说，“为什么不看？奇文共欣赏嘛！何况这封信对你我都有莫大关系。”

“哟？！”徐树铮一惊，便真的展开来，从头到尾细细读起。一边读信，一边想：冯国璋给袁世凯的密信，又怎会落到合肥手里呢？这明明是陷害合肥的。这么说……徐树铮看完了信，朝桌上一扔，说：“是袁项城转交给你的？”

“是他让曾毓隽交给我的。”段祺瑞说。

“袁项城出卖了冯华甫！”徐树铮说，“冯华甫写这样的信，就不是个东西；袁项城出卖了他，就更不是个东西了！”

段祺瑞插话说：“冯华甫本来是条狗，现在看来，连条狗都不如！”“您就为这事到上海来？”

“当然不只是为这事。”段祺瑞说，“为狗而动怒，岂不狗也不如了。我才不放在心上呢。有大事！”“什么大事？”徐树铮问。“你知道吗，云南起事了。”

“不知道。”但马上改口，“略知一二。”

“袁项城当皇帝的心是不能动摇了。老百姓却不答应。云南首先宣布独立，蔡锷组织了护国军，挥师讨袁。全国响应，轰轰烈烈开展了护国运动。袁项城的日子不好过呀！”

徐树铮还是淡淡地笑，“这与我们有什么关系？”

“关系大得很呀！”段祺瑞说，“袁项城派曾云霈（曾毓隽，字云霈）天天上门来找。”

“要您出山，要您‘勤王’？”

段祺瑞狠狠地摇着头，说：“我让曾云霈告诉袁项城，‘我有病，动不了。’曾云霈不答应，这才把冯华甫的信交给我……”说到这里，段祺瑞眨了眨略显疲惫的眼睛，打量一下徐树铮，仿佛想从他面上窥视出一点什么——是同情还是反对?

徐树铮把信握在手中，沉默着，面对墙壁，一语不发。

段祺瑞性急，望着徐树铮这模样，心里早火燎一般。“又铮，难题摆在面前，何去何从？你得拿个主意啊！”徐树铮依然沉默——

袁世凯要当皇帝，国人是绝对不会答应的。这是徐树铮预料中事。护国运动风起云涌，徐树铮也了解得明明白白。他还预料到袁世凯不会有好结果。现在，连袁世凯自己也感到形势严峻了，他才向段祺瑞他们不得已送来“秋波”，这一点，徐树铮预先没有那么乐观。

云南起事的消息传到上海，徐树铮有过认真地思索，但是，他觉得成不了气候：云南边陲，地僻物薄，蔡松坡纵有雄心壮志，鞭长莫及，又力不从心，只怕“空悲切”一场。但是，徐树铮也看到这股潮流影响之大，势不可挡！他摇摇欲动，想回到北京去，与其别人扛起大旗，大声呐喊，倒不如自己鼓动老总开展反袁行动，把他推下去，给段祺瑞制造一个反帝制的良好机缘！

不过，徐树铮毕竟是顺着段祺瑞、袁世凯这个竿儿爬上来的，反袁等于反他徐树铮的“祖宗”，反祖宗是中国人的大忌，不到万不得已，是做不出的。徐树铮犹豫不决，段祺瑞来到面前，而且是带来的袁世凯向他“求救”的讯息，并且不惜出卖亲信。忽然间，徐树铮觉得袁世凯那么可怜了。是可怜袁世凯，感激他往日的提携和今日的真诚再助一臂呢？还是顺着潮流、站在潮头起来反对他、打倒他呢？徐树铮衡量再三，主意不定：助袁——希望太渺小了，袁世凯不会轻易放掉“皇帝梦”，这个梦会使他毁灭；反袁——护国运动最后会有个什么结果？即使成功了，沉浮又由谁来主？何去何从？这个被时人称作“怪杰”的人物，一时也六神无主了。

在漫长的中国历史上，混战之中最能显现英雄本色！所有的“乱世英雄”几乎都有一本内容相似的“真经”，那就是发展自己，壮大实力，凭拳头去独霸天下！

徐树铮自命是“英雄中的英雄”，段祺瑞也要做“英雄中的英雄”，他们不仅要独霸北洋天下，他们要像秦始皇那样“吞六国，一统天下”。在徐树铮想来，目前他们不能出山。他思索许久，才对段祺瑞说：“老总，我看您还是回到西山去悠闲。抱定咱们自己的宗旨，不支持任何人当皇帝，但也不出山！”“不出山？在山窝等死？”段祺瑞焦急。

“不是永远不出。”徐世铮说，“何时出山，怎样出山？走下去，稳一段再说。”

“稳不得呀！”段祺瑞说，“形势天天变化，我们不出去，是不是对袁项城有点儿见死不救？再说，如果护国运动成功了……”

徐树铮摇头笑了。“只管稳坐钓鱼台，死不了袁项城，蔡松坡也不会马上成功。”段祺瑞一下子开朗了……“不出山倒是可以，鹿死谁手，尚难见分晓。不过，怎么去见项城呢？”

“您不是有病么，”徐树铮说，“闭门养病，见他干什么！”“不见固好。但不能养病到底呀！再说，这‘底’在哪儿？”

徐树铮想想，觉得此话也对，袁世凯既然频频派人来催，拒不相见，也无道理。何况段祺瑞头上还顶着“陆军部总长”的纱帽，总得有个名正言顺的对策。想了想，才说：“老总，您不必为难。袁项城要您立即出山，虽属形势所迫，我想他身边必有人进言。我们不妨做做小动作，让那些进言的人退言，岂不两全其美了。”

“什么动作？”段祺瑞不相信会有什么小动作可以应酬过去这样大的事。“让人退言，不那么容易！”

徐树铮说：“我们派人到梁士诒、杨度等人面前去造舆论，就说‘只要合肥愿见项城，项城便可答应合肥一切要求。到时候，项城的一切人事、财务、决策都归合肥了。’这些人都是项城的心腹，又和我们不睦，他们必然从中作梗，阻挠项城与您见面。我们不是可以坐视其变了么！”

“好！”段祺瑞又拍桌子，说，“好极了！我们就看他鹬蚌相争吧！”“光这样还不行，”徐树铮说，“还得对他发动一场进攻。”“怎么进攻？”

“写一封信激激他。”“能有用？”

“有用！”说着，徐树铮提起笔来，“唰唰唰”一阵工夫，信写好了。一边交给段祺瑞，一边说，“曾毓隽再去找你，你就交给他，让他转给袁项城。”

段祺瑞把信看一遍，虽觉口气刺激一点，但也感到称心，便说：“行，回北京就这么办。”袁世凯自从派出曾毓隽去见段祺瑞，便信心十足地等待段祺瑞重新投到他身边来。此人就是这么自信，踢开谁的时候，你就得承认他踢对了，你走还得甘心情愿；若是要用你了，你有用处了，便再去招你，招你你就得来，来得也是甘心情愿，甚至还得感激涕零！谁知这次在段身上有点失效了。

这几天，袁世凯心情很烦躁，离预计的登基大典没有几天了，云南兴起的护国运动已经怒潮般地遍及全国。谁去扑灭这场“火灾”？尚无能人可派，曾毓隽又迟迟送不来“劝段”的好消息。他坐卧不安了。侍卫官遵从旨意为他赶制的朝服送到面前请他试穿，他眼角也不看；御膳堂送来的早中晚餐，据说餐餐都比当年老佛爷的好，可袁世凯就是咽不下去。他想不通呀：“大总统我都当得了，为啥不能当皇帝？中国就是我的，是我的！护国，护国，难道我做了皇帝，中国就不是中国了？我就成洋鬼子了？！”

此时，袁世凯特别怀念旧情，他觉得段祺瑞是他的人，段祺瑞应该是他的人；他对段祺瑞有恩，段不会忘。再则，袁世凯又想：“国中有力量支持他这个宝座的，只有段祺瑞一个人了，我不能没有他！”

曾毓隽终于给袁世凯带来了段祺瑞的回音，他把一封信捧到他面前，闷声闷气地说：“请……大总统过目。”

袁世凯很高兴，他认定十有八九是段祺瑞的“效忠信”！他匆匆拆开，搭眼一看，脑门便“轰——”一下，那清清秀秀的字体，他一眼便认出，那是徐树铮的墨迹。是他？这个东西不是到上海去了么，怎么又……袁世凯心里凉了，他明白：请段出山的事一旦被徐树铮知道了，他一定要从中作梗。他想把信扔下不看。可是，也许是“病重乱投医”了，他又产生了幻想：万一徐树铮也能回心转意，那岂不更是好事！于是，他又把信展开。再搭眼，又皱眉了。见启首称谓是“大元帅”三字，便火冒三丈：混账！我只是个大元帅？我……我……他想说“我是大总统”，可又自觉过时了，想说“我是皇上，是陛下”，又觉有点早。怒了阵子，还是平心下来看正文：

……天下初定，誓血未干，而遽觑非常，变更国体。无论外交之未洽而民信未孚，干戈四起，大局之危，可翘足而待……

“混账！我袁某人是三岁的孩子，几句大话就吓昏了？”他气恼了，声音有些颤抖，继续骂道，“我一国之主，变更不变更国体是我的事，你徐树铮有什么资格说三道四？”骂着，他还是看下去：

速下罪己之明治，去奸谀之徒辈，收已去之民心，复共和之旧制，则滇（指蔡锷云南之义）可驰一介之使，以解其兵，内外之人，亦皆无所借口，而国务定矣！

“反了，反了！”袁世凯把信用力扔到地上，只觉得头脑昏沉沉的。他倚在坐椅上，闭起了双眼。

曾毓隽把信拣起来，小心翼翼地看下去。他吃惊地说：“大总统，下边还有话，还有话。”“什么话？”

曾毓隽有点吞吞吐吐地说：“他说，如果他的意见不被采纳……”“他敢怎么样？”“请大总统……”

“念！”曾毓隽依原信念道：

“授人以柄，自召天下之兵，国家危矣！”

“一派胡言！”袁世凯挥动着手，大声地说，“掷还他！永远不许他……他们……扰乱我！”

——不知“他们”指的是徐树铮一人，还是也包括段祺瑞？

第十九章

再为共和出山

中国“共和”了一阵子之后，又出了个皇帝——洪宪皇帝。1915 年 12 月 13 日。

一度萧条的北京城，忽然又复苏起来，沸腾是从当铺和寄卖店掀起的。无论是坐落在繁华闹市区的，还是坐落在深僻胡同里的，几乎家家门庭若市，生意兴隆——许多人对朝服、冠带发生了浓厚的兴趣，一股抢购风悄然刮起。这些做了古董的玩艺只有古董铺里才有，所以，自觉有资格重新穿戴的人，只好朝古董铺跑。比较坦然的，是清室那些可望再起的遗老，他们颇有“远见”，当初从身上扒下来的时候就预感还会再穿，所以藏在箱底了。现在只需翻出来，掸去灰尘，晒晒太阳，便可重新穿上；北洋旧人，革命党新贵，愁苦不堪，总不能西装革履去“朝圣”，只好跑旧货铺。旧货铺的旧衣冠脱销了，聪明之辈，便偷偷地而且是匆匆忙忙地跑进戏班……

总统府中改制了，秘书厅改名为内使监，因不合时令退居天津养老的刀笔阮忠枢重新启用。第一件事便是为登极大典草拟诏书。

是日，人们从一大早起，便簇拥着朝中南海居仁堂走去——登极大典因故不在紫禁城中的太和殿举行，而是在中南海的居仁堂。

那一天，袁世凯没有龙袍加身，也没有皇冠罩顶，而是穿着大元帅服，光着脑袋。人们猜疑了：袁世凯的元帅服是有帽子的，帽子上饰有叠羽，威风着呢！但据内侍人透露，袁世凯本来是戴着元帅帽了，对镜端详时，忽然发现绿色颇重，脱下了。

大典司礼官是干殿下段芝贵，他在散乱的人群面前大声宣告：“皇上有令，大礼从简。只需三鞠躬，一切从免！”接下来，新皇帝便宣诏：

“……君主立宪，乃国民一致所求，中华帝国皇帝业经选定，不免会有奸宄违反民意，作祟胡为。现诏示全国，若有人敢反对洪宪皇帝，必加严惩不贷！”

“完了？！”人们惊讶了，“连句‘奉天承运’的官套也没有？”诏示不明，大厅中乱了：有人行鞠躬礼，有人行跪叩礼，有人撅屁股，还有人在胸前合十；穿西服的撞着穿朝服人的头，穿马褂的踩着穿便服人的脚；穿朝服的尚未扯起袍衿，穿西服的已经碰落了他的纱帽，穿朝服的竟失声“哎哟”起来……

袁世凯顾不得大厅里如此“热闹”情景，仍在一字一句，有气无力念诏书。直到最后，胸才挺了挺，用浓重的河南方言宣布：“承受帝位，改元洪宪！”

读完诏书，他站立着，等待大厅里山呼海啸般的“万岁”呼声呢。但是，最后，他失望地瘫坐在龙座上。

袁世凯在北京举行登极大典的时候，在北京的段祺瑞却不去参加。他缩在袁世凯赠送给他的府学胡同公馆中，连门也不开，仿佛北京城什么事情也没有发生。段祺瑞很平静，中国大局变化的主动权似乎全在他手中，他有能力操纵它，左右它。早几天，他离开上海的时候，他和徐树铮除了商量决定制造舆论，主动进攻“筹安”一伙之外，他们还商定了一件事——

“万一袁项城非登极不可怎么办？”段祺瑞做退一步想，他问徐树铮。

徐树铮毫不含糊地说：“不是万一，而是笃定。袁项城非黄袍加身不可！”

“他果然那样做了，我便再一次联合将军们发通电，反对！”“这个衔你不能领。”徐树铮坚决地说，“咱们不同他合作，是坚定的。”“为什么，难道他会比小皇帝还坐得牢？”

“不是这个意思。”徐树铮说，“天下谁人不知，你跟项城有生死之交，你领衔反他，有两个可能出现的结果：第一，项城恨你，一切交情都断绝了；第二，别的将军会考虑‘你合肥反项城，是真是假？’不一定会响应。”

“那你说该怎么办？”

“我想，这个通电由冯华甫领衔，至少他得联名。”

段祺瑞连忙摇头，说：“冯国璋？他不干！早些时他还领着小老婆到北京。你知道他小老婆是谁吗？”不待徐树铮答话他又说：“是袁项城的家塾教师周……周道如！”

“我知道。但这是两码事。”徐树铮说，“冯华甫到北京就是去劝阻袁项城，不让他当皇帝的。”

“什么劝阻？”段祺瑞摇摇头。“冯华甫明明对他说，‘南方对于改革国体，并非不赞成，只是时间问题。’还说，‘将来天与人归，大总统虽谦让，恐怕推它不掉的。’你听，这算什么劝阻？”“正因为如此，才得让冯华甫领衔。”徐树铮说，“冯反袁了，袁才明白形势严峻。到时，戏就好看了。说不定项城要上咱的门。”“只怕不会做到。”“我自有办法！”

就在段祺瑞返回北京，袁世凯尚未登极这个间隙，徐树铮在他的原籍——徐州府萧县醴泉村为他二十年前去世的祖母和九年前去世的父亲举行了一个隆重的安葬典礼，遍请各地军政大员，好不热闹！就在出殡之时，徐树铮把冯国璋给袁世凯告密、袁世凯又给了段祺瑞作为拉拢的信密告了几省督军，并放出言语：“冯华甫只有在反帝制问题上有个明白的态度，国人才会谅解他。否则，他将同袁一起毁灭！”还说，“合肥打算同冯和解，但要看冯有无行动？”

这些话很快传到冯国璋耳中，他先是大怒：“袁项城真不是个东西，廉价就把亲信出卖了！”接着又是大惊：“本来同合肥已貌合神离，如此一来，岂不成了仇家。”

就在徐树铮埋下的这条伏线明朗时，袁世凯登极了，而徐树铮一手炮制的“将军通电”电稿到了冯国璋面前。冯国璋没有退步了，他只好在通电上签上名字。袁世凯登极不久，蔡锷护国军北上，长江以南各省纷纷独立；一个由江西、浙江、山东、江苏、湖南等五省军界首领联名给袁世凯发了一个通电，以十分强硬的口气要求袁世凯，“速取消帝制，以安人心！”人称此举为“五将军密电”。

段祺瑞再次佩服徐树铮的运筹。“又铮，足智多谋。”

一天，原总统府文官长夏寿田急急忙忙来到段公馆。段祺瑞迎他到客厅，热情地招待这位不速之客，他心里却在嘀咕：这位文官长是奉命来的，还是个人行为？不知要交代什么？于是，便开口直问：“寿公无事不登三宝殿，还请面谕。”

夏寿田微笑，点头，说：“大事并无，只是上头甚惦记芝老，又不得脱身，故让我来看望。”

“大局都定了，是不是要我段某人再做点什么奉献？”段祺瑞朝坏处想了，“我段某人只有头颅一颗了，别无他物！”

“芝老误会了。”夏寿田说，“一定有一些传言到了这里，完全是胡说八道，芝老切不可轻信。”

段祺瑞也顺着话题说：“无风不起浪呀！”

“芝老且不可误会。”夏寿田说，“项城前日还狠狠地骂了大儿子一顿。说，‘你姐夫对帝制有意见，他不是以兵而是以口。我听说你在外边对他有不利的行动，应赶快停止。他是我们家里至亲，现在事还没有定，我们内部就这样，将来更不堪设想了。’这话是项城亲口说的，芝老要相信。”

“这么说，寿公是来给我‘定心丸’吃的了？”

“也不全是。”夏寿田说，“不是奉命，是我有个不成熟的个人浅见，特来跟芝老商量。”“请讲。”

“大典之后，举国动荡，南方尤甚。不作态度，似乎很难平静。”夏寿田说，“我想给项城献策，仿照英王兼五子国大皇帝例，袁就以大总统兼满蒙大皇帝，蒙藏一切不改现在册封，借此下台。芝老以为如何？”

段祺瑞皱着眉想想，说：“你的主意相当高明，恐怕不易接受。”夏说：“项城很明白，可惜为群小包围。现在云南已经起事，我的办法也许会有作用。”

段祺瑞只淡淡一笑，便不再论它——不久，便听说此见行之不通。段一笑了之。但夏传来的一段语言，却给段带来了一丝温馨。正是北京城中流言沸腾的时候，徐树铮从上海回到北京来了。来就来吧，他偏偏制造了一种声势：事先通知了朋友、旧部，都跑到前门车站去欢迎，然后，从火车站到他住的铁狮子胡同，一路拥塞，声声张张，并在家中设了盛宴。仿佛像迎接一位凯旋的将军一般。

这种场合，段祺瑞不能不来。来是来了，但却并不兴奋，浓眉一直锁着，眼神也不足，更少言语。直到徐树铮送完了宾朋，他才把他拉到面前，说：“又铮，今日这样做，我心里总有点不扎实。”“有什么不扎实？”徐树铮问。

“我去西山，你去上海，都是为了避开项城的耳目。他登大座，咱们不入，也是故意避开的。何况，他早有查办你的打算。我觉得避唯恐避之不密。你这样大张旗鼓地进京来了，又是让人迎，又是摆宴席，岂不是有意告诉项城‘我们回来了！’他果然恼羞成怒，闹出事来，可怎么办呢？”说这番话的时候，段祺瑞心情十分沉重，脸上也阴沉沉的。这段时间以来，他一直在这样阴沉沉的氛围中。

徐树铮不那么阴沉，无论在上海还是回到北京，他都比较轻松。仿佛正在发生着的国事只是一场逢场作戏，是一场儿童玩耍，或者是一场离奇的梦，眨眼就会烟消云散。他微笑着聆听段祺瑞的忧虑，然后微笑着对他解释：“看形势发展吧。我总觉得目前形势对咱们有利，而且是十分有利！袁项城果然把咱们忘了，那是他的不幸，却更是咱们的不幸。我这样声张，其实是给他提个醒，让他不要忘了咱们。”

“这又是为什么？”

“你不必担心，事情演变下去，你自然会明白。”

段祺瑞紧锁着的眉宇丝毫没有舒展，他估摸不透形势会“演变”成什么样子，厄运的阴影一直笼罩着他。

晚上，段祺瑞没有离开铁狮子胡同，他想和徐树铮一道再推测演变的未来。徐树铮却带着妻妾一定要同段祺瑞打牌，而且几乎打了个通宵。

大典之后，袁世凯没有过分地兴奋。他盼望着做皇帝，真的做了皇帝，好像还不如盼的时候令人陶醉呢。所以，大典完了，他却变得沉默、忧郁起来，不仅龙袍没有穿，元帅服不穿了，连长袍马褂也不穿，却换上一身黑色呢制服。那制服是矮立领的，有四个暗兜；他脚上穿着黑色短筒皮靴，是羊皮衬的里，靴子两旁嵌有两块马蹄形的松紧带；头戴一顶四周吊着貂皮、中间露出黑绒平顶的皮帽——这几乎是他终生不变的冬装了，如今当了皇帝，还是如此。

袁世凯兴奋不起来呀！登极大典，旷古盛事，可是，他的肱股“北洋三杰”竟连一个也未到场！云南起事，全国响应，这还在预料之中，历朝历代，都是这样，不经风险是夺不得大位的。不过，“五将军密电”完全出乎他预料，五将军中有冯华甫，更出乎预料。娘的，冯华甫就曾逼着我就大位。出尔反尔，今天又逼着我“速取消帝制”。算什么人？他又觉得这不是冯华甫的本意，一定为人所利用。他决定派段芝贵去南京探探虚实。

段芝贵去了，回报他的消息千真万确，冯国璋说：“如此大举，岂可儿戏！我是为了国家民族和项城本人的利益才这样做的。”一切都无望了，袁世凯最后把目光落在段祺瑞身上。“香岩（段芝贵，字香岩），”他呼着身边唯一走动的人说，“我决定了，想尽一切办法，请芝泉出来担当重任。”“你决定了？”袁世凯点点头。“他会应诏？”“你去请。”“不出山呢？”“我去。”

段芝贵心跳了。袁项城呀！你这个皇帝当得也真够可怜的了！他还是说：“芝泉同陛下，无论公私，都是无话可说的。只是近年来，一些事不够相通。自从免了徐树铮的职，你们的关系更不如前了。芝泉隐居西山，实际是对你有成见的。目前成见未解，只怕他不肯轻易出来。”

袁世凯想了想，觉得段芝贵的话还是留有余地的，成见何是从免徐树铮起，组织模范团已见裂痕了，只是尚未摊牌而已。现在，再提那些事不是为时已晚了么。袁世凯只好无可奈何地叹息着，说：“段芝泉总不会眼睁睁地看着别人杀了我！”段芝贵又问：“你想怎么用他？”“让他就任国务卿！”

段芝贵心一跳：下大赌注了！但却说：“不知合肥有何打算？只怕那个‘小扇子’对他钳制太大。”“你说徐树铮？”“是他。”

“他早隐居上海去了。”

“不！”段芝贵说，“徐树铮回到北京来了，并且还是耀武扬威回来的。”于是，把徐树铮回北京的情况细说一遍，又说：“‘小扇子’这般动作回北京，不知有何打算？”

袁世凯想了想，说：“那好，既然徐树铮也在北京了，那就一起请出来吧。”

“就怕此人再惹麻烦。”“现在顾不得那么多了。”段芝贵做起了说客……北京又到了春天。春天一切都复苏了。人也精神。段祺瑞跟“钦差”段芝贵在密室里谈了许久，情绪激动，心也慌张，喜一阵、闷一阵，到头来，却一个可否的字也没吐出。“这样吧，大总统的意思我懂了，至于说我怎么办，容我再想想。如此大事，进退心中都得打个谱。你看如何？”

段芝贵觉得言之有理，也只好答应。

其实，段祺瑞哪是什么再想想，而是要去找他的“军师”商量！段芝贵前脚走了，段祺瑞后脚就坐着马车去了铁狮子胡同。他在徐树铮的小客厅里尚未坐稳，便大声喊道：“又铮，又铮，你有神仙般的妙算。佩服，佩服！”

“何事如此欣喜？”徐树铮一边倒茶，一边问。“找上门来了。”“谁找上门来了？”“袁项城。”“何事？”

“袁项城差段香岩风风火火地去找我，说这些天‘项城想你想得发疯，已经决定了，让你做国务卿。无论如何你不能不接受’。终于有这一天了。你推测得一百个对！”“你答应了？”徐树铮有点惊讶地问。段祺瑞摇摇头，说："特来同你商量。"

徐树铮淡淡一笑，说："袁项城山穷水尽，又四面楚歌了，他自然想起你。若是举国上下皆山呼万岁，怕头一个遭难的就是你！"

"我懂，我懂！"段祺瑞说，"你以为我要当国务卿高兴？屁！我才不稀罕那个官呢。我觉得你有能耐，就像袁项城肚子里的虫，猜他猜得百准。"

"你是不想接受国务卿这个职？"

"我段芝泉是个堂堂的将军，不是谁家的看门狗：一瞪眼就夹着尾巴跑得远远的；给块烂饼子就摇着尾巴偎上来！他当洪宪皇帝那阵子，我死了他才顺心；现在，江河都反了，他日子不好过了，这才想让我出来当国务卿。什么国务卿？挡箭牌，替死鬼！我不是三岁的孩子，不上这个当！"

"决定不干了？"徐树铮有点吃惊。"决定了，不干！"

徐树铮马上板起脸来、摇头。"错了。错得十分厉害！""啊？"段祺瑞心里一冷。"错在哪里？""错在不出任国务卿。"

"又铮，你这是什么主意？"段祺瑞说，"你我是共同表过决心的：'决不与项城合作！'今天为什么？"

"此一时也，彼一时也。"徐树铮说，"当初咱们决心不同他合作，是对的；今天同他合作，也是对的……""这……这……"

"这不是危言耸听，是事实。你瞧瞧，袁项城当皇帝，成了众矢之的，八方英雄齐出动，四海能人齐显威风。鹿死谁手，尚难见底。但人人想猎鹿，这是事实，因为谁猎到鹿了，谁就是英雄！假的也是真的。""你说怎么办？"

"出任国务卿！与其闲居受制，不如居高制人！"

"对呀！"段祺瑞恍然大悟。"对，要居高制人！"他又说，"你怎么办？""现在不是该想我的时候，"徐树铮说，"该想的是怎么出山，要打出一个旗号。""什么旗号？"

"要袁项城取消帝制。"

"……"段祺瑞张了张嘴，没有说话。

徐树铮轻松地笑了："你不是缔造共和的英雄么，为什么不能当维护共和的英雄？"

"我明白了！"段祺瑞站起身来，一边往外走，一边说，"我明白了！"

第二十章
袁世凯是个短命皇帝

北京，中南海。

洪宪新兴，没有给这片殿台楼阁布置有序的皇家园林增添光彩；化雨的春风，并不会使这片大内禁苑焕然；就连新皇帝驻跸的居仁堂，也是一派萧疏。

人逢喜事为何精神也不爽了？！

袁世凯自从登极之后，便没有一天“睡醒”过，他的体力和精神都明显地疲惫，话也懒得说。那一天，他派出段芝贵去请段祺瑞之后，好像吃了点“兴奋剂”，可是，只像流云似的，一飘忽就消失了。

袁世凯无法兴奋，一份“五将军密电”，直逼得他想死。他捧在手中，却压得心头，连呼吸都十分困难——

那是 3 月 19 日，直隶巡按使朱家宝偷偷地跑进中南海，长跪在袁皇帝膝下，呈上了这份密电。袁世凯还以为是“效忠信”，接过一看，原来是要求他“取消帝制，惩办祸首，停止军事行动，召开南北议和会议”的“逼命书”。他的头脑顷刻便膨胀起来。好大一阵之后，他才看看署名，一见是宣武上将军、督理江苏军务冯国璋，泰安将军、督理山东军务靳云鹏，昌武将军、督理江西军务李纯，兴武将军、督理浙江军务朱瑞和靖武将军、督理湖南军务汤芗铭五人，便大骂：“反了，反了！这都是我用心培养出来的北洋大将呀！”骂了一阵之后才问朱家宝：“这个通电怎么到你的手的？公开发出了吗？”

朱家宝先是摇摇头，然后说：“尚未发出。冯华甫觉得五人联名声势不大，才用五人名义密告各省将军，争取联名的。”

袁世凯明白了，他觉得此刻最大的忠臣便是朱家宝了。这个首先称臣的将军始终忠心不移，实在难得！他忙将朱家宝扶起，“快坐，快坐！坐下说话。”

当段芝贵从南京发回核实的电报之后，袁世凯才彻底明白众叛亲离了，他哭了。“我祖上两辈先人，都没有活到五十九岁，我今年五十八岁了，恐怕也活不过五十九岁这一关。”人之将死，其言也善！

袁世凯这才想起怕与他争兵权的段祺瑞，才让段芝贵去请……段祺瑞终于来到了中南海，来到了袁世凯面前。这是一次十分微妙，而又甚为尴尬的相会。

那一天，气候还算宜人，微风拂动着嫩柳，池面漾起了轻波，新绿草坪间羞怩地开放着小花，枝头传出悠悠的鸟鸣。

在居仁堂的小会客室里，袁世凯还是那身黑色制服，但却光着脑袋，额角虽然还显得宽阔，明显得憔悴了，眼神无兴，精神疲惫。见到段祺瑞，只深情而又颇为伤感地叫了声“芝泉”，便示意让坐。

段祺瑞便装长衫，戴顶黑色礼帽。见袁时，礼帽扣在手中，恭敬地鞠了个躬，然后问了声“大人身体好！”便坐在一旁。此情此景，犹如袁世凯初丧考妣段来吊丧一般，不胜忧伤。

在场的段芝贵此刻显得颇为潇洒自如——他是干殿下，是袁世凯的义子，算起来与段祺瑞也是同族，更是此次相会穿针人，所以，他竟以是主又是宾的身份走动在二人之间。“你们翁婿二人风雨共度了几十年，戎马倥偬，无暇从容畅叙。今日难得机会，好好谈谈，我去准备酒宴。”袁世凯冲他摇摇手，似有赶去之意。

段芝贵走出之后，段祺瑞先开了口。“芝泉近时总是病病灾灾，精神振作不起来，故而，少来问候。”

“我知道，知道。”袁世凯说，“不怪你。我也是事务繁冗，你知道的。该去看你，只是想着而已。”

两句应酬之后，段祺瑞怕把事扯偏了，又怕袁世凯出尔反尔——袁世凯是个不守信用的人——段祺瑞了解他，便开门见山而又颇感慨地说：“香岩日前去见我，对我讲了一切。当时，我甚为难：其一，怕辜负大人（他不称陛下，也不叫总统，而称大人，以示关系非同寻常）栽培和希望，有负重托；其二，懒于政事，意在隐退，不想再有作为了；其三……但又怕大人误以为段某也背离了你呢。所以，我还是答应了。现在，怕只怕胜不了大任。”

袁世凯摇着手，说：“别说这些话了，你是谁？我还不了解。平时咋着都行，现在，困难当头了，能够患难与共的，也只有寥寥几人了。你，能够了解，能够支持我的。”说着，袁世凯伤感地叹息一声，又说：“除了你，还能有谁呢？！”说罢，袁世凯便拿出手帕，轻轻地揉眼——他像是流泪了。

段祺瑞见袁伤感了，心顿时有点乱。

他产生了同情感：项城不容易，我得支持他，他毕竟创了一番大业！

他又想起了昔日的交恶：袁项城野心很大，又独裁，我得提防他。

思索有时，才说：“大人，据我所见，今日一切不顺，仍缘于改制。”——他不说帝制，只说改制——“共和大潮，深入人心！若能顺情而为，想诸事皆会通融。”袁世凯头疼了——他最忌讳人谈帝制事。段祺瑞虽改了口吻，却仍提出帝制。他叹息了，叹息之后想说什么，尚未开口，段芝贵进来了。他一切都明白似的说：“芝泉所谈，自然也是大总统关注之事。昨日大总统还说，要重新征求各方意见，再做决定。”

段芝贵说话时，袁世凯点了几点头，段祺瑞明白，段芝贵所言，袁世凯默认了。于是，便说：“只要此事解决了，一切不顺都会顺畅起来。”他本来还想再将一军，问个究竟，但怕太急了，则达不到目的，便改了话题说：“刚刚大人说目下无人可用，我身边有个人，正想向大人推荐一下。”

袁世凯一听，就知道是徐树铮，虽说并不喜欢，也还是说：“关于又铮的事，我想过了，当然不会让他闲着。容我想想去处，再告诉你吧。”

段祺瑞一听袁世凯说了个推托话，便不高兴。真想再来一次不出山相违。但还是软里藏硬地说：“我是想让又铮做我的秘书长，此人我相信，他会把事情办得妥帖的。既然大人尚未决定，也就暂作罢了。又铮现在北京，回去我就派人把他送走，免得再生是非。”

袁世凯一听段祺瑞又要摊牌了，忙说：“芝泉，你怎么能这样想呢？更不必那样做。你还不知道，当初在济南府，我对树铮便是极其信赖的；来京之后，我仍然偏护他；免去树铮职也是不得已为之。可我，却久存‘斩马谡’之痛！如今，痛定思痛，树铮是你的臂膀，当然由你安排了。你若觉得他做秘书长合适，当然不成问题。”袁世凯又对段芝贵说：“香岩，回头去告诉张国淦（张国淦，总统府秘书长。总统虽改为皇帝了，总统府部分机构名称仍留，人马未动，总统府秘书长还是暂行着行政大权），树铮的任命事，让他抓紧办理。”他转身又对段祺瑞说：“芝泉，这样行不行？让树铮暂就副秘书长职。不过，秘书长一职就不再安排人了。”

“一切听从大人安排。”段祺瑞出任国务卿了，徐树铮任国务院副秘书长，代行秘书长职。北京的天气一直阴沉沉的，几日不见太阳，几日也没有下雨。由于冬旱连着春旱，风起时，总裹着沙，风大沙大，风小沙小；街巷之中，一天到头迷迷蒙蒙的。

北京人就怕这样的春旱；更怕春后夏旱。

段祺瑞 4 月 22 日从徐世昌手中接来国务卿职的。那一年，他五十二岁，体壮，精神也饱满，正是他施展才华的良好机会，他想好好地干一番事业。上任第二天，即 4 月 23 日，即着手把几个主要部的总长调整一下，令陆征祥为外交总长，王揖唐为内务总长，孙宝琦为财政总长，刘冠雄为海军总长，章宗祥为司法总长，张国淦为教育总长，金邦平为农商总长，曹汝霖为交通总长。去年 5 月他因“病”去西山休养谢去陆军总长职的，袁世凯答应他“如有军务重要事件，仍随时入内会议”，并且只让王士珍署陆军总长。现在他不养病了，并且做了国务卿，陆军部总长自然要还给他，段祺瑞失去将近一年的军权重又收回，更在总长之前冠一个“兼”字，以显职权更大。

段祺瑞毕竟在决斗场上摔过跤，走起路来谨慎了。做了一些表面上的安排之后，他便依然半隐下来，说是“由徐树铮去操理日常的事务。”

徐树铮也在半依半就，每日晚出早归，有时便不到公府。

原来他们在等待一个事情的落实——那就是袁世凯取消帝制。段祺瑞、徐树铮都不想承担“做洪宪皇帝的官”这个臭名。

一天晚上，段祺瑞把徐树铮请到府学胡同，问他“这些天来在干什么？”徐树铮捧着茶杯，却唱起来了：“无人欣赏，自家拍掌，唱得千山响……”

段祺瑞笑了。“有人说你正为去掉‘副秘书长’的‘副’字在努力，原来并无此事。”

“您说错了。”徐树铮说，“确有其事。只是不在今天。”“在何时？”段祺瑞问。

“慢慢等吧，姑且念叨着。”徐树铮说，“时间到了，不争也会来。”“你不焦急？”

徐树铮摇摇头，说：“国情非常明白，一旦大厦倾倒，帝制这笔账就得算。可以断定，今天帮袁办的事越多，明天头上顶的罪越大。”“我们不该去争那个国务卿。”

“这是两码事。”徐树铮忙解释，“争取国务卿，令袁项城悖了前令，他认错了，下一步棋咱们好走了。但却绝不按他帝制去定。”

“我请你来就是为这事。”段祺瑞说，“取消帝制，我当面对项城说了，他是不甘心的，但也无可奈何。只是尚不见行动，只怕他对咱们的意见，也不会认真。”

“不，很认真。”徐树铮消息灵。于是，他把袁氏宫中的动向向段作了介绍——

袁世凯冷静了几天，觉得帝制是不能自保了，他决定退一步：宣布取消帝制，蔡锷必须罢兵，而后，维持其大总统地位。

可是，反袁反帝的怒潮毕竟太大了，袁世凯也知道国人对他的好恶，他担心帝制取消了，总统保不住，鸡飞蛋打，两手空空！为此，袁世凯匆匆给徐世昌、黎元洪和段祺瑞三人各写了一封长信，让他们以不赞成帝制的中间派身份出来周旋，以达到其目的。段祺瑞的这封信就被徐树铮给扣下来了。所以，徐树铮敢肯定地说袁世凯对取消帝制很认真。

“我把信给压下了。不是不想让您看，是不想让您出面周旋。”徐树铮说，“这事是‘筹安六君子’惹起来的，项城完全可以让他们出面去收拾。”

“由他们出面？！”段祺瑞摇摇头，“连冯华甫等人的密电都要求‘惩办祸首’，祸首是谁？六君子跑得了？”“这么说，老总愿意出面周旋了？”段祺瑞还是摇头。

“那就好。”徐树铮说，“一切周旋都得放到取消帝制之后。否则，我们白白努力。”

段祺瑞这才连连点头。

徐树铮把袁世凯的亲笔拿出来，交给段祺瑞。又说：“项城希望您参加3月21日下午在公府举行的紧急会议。”段祺瑞接信，问：“去不去呢？”

“去！”徐树铮说，“送信人还有口信，说‘上头有话，请看多年的老交情，务必到会。’您不去好么？去归去，态度不能变。”

段祺瑞按时来到中南海，出席袁世凯主持的、像当初隆裕太后主持的御前会议讨论退位一样的会议。

天阴沉沉。

整个中南海阴沉沉。

参加会议的每个人阴沉沉。

仿佛要响一个沉雷，落一场暴雨！

会场寂静得死一般，只看见脑袋看不见脸膛。仿佛这里聚会的是一群没有长脸膛的动物。袁世凯怀着一种愤怒、一种无可奈何先开口，说了一通几乎是背文稿的退位官话，又坦露一番自己如何胸怀民族、报效国家的襟怀，然后，叹息着，有气无力地说："帝制取消了，他们的目的达到了，总该罢兵了吧？如果还不罢兵，他就理屈了。到那时，诸位要明白，我就要用兵了。"

形势如此，还忘不了穷兵黩武！垂下头的大员们暗自发笑。"有兵可用，何不保住千辛万苦赚来的皇位？"没有人响应，那片脑袋好像都是凝固的。

袁世凯把目光投给徐世昌。徐世昌没有回避得过，仓促地说："是的，是的，帝制取消了，是该罢兵了……"袁世凯还想听下言，但徐世昌敛口了。敛口的同时把脸也背过去。

袁世凯把目光投给段祺瑞。段祺瑞没有回避，也没有仓促开口，但却是一字不变地重复徐世昌的言语："是的，是的。帝制取消了，是该罢兵了……"

袁世凯把胸脯一挺，几乎要骂人了。可是，他只怒目望望段祺瑞，却很快又把目光投给黎元洪了。

辛亥之后，黎元洪由于处在一个中间地位，似乎对谁都是笑脸；对于袁世凯也是如此。当皇帝，他默认；不当皇帝，他还默认；云南起兵，他无动声色；出兵征剿，他仍然无动声色。就凭这一点，袁世凯对他便有了好感，不像段祺瑞那样，拆他的台。现在，形势紧了，袁世凯多么盼望黎元洪不再沉默，能够明明白白地表示支持他，也好改变他孑然一身的孤独感。

黎元洪使他失望了，当他把目光投给他的时候，他只报以哑然一笑，一笑便再无表情。

袁世凯失望地望望会场，会场依旧冷落，再细看看，除一群老朽之外，平时身旁跳动的六君子、十三太保也大半不在了。山穷水尽了！袁世凯摇摇头，长叹息。徐世昌终于又开了口："大总统改过不吝，众所共仰，似毋庸疑议了。就如此办吧。"

袁世凯声音有点沙哑地说："菊人（徐世昌号）、芝泉是我老友，往事休提，今后仍须借重大力，共挽时艰。"

段祺瑞也凑过来说："大总统尚肯转圜，祺瑞何敢固执，善后事宜，惟力是视便了。"

1916 年 3 月 22 日，袁世凯发布申令，宣布撤销帝制。这个申令在说了一大串不得已做皇帝，现在形势又迫他不得不撤销帝制诸道理之外，最后还是表明了心迹：

> 万方有罪，在予一人。今承认（帝制）之案已经撤销，如有扰乱地方，自贻口实，则祸福皆由自召，本大总统本有统治全国之责，亦不能坐视沦胥而不顾也。

他终于表明自己皇帝不当了，还是"大总统"。呜呼，袁世凯从承认帝位起到撤销承认帝位止，一共是八十三天。皇帝梦只做了八十三天，可谓短矣！

袁世凯不作皇帝了，这仅仅是解决问题的一步，还有许多具体事怎么办？为帝制问题，袁世凯早已从国库移资六千万大洋，两千万作大典筹备用，三千万杂支，一千万准备登极犒军。现在除犒军的一千万尚未用出，其余五千万基本用光。此项巨资除挪中国、交通两银行外，基本是借内外债。这笔款项的抵补，当然落到段祺瑞这个国务卿身上。银从何来？段祺瑞不能不愁。

袁世凯不当皇帝了，西南的护国战自然可以停了，但和谈停战此一重任也落到段内阁头上。段祺瑞和徐世昌商量，拟定了六条件与南方议商和解。这六条是：

> 一、滇、黔、桂三省，取消独立；
> 二、责令三省维持治安；
> 三、三省添募新兵，一律解散；
> 四、三省战地所有兵，退至原驻地点；
> 五、即日为始，三省兵不准与官兵交战；
> 六、三省各派代表一人来京筹商善后。

南方反映及时，谓“如欲求和，应由中央承认六大条件”。也是六条：

一、袁世凯于一定期限内，可贷其死，但必驱逐至国外；

二、依云南起义时要求，诛戮附逆之杨度、段芝贵等十三人，以谢天下；

三、关于帝制之筹备费及犒军费约六千万，应抄没袁世凯及附逆十三人家产赔偿；

四、袁世凯之子孙，三世剥夺公权；

五、袁世凯退位后，即按约法，以黎副总统元洪继任；

六、文武官吏，除国务员外，一律仍供旧职，但军队驻扎地点，须听护国军都督之指命。

去六条，来六条，对等交易！两个六条怎么融为一个？段祺瑞犯愁了。于是，一个马拉松式的议和谈判，从此开始了……

谈判无进展，各省又在继续独立：进入 5 月以来，陈宧在四川独立了，陈树藩在陕西独立了，汤芗铭在湖南也跟着乃兄汤化龙独立了，连袁世凯最心爱的“喜儿”——唐天喜也被湖南一霸赵恒惕用三十万白银收买过去，反戈一击把袁的六师消灭、杀了师长马继增……噩耗一天几次传来，袁世凯病入五脏六腑，再也起不来了。

袁世凯病入膏肓之际，呻吟着把段祺瑞和徐世昌叫到面前。他是想交代一些什么重要的事，可是，他没有那个精神了，只是拉着两人之手，拉得紧紧的，久久不放。最后，把大总统印托出来，交给徐世昌，有气无力地说：“总统应该是黎宋卿的。我就是好了，也准备回彰德去了。”说完，便闭起目来。袁世凯死了！

那是 1916 年 6 月 6 日，他五十八岁。

第二十一章
遗言是祸根

袁世凯将死，段祺瑞估计到了。但他没有估计到会死得这样快。袁世凯这样快死了，段祺瑞倒是慌张起来。

袁世凯交代由黎元洪继任大总统时，段祺瑞亲耳听到了，他铁青着脸膛，一言不发，心里却七上八下：为什么要黎元洪作大总统呢？对于遗嘱什么人当大总统，段祺瑞就不赞成，皇帝世袭，大总统还世袭吗？共和是按约法办事的，怎么能凭一个人说了算呢？一想到约法，段祺瑞更来气了：旧的《临时约法》是规定了“总统不能行使职权时，由副总统继承总统”。可是，这个《临时约法》不是被你袁世凯命令废除了么，你何时又恢复它了？

段祺瑞想到实力，想到影响，想到袁氏天下他的功劳，他都认为袁之后的大总统非他莫属。关于总统后继人的问题，段祺瑞想过，自从袁世凯有病起他就想过。朦朦胧胧的，有一点很明确，一定是北洋老人。天下是北洋的天下，来得容易么！段祺瑞对总统人选也有目标，那就是徐世昌、冯国璋和他三个人。“徐世昌，一介书生，撑不了天下这个乱局；冯国璋，胸无大志，偏安一片江南足矣。”唯他段祺瑞才有能力左右天下。

袁世凯断气之后，继承的问题刻不容缓。袁世凯是把总统大印和遗言一起托付给徐世昌和段祺瑞的。徐世昌几次窥视段祺瑞，却见他铁青着脸膛，一言不发，就知道他对袁世凯这个遗嘱不满意。徐世昌也锁起了眉头。

徐世昌毕竟老奸巨猾。他也想当总统，但自知不可能，他丢掉了幻想。

他想让段祺瑞出来当总统，然而，段袁关系之密，已为世人所知，护国运动就是反袁，南方绝不会接受段祺瑞这个总统，“后六条”已经说得明明白白，他们公开拥护黎元洪。而黎元洪，身居北京，和老段共事已久，虽非正宗北洋，也可算北洋势力的一个俘虏，让他当总统，来收拾残局，并不会对北洋有害。徐世昌手捧总统大印，思之再三，还是决定执行袁世凯遗嘱，让黎元洪出来做大总统。徐世昌小心翼翼地把意见说了个清楚，然后望着段祺瑞，说：“芝泉，这不过是我个人的意见，最后还是取决于你这个总理。你看呢？”

袁世凯死前一个月，已经把政事堂改为国务院了，段祺瑞这个国务卿也改称国务总理。所以徐世昌才管段称“总理”。

段祺瑞没有立即回答徐世昌的话，他的脸更铁青了，嘴巴紧紧闭着，眼睛也不睁。显然，他不想附和徐世昌的意见。房子里的空气立刻紧张起来，一双双目光投向徐世昌，投向段祺瑞，人们不知道会发生什么意外。段祺瑞沉默了许久，眨了眨眼睛，从绷得紧紧的嘴巴中吐出两个字：“很好！”说罢，转身便干别的去了。

黎元洪的继承总统问题总算定了下来，袁世凯死的当天下午，政府向全国发出了如下公报：

袁大总统于本日上午10时40分，以尿毒症薨逝，停柩居仁堂。遗令以副总统继位。

段祺瑞从中南海居仁堂出来，没有回家，也没有去国务院，而是匆匆驱车去了铁狮子胡同。他一进徐树铮的大门便大呼小叫：“又铮，又铮！”徐树铮迎出来，满面含笑地说：“什么事，看把老总激动的？”“袁项城死了！”段祺瑞点点头。“死了？！”徐树铮并不惊讶。“是死了。”

徐树铮看看段祺瑞，没有再说话，他只轻轻地点了点头，便锁起了眉——

在徐树铮心目中，袁世凯是一个多重性的人物，他不能算是大好人，有不少人诅咒他，接受日本人的“二十一条”，做洪宪皇帝，都不得人心；但是，袁世凯在中国这个特定的历史时期，还是笼络了许许多多有势力的人的，他能够从大清王朝到共和民国都能站稳脚，都有显赫的地位，包括诅咒他的人，也不得不承认袁世凯有本领。否则，中国那么多自称英雄的人为什么当不了大总统，更不用说当皇帝了。袁世凯当了八十三天皇帝，他毕竟当了，不服气，你们谁出来当当看，哪怕当一天？袁世凯死了，这个乱哄哄的中国一时怕还没人能像袁世凯那样统得了。徐树铮猛然产生了惜才之情。袁世凯还是不死为好！袁世凯毕竟死了，哪怕死得再可惜，也无法复生了。他留给中国的，是一个四分五裂的烂摊子，徐树铮还看不出谁有本领拢这个分裂——包括段祺瑞。所以，他沉思不语。

段祺瑞不想这些，他不愿意想，也不曾想到。他想的是权落谁手？见徐树铮沉默不语，他还以为他也在盘算权落谁手呢。"又铮，项城死了，他这一生算是结束了。中国人骂皇帝也骂累了，我看，现在该轮到咱们光彩光彩了！"

"怎么光彩？"徐树铮不动声色。

"这不明摆着么，"段祺瑞说，"天下是北洋派，咱们得取而代之！"徐树铮淡淡地笑，轻轻地摇头。

"怎么样？"段祺瑞有点惊讶！"你说咱们不行？""不是不行，是不到时候。"

"哪一天是时候？"段祺瑞说，"难道咱们东奔西闯这些年，到头来只为别人忙？那样的话，咱又为了什么呢？咱们回家抱孩子岂不舒服！"段祺瑞终于把黎元洪接总统的事说出来。

徐树铮望着段祺瑞焦急的脸膛，不慌不忙地说："老总，黎宋卿当总统就让他当好了，咱们拥护他！""拥护他？"

"为什么不拥护他？"徐树铮说，"拥护，举双手拥护！""为什么？"

"因为中国太乱了！"

"正因为乱，咱们才得出来显示显示！"

"难！"徐树铮说，"还不是显示的时候，再等一段，会好些。""等到别人瓜分了，咱再去统谁？"

徐树铮知道段祺瑞迫不及待了，不得不把话说明白。他给段祺瑞泡好茶，让他坐好，这才说："老总，要说在中国该光彩的，谁也没有您有资格，当大总统完全够条件。可是，您看清了么，袁项城的摊子本来就是四分五裂的，他死了，分裂会更甚：直系冯国璋、曹锟，奉天张作霖，南方革命党，西南蔡松坡，就连山东的张怀芝、江苏的李纯、江西的陈光远、湖北的王占元，哪一家不是占山为王？哪一家又是省油的灯？此时此刻您接袁的总统，统了统不了？果然统不了，那样的总统当他有何意义呢？”

徐树铮从不说这么多话，任何事情，他都只点一点，说可否的决定意见。段祺瑞很欣赏他办事的利落。现在，他一口气说了那么多话，而句句都是有斤有两的，段祺瑞不能不慎重了。他对他的话认真琢磨着，觉得有道理：是啊！这些人我统得了吗？果然我宣布当总统了，他们一个一个都独立起来，我这个总统不成了空架子了吗？想到这里，他心里动摇了。“又铮，这么说，目下这个大总统，就得让黎宋卿来当了？”

“对，就让给黎宋卿。”徐树铮又神神兮兮地说：“老总，您得明白，黎宋卿的总统是咱‘让’他当的。这‘让’字，老总得把握住。”

“又铮，”段祺瑞还是犹犹豫豫。“我记得你说过，黎元洪是靠骂人起家的，只能算半个英雄。半个英雄当了大总统，国人会怎么说呢？”

“是的，我说过这话。”徐树铮说，“这意思今天仍不变，他的另一半是‘屠沽’。可是，这和他当总统是两码事。国务院是您的，陆军部还是您的，这军政双层权都不在他手。您说，是您说了算，还是他黄陂说了算？再说，让他出来应酬应酬当今之乱，看看各派混战情况，咱们也好做个长久打算，争取回旋的余地……”

“袁项城搞的总统制结束了，我要实行责任内阁制，一切权力归国务院。”段祺瑞终于和徐树铮思想统一了。“让黎元洪当总统！”于是，段内阁便即拟通电，致各省民政长官。

当段的内阁通电交给总统府秘书长张国淦过目时，张惊讶了！原来电文有这样一段文字：

> 黎公优柔寡断，群小包围。东海（徐世昌）颇为各方推重。第以约法规定，大总统出缺时，应以副总统继任，故依法推黎公继任大总统。

张国淦捧着通电稿，笑着说：“芝老，做人情索性做到底吧，不要让人家看了不痛快。”

段祺瑞笑笑，提起笔来，方将前两句删去。在发国务院的通电的同时，6 月 7 日，黎元洪在自己的私宅——东厂胡同举行就职典礼，并根据段祺瑞送给他的稿子接连发表了总统一、二、三号命令：

元洪于本月7日就大总统任，自维德薄，良用兢兢。唯有遵守法律，巩固共和，造成法治之国，官吏士庶，尚其共体兹意，协力同心，匡所不逮，有厚望焉！

现在时局阽危，本大总统骤膺重任，凡为政务，端资佐理，所有京外文武官吏，应仍供旧职，共济时艰，勿得稍存诿卸！

民国肇兴，由于辛亥之役，前大总统赞成共和，奠定大局，苦心擘画，昕夕勤劳，天不假年，遘疾长逝，追怀首绩，薄海同悲。本大总统患难周旋，尤深怆痛，所有丧葬典礼，应由国务院转饬办理人员，参酌中外典章，详加拟议，务极优隆，用符国家崇德报功之至意！

黎元洪总算当上中国的大总统了。会当成什么样子？天知道。

——黎元洪，一个名副其实优柔寡断的人物，继任大总统这一年五十二岁。此人一生，充满着神奇色彩：二十岁从老家湖北黄陂进入天津水师学堂，毕业后到海军服役，后来到北洋水师的“定远”舰当驾驶，又到“广甲”炮舰当大车。不知什么缘分，竟受到水师提督丁汝昌的器重。丁汝昌几次当着众人的面鼓励他：“年轻人，好好干，将来交给你一个舰队！”中日甲午海战，“广甲”舰在黄海大东沟战斗中被日舰击伤，逃跑中沉没了，官兵大多溺水淹死，黎元洪竟凭着一件救生衣在海上漂流十多天，奇迹般地活了下来，跑到南京，投了丁汝昌的好友、两江总督张之洞，弄了个狮子山炮台总教习的官干下去。张之洞也很器重他，调任湖广总督时把他带到武昌，升任他为军马队管带，竟有机会三次去日本考察。1906年清政府在彰德秋操时，黎元洪出了风头，他把在日本学到的新练军法的一套临操临战诀窍在五分钟内以五百字令词简意赅地说了出来，令所有的旧军阀目瞪口呆，被誉为“东南各省中，实堪首屈一指”的将才！说来又奇，那个著名嫉贤妒能的八镇统制张彪竟另眼爱上了黎元洪，秋操之后就任命他为暂编二十一混成旅统领，还让他兼武昌武备学堂校长。辛亥革命又给黎元洪一个奇遇，他躲在床下等死，却等来了被革命党拥护的大都督。就凭这，混上了副总统——从而有资格继任大总统。这也真算是有福不等自来。

黎元洪做了总统之后，心里最不扎实的，要算是对段祺瑞。他意料中，大总统继承人是段祺瑞。为什么他就答应把大位让给我了？黎元洪迷惑。合肥能够答应，那小扇子徐树铮怎么也会答应呢？

黎元洪的继位问题决定之后，正是他颇为惶恐的时候，段祺瑞忽然来访。他匆匆收拾客厅，热情相迎——他不知他因何造访？他不得不热情。宾主相见，段祺瑞竟礼貌地对着黎元洪鞠了个躬，黎元洪也还了礼。照礼俗，落座之后该谈话了，段祺瑞似乎也想谈，黎元洪也准备听。可是，段却没有开口，黎自然也听不到什么。相聚仿佛就是为了对坐，对坐一阵，段却站起身来，向黎鞠躬告退，黎起身送客。送走段祺瑞，黎元洪更糊涂了……

黎元洪应酬完了就任大事之后，躲进家中，把他的"四大金刚"之一金永炎找来，开门见山地说："找你来谈谈心思，解解谜。"

金永炎笑了。"谜就是谜，何必去解呢。解开了，就没意思了。"黎元洪身边有四个亲信，金永炎算是首席，此人能说会道，也称得上足智多谋，又有一副沉着的性子，素来办事比较稳妥。金之外，还有哈汉章、黎澍和丁佛言。这三人也堪称机灵鬼，常为黎出个小主意。这四人都想让黎即大位，以借着水涨船高！现在，金永炎坐在黎元洪面前了，黎元洪把他与段之间的神秘关系摆出来了，当然希望听听金的意见。

"到现在，合肥葫芦里装的什么药？我还不清楚。以后路怎么走？自然也难以定夺。"黎元洪忧虑重重说这些话。

金永炎望着黎元洪这副寡断的样子，心里好笑：你还当大总统呢，回黄陂抱娃子去吧！但是，他金永炎哪里盼他回家抱娃子，黎元洪果然走了，他怎么办？皮完了，毛何存？金永炎还是试探的口吻问："这大总统也有几种当法，软的、硬的、不软不硬的。不知大总统打算怎么当？"

"说具体点。"黎元洪说，"咱们可以权衡。"

金永炎说："要是软当总统呢，就当牌位，不问事。合肥不是叫着要实行责任内阁么，就让他去处理一切。""那我不成傀儡了？！"

"不当傀儡就干硬的。"金永炎说，"总理责任制就让他责任总理分内的事。大总统就得行使总统职权，凡属总统的大权，一分不让！"

黎元洪眨眨眼，想想，点着头说："我要做有职有权的总统！哪怕只做一天，也做得堂堂正正，绝不当傀儡！"

黎元洪把亲信们都找来，共同商量，要召开新的国会，要制订宪法。

这些天，段祺瑞忙，他得忙着为北洋之祖——袁世凯出殡。段祺瑞是北洋系无可争辩的继承人，他得好好地发送他的祖宗。无论昔日他们有什么隔阂，袁世凯一死，万事皆消，今天他都得这样做。黎元洪那里的消息，频频传到段祺瑞耳中，段祺瑞无动于衷，好像没有听到。段祺瑞从国库公致赙仪一百万元，以国丧的排场，为袁世凯身穿祭天礼服，头戴平天冠，像发送“大行皇帝”一样，6 月 23 日举行公祭，28 日由居仁堂出殡，京城内外各庙寺撞钟一百零一下，段祺瑞护灵车至河南彰德，葬于北门外五里处，墓前建一碑亭，由徐世昌手书“大总统袁公世凯之墓”九字。不久，北京政府又命王怀庆调兵二营长期守墓。

一切都处理停当，段祺瑞才回到总理府，认真思考他要实行的责任内阁制究竟该怎么制法。

北京城又变阴了。

第二十二章

想当再造共和的英雄

彰德出殡归来，段祺瑞的思绪颇乱，坐在自己的书房里，连先干什么后干什么也拿不定主张了。

国事太冗杂了，北京的，西南各省的，南方革命党的，既然打定主意推行责任内阁，这都是“责任”内事呀！他想把他手下的人都找来，商量个办法，拿出个主意。

正是段祺瑞要去请徐树铮的时候，徐树铮匆匆忙忙到府学胡同来了。

——徐树铮和段祺瑞一样焦急，他是责任内阁的秘书长，是总管，连总统、总理的事也要管，能不焦急！但他却忙而不乱，他觉得当务之急是如何把权统统抓到手，让大总统名副其实地空起来。

昨天，有人告诉徐树铮，说黎元洪已经决定了，马上要开国会，要制定宪法。黎元洪还大发雷霆地说：“什么责任内阁，不能凭他一个人说了算数，要请国会通过。国会不同意责任内阁，谁说了也不算！”徐树铮很气愤，他要设法让他黎总统开不成国会。

徐树铮坐在段祺瑞面前的时候，段祺瑞正在接待一位南方来的客人。经介绍，徐树铮认识他了——他叫张淡，是国中数一数二的棋手。棋界称他“南张”，和棋界称段祺瑞“北段”一样，是南北二位棋霸相会。徐树铮心里犯了嘀咕：火烧到房顶的时刻，老总还有闲情谈棋论艺？段祺瑞让人把张淡安排休息之后，才对徐树铮说：“我正想着人去请你。一些事得好好商量一下……”

“黄陂要开国会了，知道吗？”徐树铮开门见山。“知道。”段祺瑞并不在意地回答。

“他是要夺权的。”徐树铮焦急。“通过国会，拆散责任内阁。”“他还不敢。”

“怎么不敢？这几天，金永炎、哈汉章、黎澍等人频频出入总统府。行动诡秘，绝无好事！”

段祺瑞素来是易怒、易暴躁的，今日，却反常的沉着冷静。冷静得连徐树铮都有点吃惊。黎元洪要开国会的动议，段祺瑞在忙着为袁世凯送殡时就知道了，他曾对徐树铮说：“他敢开国会，我就发动议员免了他大总统！”徐树铮却摇着头说：“免总统，可不是一件轻而易举的事，得慎重。”段说：“到时候，我自有办法。”现在，到时候了，段祺瑞反而冷静了。徐树铮有点弄不清缘由。

“老总，形势迫在眉睫，您是怎么想的？我甚想知道一二。”“我的心情很乱。”段祺瑞直率地说，“摆在咱们面前有两个难题，顾此则必失彼，顾彼则必失此。求两全其美，我拿不定主张。”“说说看。”

“其一，黎元洪开国会，明显是对付咱们的。正如你说的，他要拆散责任内阁。我们要阻止他了，国会他开不成，责任内阁便不会拆散。可是，这第二，新的共和政府便无法诞生。那么……”

徐树铮恍然大悟——段祺瑞是缔造共和的英雄。段祺瑞不同意袁世凯当皇帝，也是为了维持这个荣誉；现在，袁世凯死了，段祺瑞要把这个大旗高高举起，这是他的荣誉驱使。他不积极反对开国会，原来也是为此。徐树铮半闭着双目，思索：“是的，得帮助老总想一个既保住荣誉，又不失权的彼此双全策略。”

“老总，这么说，我倒有了主意。”“什么主意？”

“促进黄陂开国会。”

“你是说，先把共和政府组织起来？”

“对！”徐树铮说，“这个旗无论如何不能让黄陂扛了去！”“对，开国会！”

1916年6月29日，北京召开国会，选举黎元洪为大总统、冯国璋为副总统，并制定了宪法。令段祺瑞意外的是：新组成的内阁竟是包括国民党议员在内的混合内阁！段祺瑞的鼻子又气歪了。

段祺瑞坐在国务院的办公室，一言不发，他仿佛感到让黎元洪开国会这步棋走错了。国会开后，黎元洪的权更大了。我咽不下这口气！大权无论如何旁落，也不能落在黎元洪手里，他算个什么东西！

徐树铮也没有估计到会有这个结果。一阵气怒之后，他盘算着警告一下黎元洪，让他知道"合肥是不会让权的"！

徐树铮去见段祺瑞，段祺瑞正歪着鼻子坐在那里。徐树铮站在段身旁，不经意地说："老总，这两天您跟张淡先生对了几局？"段祺瑞扭头看看徐树铮，没有说话。

徐树铮笑了，"张淡从南方北上，就是要同老总见个高低的，您得同他交战。"

"现在是啥时候？"段祺瑞摇着头，"哪里有心肠下棋。"

"有什么了不起的事？"徐树铮说，"黄陂想要抓权，不择手段，咱给他点颜色看看，让他明白权咱不放，不就得了！"

"怎么给他颜色看？给他什么颜色看？"段祺瑞心中没数，"难道要用兵？"

徐树铮摇摇头，说："我有办法……"说着，把自己的想法对段祺瑞说了一遍。又说："这事老总不必出面，由我去办，我看他会如何？"段祺瑞想了想，点头说："只有如此一试了，不行再想下步棋。"就在徐树铮准备给大总统点颜色看看的时候，段祺瑞的府学胡同发生了一件秘密的，但又极为反常的事件：一个叫西原龟三的日本人突然到来，并且一定要拜见总理。段祺瑞答应了，跟他作了长时间的、极为坦诚的交谈——

在会见西原龟三之前，谁都知道段祺瑞一直是以反日著称的，旅顺港修炮台，是对日的；中日战争，炮台毁于日军之手；段祺瑞留德归来到北洋水师威海卫港，教练炮兵还是对日的；后来日军从海陆两路进攻威海卫，段祺瑞作为一名军事教官亲自带领学生与日军作战，直至1915年日本向袁世凯政府提出灭亡中国的"二十一条"，作为中国政府的陆军部总长，段祺瑞依然主张强硬对抗……段祺瑞在国人心目中，是名副其实的反日派。可是段祺瑞怎么会接见一个秘密的日本人呢？

西原龟三是被寺内正义派往中国来见段的。寺内正义，原来是日本驻朝鲜的总督，此时他正在日本国内活动竞选下届总理大臣。西原龟三对段祺瑞说："中日之间，曾经发生过不愉快的事情，那是过去了。寺内君如果当政了，他会改变这种历史，愿与贵国亲善，并且会尽最大努力帮助中国。"

段祺瑞听着，微笑点头，说："日本因为我留学德国，故认为我和德国有着特殊关系，这诚然是误解，也是多余的顾虑。据说，寺内先生是长期在法国的，并没有人说他与法国有特殊关系。我所想的，只是中国和东方。"

听了段祺瑞的话，西原龟三频频点头微笑，"这样，我们就有希望携手共进了。"

段祺瑞仍然频频点头。

素来把中国当成侵略对象的日本，为什么今天忽然又"友好"起来了？这其中有微妙的原因。

当时，第一次世界大战正在进行中，西方列强无暇顾及中国；日本国虽然加入协约国对德宣战了，但只是派兵占领了德国在中国的势力部分——山东。侵华，是日本的国策，向袁世凯提出"二十一条"，就是为了实现侵略的目的。他们不曾想到，"二十一条"激起了中国人民极大的愤懑，掀起了抵制日货运动，日本人反而损失了在华经济利益。因而，激起了日本国内政界、商界的不满，要求更换内阁。新内阁的候选人就集中到寺内正义身上。寺内改变了前任内阁的对华政策，想以"帮助中国"的名义，贷款给中国，通过借款担保，攫取更多在华利益。这就是这位"布衣使者"西原龟三来华的目的。

段祺瑞一心推行责任内阁，他上台时，护国运动正在热火朝天，国内政局十分混乱，国库空虚，财政危机，段祺瑞想当好总理，碰到的第一大难题就是没有钱。哪里去弄钱呢？只能到外国去借。段祺瑞分析了当前世界形势，西方列强正在打仗，参战国都陷于经济匮乏境地，自顾不暇，谁也无钱外借。于是，他把目光投向东方，就在这时，他发现日本人正在给他送来"秋波"。因此，他逢迎上去，向日本人伸出求援之手。

两相情愿，愿打愿挨，这才有了此次的秘密接触。

西原龟三如愿以偿地走了，段祺瑞也如愿以偿地去做新安排，他派著名的亲日分子章宗祥出任驻日公使。章临走前，段把他叫到面前，语重心长地说："仲和（章宗祥字仲和），此番去日本，我想有几句话对你提醒一下。"

"请总理明示。"章宗祥诚恳地说。

"从今之后，我们的对日外交要诚意来往。不要再实行往日的'远交近攻’外交政策了。那是没有好处的。”

段祺瑞说的“远交近攻”外交政策，是袁世凯的外交政策，远交——交接欧美，近攻——攻击日本。段不喜欢这个政策了，这个政策对他不利。他要推行的是对日本“诚意来往”。章宗祥明白了，心也领了。他首先诚意地对段祺瑞说：“请总理放心，仲和一定不辜负总理嘱咐，会把一切都办好的。”

依照和段祺瑞商量好的计划，经过一番准备，徐树铮便匆匆朝总统府去。

那一天，总统府里还算清闲，来办事的人办完事都走了，黎元洪轻松地舒了口气。正想静下心处理面前的一些文件，徐树铮进来了。

徐树铮是国务院的秘书长。总统府的人都认识他，不用传报，也没有人敢阻拦他。他在黎元洪面前站定，便说：“总统好吗？”

黎元洪一看是徐树铮，心里虽然感到像遇到瘟神一般，面上还得带笑，口中还得客气。“啊！又铮来了，请，请坐！”他又转过脸对侍从说，“给徐秘书长献茶。”

徐树铮站着，没有坐，先说了声“谢谢”，然后说：“这里有一份地方干部的任命名单，请总统用印。”说着，把几份任命书送到黎元洪面前。

黎元洪接过任命书，一看是拟定的对福建省三个厅的厅长任命。黎元洪看着，心里暗想，新国会刚开过，合肥还算合作，关系总算融洽了。国务院既然拟定了地方干部任命名单，就让他们去办吧，这也是为了大局。不过，黎元洪感到，既然拿给我过目了，就是想让我过问。一声不响，岂不让人觉得自己不负责，还是说句话吧。这么想着，便微笑着问：“又铮，三个人的情况都查了么？各方的意见如何？”

徐树铮一听黎元洪如此发问，便老大的不愉快。给你个高帽戴，是看你识相不识相，会不会戴高帽！你拿架子了，要追根求源了。你算什么身份，大总统是谁给你的还不知道？给你大总统，就要你来签字盖章的，你倒盘问起我来了？！他冷冷地一笑，语言也不耐烦了：“大总统，您不必多问了，快点盖章吧，我的事很忙，在这里耽搁不起！”

黎元洪一看，知道来头不小，不盖印，事情肯定闹起来，刚刚有个协调的局面，马上又会乱起来。因小失大，太不值得。若是盖上印，让徐树铮得逞，他这个总统也当得太窝囊了。黎元洪眉头紧皱，一声不响。

徐树铮有点气怒了，他软中夹硬地说："大总统，请吧！这是定了的事，在您这里推翻了，怕不好吧。"

黎元洪憋着一肚子气，还是在任命书上盖上了总统大印。

徐树铮收拾了任命书，连声"告辞"的话也没说，转身走了出去。

望着徐树铮消失的背影，黎元洪狠狠地唾了一口，说："你徐树铮算什么东西？公然目无总统，看我能饶了你！"他转回身来，又叫："来人！"

一个侍从走过来。"大总统……""请丁世泽来。""是，大总统。"

总统谋士丁世泽匆匆出现在黎元洪面。黎元洪把刚刚发生的事情对他叙说一遍，气呼呼地说："这还了得啦！你去问问段芝泉，让他论论有没有这个理？问问他徐树铮凭着什么如此欺人？！""大总统，别找总理了吧。"丁世泽摇摇头。"为什么不找？"黎元洪说。

"说不出什么是非来。"丁世泽说，"您忘啦，段芝泉早就对你说过，'逐日文件均由徐树铮躬递。该员亢直自爱，不屑妥语，其于面对时，凡有声明为祺瑞之言者，祺瑞概负全责。''小扇子'敢于在总统面前如此，还不是仗着段芝泉！徐意即段意，徐为即段为。找段有何用？"

黎元洪只好把气吞下，唯有暗下决心：必除徐树铮不可！徐树铮回到国务院，把任命书送达各人，然后才去向段祺瑞回报。

段祺瑞眯着眼睛听着，心里乐滋滋的。嗯，做得好！让黄陂知道我不是那么驯服的，我当的是中国人的总理，不是他黎宋卿的管家！当徐树铮把话说完，段祺瑞才比较冷静地说："又铮，这一炮你打得好厉害呀！"

"只不过让黄陂脸膛热热，以后对咱收敛点！"徐树铮洋洋自得。"要知道，这样做你也可能惹了祸！"段祺瑞有点不安。

"就是要惹惹他！"徐树铮说，"因为他已经惹了咱。那个国会开得还不够咱招架的！"

"要注意观察事态发展，也好思想上有个准备。"

黎元洪的总统府和段祺瑞的国务院从诞生的这一天起，矛盾便尖锐地存在着，只是斗争限于暗地，不曾公开化罢了。

然而，纸是包不住火的，何况中国的事情每每受着国际形势的影响。1916 年 10 月，那个向段祺瑞送来"秋波"的寺内正义果然当上了日本国的总理大臣，段祺瑞欣喜之余，决定派另一个亲日分子曹汝霖为特使到日本去。

段祺瑞把仍然任着外交部次长的曹汝霖请到国务院，呼着他的雅号说：“润田，这次要你去日本，有个特殊的任务，希望你务必努力。”

曹汝霖有点惶恐。一年前，他和陆征祥一起奉袁世凯之命去日本谈判，结果签订了丧权辱国的“二十一条”，国人无不指名道姓骂他是“卖国贼”，臭名于世。此番又要去日本，他真不知道如何进退。“总理，汝霖此番去东瀛，这任务……”

“我已向章仲和说明了对日态度，”段祺瑞说，“本届内阁，应着力发展实业。可是，我们自己又哪里有发展实业的条件，国库空空，各种产业凋敝。想发展，一是靠借外债，一是同外人合作。我这里有一份农工商矿的资源材料，你带着，同日方商量一下，看看何者中国自办，何者中日同办，何者日本人办？只有这样做，也算日本人帮助中国，也对日本人有利。”

曹汝霖显得很紧张，段祺瑞这段话，简直就是把中国资源当成一盘大菜端到日本人面前，任其去挑去拣。我再经手签订这样的“友好”条约，我得落万世的骂名了。他心跳着说：“请总理宽限几日，容我做做准备。”

谁知曹汝霖尚未动身，此事便被国会众多议员知道了，他们纷纷提出反对，闹得黎元洪坐卧不安。加上黎是亲西派，正不愿同日本交往，于是，找到段祺瑞，软硬兼施，终于阻止了曹汝霖的日本之行。

段祺瑞的鼻又气歪了。“我就是要推行责任内阁！这次我忍了，再有类似情形，我绝不答应！”由于日本方面已经有了安排，段祺瑞怕人家刁难，急忙派妻舅吴光新向日本公使和日本天津驻屯军司令去作一番解释。

段祺瑞的鼻子一直歪着，他一直思索着行使总理职权——他是缔造和维护共和国的英雄，他何曾把黎元洪放在眼中了，他不会收敛，他会照自己的思路走到底。

第二十三章

总统府跟国务院动干戈

第一次世界大战到了1917年初，已经进行了三十个月，前后有三十三个国家被卷入，人口在十五亿以上，分为同盟国和协约国两大阵线。1917年2月，原来持中立态度的美国宣布对德断交，参加了协约国集团。美国希望中国也跟着他走，参加协约国集团。日本本来是不同意中国参战的，一见美国参战了，并且动员中国也参战，日本也支持中国参加协约国集团，以对德战斗。就在这时，美国怕日本进一步扩张在中国的势力，反而不同意中国参战了。黎元洪是倾美的，段祺瑞是倾日的。一个听美国的不愿对德宣战，一个听日的愿意对德宣战。于是，黎、段之间的府院矛盾变成了国际性的“参战之争”。

黎元洪找到段祺瑞，两人面对面地谈起了各自的观点：黎元洪认为段祺瑞上了日本人的当，最后会让中国吃亏；段祺瑞认为黎元洪还是执行早已使国人吃亏的“远交近攻”的政策，只会给中国带来灾难。争论是没有结果的，各人坚持各人的意见，各奔西东。

在这之后不久，北京发生了两件事：一件是北京政府中的国务秘书长徐树铮和内务部总长孙洪伊同时被免职了，说他们是“制造府院矛盾的罪魁祸首”。一件是日本人西原龟三又偷偷地钻进国务院，正秘密地和段总理谈一项交易。于是，国人心里恐慌了——福建省三位厅长委任书事情之后，徐树铮很明白黎元洪一定会借故惩罚他的。与其坐以待毙，不如以攻为守。于是，他便时刻关注总统身边一些人的行动，借以寻机攻击。中枢事多人杂，有心寻事还有个寻不到的？就在徐树铮另眼窥视总统府时，猛然发现了问题：以阁员身份在总统府指挥一切的内务部总长孙洪伊，一个五十岁上下的面瘦眼细的机灵人，竟以自己的灵通，将一件金融秘密泄露出去，说政府借到五百万美元，言明按九一交款。孙阁员一泄露，报纸便抢了个先；报纸一披露，引起五国银行的抗议，本来平稳的市上票价，顷刻间便陡涨。金融市场乱了，社会哗然！徐树铮据此到处宣传，说“孙阁员贱价购买中票，以高价抛出，损公利私，谋取厚利！”这样，事情闹到内阁，闹到议会，以致发展到大闹起来。

黎元洪正想惩治徐树铮无由，恰逢此事，便果断地以“平息府院之不和”为由，罢免了孙洪伊内务部总长和徐树铮国务院秘书长之职。

徐树铮去找段祺瑞，以为“黎元洪处事不公，搞乱金融的处理不严，揭露坏事的反而得不到褒扬”。

段祺瑞冷静地笑了。“又铮，你诸事皆聪明，唯其此事糊涂了。”“孙洪伊明明搞乱金融了么！”徐树铮争辩说：“我有何罪？”“说你有罪便有罪。煽动府院不和，这就是滔天大罪！”段祺瑞说，“这何止是免了你的职，这是对我来了个釜底抽薪，要架空我的。”“老总就任人摆布？”

“不必急躁。”段祺瑞说，“你先去休息几天，我正在办一件大事。待我抽出手来，有账还怕算不清楚！”

徐树铮也觉得自己可以先避几日，慢慢再说。于是，便领着妻妾们潜进天津别墅，去过寓公生活去了。段祺瑞说的“正在办一件大事”，是什么大事呢？便是和第三次来华的日本代表西原龟三进行密谈。

段祺瑞横下一条心了，他一定争取日本的支持，来发展自己，壮大自己。

西原龟三满面带笑地对段祺瑞说：“总理阁下，寺内内阁已经决定，日本与中国推诚合作，使中国在五六年时间之内整顿国政，充实国力，提高国际地位，摆脱多年来欧美列强的压迫，独立自主，成为东亚永久和平的坚强支柱！”

听了西原的话，段祺瑞十分兴奋，不等翻译把话翻完，他便双手击着肱股说：“我也深有此感，一定照此进行。一定！”

段祺瑞腰杆硬了，他要在这场世界大战中显示自己。3 月 12 日，他逼着黎元洪宣布对德断交；又以国务院的名义，发表对德宣战，在国务院内组织

“国际政务评议会”，自任会长，驱逐德国公使辛慈出境，召回中国驻德公使颜惠庆，收回德国租界及津浦铁路北段租用权，停付德国赔款……中德两国之间的关系一下子紧张到了沸点，段祺瑞不仅主宰了中国，仿佛也主宰了世界，主宰了这场开展两年有余的世界大战！

段祺瑞的一举一动，早有人一件一件都报与黎元洪。黎元洪查实之后，极为恼怒：“如此大事，我这个总统连一点情况都不知道，他段合肥未免太专行了吧？！”

黎元洪原先也是亲日的，这场世界大战之始，他曾想依附日本。但是，他的“四大金刚”都是持中立态度。现在，中国同德国断交了，中国政府对德国采取一系列敌对行为了，德国人自然会有相应的反应。于是，德国政府通过荷兰公使向黎总统提出交涉，认为断交可以，赔款等问题不能接受，并就此向中国政府提出抗议。

德国政府抗议了，黎元洪有点慌张，他在自己办公室里就地打着转转，又急又怒地说：“段芝泉太不自量了！与德国断交，已属个人好大妄为，参战则更是危险之举，这简直是儿戏，儿戏！”

黎元洪干着急，却竟拿不出一个对付局势和对付段祺瑞的办法。打了一阵转转，发了一通牢骚，最后，还是无可奈何地坐下，锁起眉来喘粗气。

在他身边的丁佛言开了口：“大总统，不能由着事情发展下去了，该行使总统权力的时候了。”

“怎么行使？”黎元洪只管生气了，并无办法可行。

“不是有议会么，”丁佛言说，“召开特别会议，由会议决定进退。”

黎元洪想了想，也是再无良策了，只好说：“好吧，召开国会，来决定对德问题和参战大事。”

也该着段祺瑞流年不利，国会中的国民党议员，正怀着对黎、段的不满，尤其是对段不满，认为他太专权，早想借端倒段。现在，黎元洪要召开国会了，开会就是为了讨论对德问题，那些人便打定主意，开展一次倒段活动。段祺瑞不了解这种情绪，他还以为国会上让他有条不紊地摆明对德宣战的理由呢，所以，他未作任何准备便步入会场。哪知道，国会一开始，一批国民党议员首先对段发难，根本不允许他辩解，只是一个接一个地质问、指责。会场乱了，反段情绪被激起了，高一声，低一声，又是指责，又是质问，弄得段祺瑞措手不及。

段祺瑞呆坐在国会会场，鼻子渐渐歪了起来——他不知该如何应付了。往日，徐树铮在他身边，碰到事，他只需眼珠一动，便应付自如。天大的乱事，都会顷刻化险为夷。现在，不行了。徐树铮到天津去了，没有人在他身边摇动羽毛扇了，他只有焦急、烦躁不安，只有歪着鼻子。

在京城中，段祺瑞毕竟是举足轻重的人物，他的一举一动，都有人关注。国会会场的情况早有人报与他的心腹，作为段氏“四大金刚”之一的傅良佐，一听说老总在国会上被困了，当即又气又恼，没有同谁商量，便在陆军部纠合一批人，打着“公民团”为民请命的旗号，便闯进了国会会场。这些人进去之后，台上台下，又踢又砸，大骂国民党议员；有的人还拉拉撞撞。本来就乱吵吵的会场，这么一闹，立刻鸡鸣狗叫，人仰马翻，整个会场狼烟滚动起来……

傅良佐领人闯国会，事先并没有征得段祺瑞同意。所以，段祺瑞并无思想准备。事情闹起来了，段祺瑞还是国务总理，他知道利害关系，忙着把傅良佐叫到面前，大声说：“胡闹，胡闹！怎么能这样做，闹国会还不如闹总统呢，闹下去会出乱事的，赶快把人领出去！”此刻，乱已乱起来了，人们均在乱闹中，傅良佐也左右不住了。尽管他大声呼叫“退出去，退出去！”可是，谁也不退——因为谁也不知往哪里退？

段祺瑞没办法了，他怕乱下去更不好收场，便立即下令调来军警，才将所谓的“公民团”赶走。

国会无法继续开下去了，议员纷纷退出，国会不宣而散。什么对德问题，什么参战大事，一律丢下，悬而放着，谁也不知该怎么办。黎元洪、段祺瑞都十分扫兴，因为谁也没有达到目的。京城乱了，全国乱了。

各地人民纷纷起来反对政府，说政府压制民意；内阁总长纷纷请假、辞职；

各界议员纷纷公开声明指责。一时间，段祺瑞在朝野成了真正的孤家寡人。

就在这时，日本首相寺内正义给段祺瑞打来秘密电报，要他“振作精神，稳住阵脚，以图再战”，并告诉段，“日本将即派军队参谋长田中义一到中国，准备贷款一亿元为阁下备用”。段祺瑞精神来了，他决定孤注一掷，干到底！“国会不行了，总统不合作，那么，我将各省督军召来议政，经过军方作出决定。”

段祺瑞是国务总理，又是陆军总长，督军们当然听他的招呼，于是，纷纷来京，投到段祺瑞门下。段祺瑞在陆军部的会议厅里对各省督军们说："请各位来京，是为了共商参战大事。此次世界大战已经全面展开了，战争的最后——也是战争的最终目的，是重新瓜分世界。当然，胜利者才能得到利益。在这场战争中，无论哪一个国家，都不可避免地要被卷进去。要么，加入同盟国；要么，加入协约国。中立是不可能的。谁中立，最后谁吃大亏。现在，有一种错误的论调，认为德国技术先进，他们用先进的科学技术投入战争，必胜。我看不一定。东亚日本也是科学先进国家，又是我们的近邻，我们必须考虑同日本结成同盟。否则，日本成为战胜国之后，首先受害的，就是中国。因而，在排除所有原因之外，中国必须对德宣战！"

督军们都是行伍出身，对于世界事情哪里知道多少，更缺乏自己的见解。听了段祺瑞一番议论，都点头称是。就连曾多次叫嚷"中立"并且发过通电的人，如安徽督军倪嗣冲、湖北督军王占元等，也马上改变态度，对段说："前此有电，请求中立，实系误会。今日来京，方知参战之必要。"于是，督军们相互协商，邀请两院议员在外交大楼当面疏通参战事宜，而后面陈总统，力争明确态度，参加战争。

督军聚会议政的事情有人报给了黎元洪，黎元洪匆匆赶到外交大楼，不管有人如何阻拦，他还是大声地说："将军们，将军们，外交和战争方面的事，议会和政府会有好办法解决的，这不是将军们所应干涉的事。请将军们各回防地，我们会开国会作出决定的。"

督军们一见总统和总理的意见并不一致，知道事情麻烦了，有些人便采取了消极态度，有的人不声不响退出会场。然而，将军中人，段氏亲信较多，有人还是大声质问："国会决定什么了，议员不是一个一个都退出了么？政府、国会都无能，军人就得管政！"

最后，大多数督军联名发表一个通电，指责国会是"宪法之歧误"，要求解散国会，然后才各回防地。事情僵局了。

段祺瑞不退却，无论对国会议员，还是对各省督军，他都明确表示："中国一定要对德国战！"并且说："国会若最终通不过，我将以责任内阁名义，解散国会。"

黎元洪本来就不愿当傀儡总统，他感到多数国会议员是支持他的。近来的事实也证明如此：他要开国会，便开国会了；他要选冯国璋当副总统，冯国璋便当选了；他想通过宪法，宪法也制定了；对德宣战问题虽未通过议案否定，但也未通过议案支持。这样，他黎元洪还是觉得自己占了上风。

黎元洪经过几番搏斗，也深知段祺瑞不是一般的对手，何况军权在他手中，万一他再来个逼宫，我有什么办法制止他呢？坐在总统府的密室里，仔细地分析起当前形势来了：

袁世凯死了，中国天下三足鼎立，张作霖占据东北，曹锟势在京津，段祺瑞皖系势力虽在长江，可活动地点却在京中。目前，张作霖还没有“霸主”动向，曹锟对段祺瑞有意见，尚未明斗。黎元洪想：我得拉着曹锟来制定反段计划；万一曹不积极，也争取他在我搞段时保持中立。

国会不欢而散的第二天，黎元洪便把曹锟邀请来到总统府。这是一个十分神秘的会见，总统府后院一个小客厅里，黎元洪便装简饰，满面带笑，坐在主人位子上，曹锟——直隶督军兼省长，又是川粤湘赣四省巡阅使——戎装齐整，也是满面带笑，他们一边品茶，一边窃窃私语。

“仲珊兄，”黎元洪比曹锟小两岁，呼兄更亲切，又是呼着他的字，更见亲切。“京中发生的事情，你都知道了，不是我非坚持己见，是合肥做事太武断了。如此重大问题，怎么能以个人情绪决定呢？许多人劝阻也无用，我太感作难了！”

曹锟对于黎元洪，原本也是瞧不起的。袁世凯留遗言让他当总统，曹锟就冷笑摇头：黎元洪算个屁，只会投靠势力，他怎么能当大总统呢？还不是又投了合肥这个势力派。后来，黎段矛盾激化了，黎并不趋从于段，曹对黎有了好感，再加他同段的不和，他便想把“秋波”送给黎，借以抑段。他便说：“是的，是的！几个月来，谁都看清了，此人挟天子、令诸侯，是个典型的曹孟德式的人物！不能不防他。”“对，仲珊兄说得对极了！”黎元洪亲自为曹锟添了菜，又说，“参战大事，轻易不得。合肥却独断专行，擅自宣布对德作战。令国人担心呀！国家至上，民族至上。合肥这样孤行，国家何治，人民何治？仲珊兄，我个人无能为力了，但又坐此位上，不能不忧心忡忡啊！不是宋卿说句乞怜的话，国家、民族大任，全赖老兄了。我早有设想，寻个机会，把总统大任交给华甫，或交给老兄。我极力把华甫拉上来，就这个意思。”

曹锟也是个见利忘义的人，见大总统如此慷慨把大位寄托直系、寄托给他，他有些儿昏然了。忙站起身来，理了理军服，正了正军帽，胸脯挺起，先深深一揖，然后扑通跪倒。“深谢总统知遇之恩！”

黎元洪忙将他扶起，急言快语地说：“仲珊兄，仲珊兄，这是何苦？若这样拘礼，老兄岂不见外了！说心里话，我一直尊敬老兄人品和气节。否则，在如此危难之际，我也不会单独只会见老兄。今天，中国能执牛耳之人只有仲珊兄了！”说着，还潸然流下两行泪水。

曹锟与段祺瑞争雄之际，想拉黎。现在，正如愿以偿。他拍着胸膛说：“宋卿，你不必为此事忧虑，合肥不就是仗着手中有几路兵马么。当今之中国，他只占一隅而已，别看他常蹲在北京、天津，要知道，这是我的地盘。我啥时想让他走，他就得乖乖地走！我是直隶督军，是直隶省长，他只能在合肥威风！老弟，你下令吧，我曹仲珊任何时候都站你这边！”

黎元洪心里扎实了，但他还是摇头说：“中国兵荒马乱多年了，人心思安，干戈动不得呀！”

“那怎么办呢？”行伍出身的曹锟，除了枪杆子，他是拿不出其他妙办法的。

黎元洪站起身，来到曹锟面前，柔里带刚地说：“段芝泉扬言，国会不通过对德宣战案，他就要解散国会。这样，他就把全体议员放到敌对立场上去了。我看，咱们还是利用国会，采取冠冕堂皇的办法，通过议案……”他打了一个手劈的手势。

曹锟连连点头。“好，好！马上开国会，除段。”

黎元洪叹息了一声：“咳——”然后说，“议员们也被他闹灰心了，不知会不会还来？”

“不要紧，”曹锟说，“北京、天津、直隶的议员我包了。就是捆也把他们捆到会。”

“对议员，还是以礼相待。”

“那是，那是。”曹锟又说，“南方川、粤、湘、赣的议员我也包了，大不了每人送五千路费！”

黎元洪这才坦然地笑了。国会召开了。

国会通过了免段祺瑞国务总理的议案。

5 月 23 日，黎元洪以大总统名义发布命令：免去段祺瑞国务总理职。

第二十四章

风来了，雨也会来

段祺瑞被免国务总理，他只觉得是一场玩笑。黎元洪离开我这个总理，看他能转得动？他认为要不了三天，大总统还是出面找他。段祺瑞有经验，当初袁世凯疏远他的时候，他便躲进西山，最后，还不是袁世凯又上门找他。我不信他黎元洪的能量会比袁项城大！

府学胡同里的段氏公馆，大门紧紧地关闭了起来，没有车马进来，也没有车马出去；连守护的士兵，也都缩到门里边去了。仿佛这个庭院一夜之间便人去楼空，只落得悄然寂静了。

段祺瑞一如既往，还是早早地起床，然后在花园中散散步，再回到书房。只是，再回书房却不是办公事了，而是想写诗，想下棋。不知为什么，诗总是难得佳句，地面上废纸扔了一片片，竟一首也写不出了；索性把更多的精力集中在棋上，他要跟“南张”好好厮杀几阵，看看究竟是他“南张”技高一筹，还是他“北段”技高一筹？为了把这场厮杀杀得更有兴致，他把精心珍藏的那套棋具拿出来，放在八仙桌中间。那是一套十分精致的棋具：紫檀木匣子，左右拆开，便是棋盘；木匣内装有两只又矮又胖的黑白罐，黑色罐是用黑色玉石精工凿成，乌黑发亮，内装黑色棋子也是黑色玉石研磨成的；那白色罐子是用一节完整的象牙雕琢而成的，罐子里的棋子也是象牙做成的，一个个莹白可爱！这是徐树铮送给他的。徐树铮花了四万两白银买来的。段祺瑞视为珍宝，一般对手绝不拿出。今日，仿佛是也想助兴，也想解闷。可是，棋下得很不得心，不仅出击紊乱，处处防不胜防，弄得张淡不敢出手了——他还以为段祺瑞有一手“醉技”呢！其实，段祺瑞时刻想的，并非棋路，而是总统府会有上差上门，一声“请”字，他将仍去主持国务大事。

三天过去了，除了风动之外，段公馆的大门连一个小差役也不曾前来敲响。段祺瑞心跳了：难道说黎元洪就要同我血战到底？！段祺瑞无可奈何了，他决定离开北京，暂去天津隐居几天。

5 月下旬的一天，段祺瑞在他的内弟、现任着长江上游总司令的吴光新陪同下，带着六名上差和二十多名便衣手枪手来到前门车站，坐进他的总理专车。

段祺瑞上了专车，卫队营长杜奎给车站站长打了招呼，原以为马上就会发车呢，谁知，专车就是不开。

吴光新发怒了。“杜奎，问问站长，为什么不发车？”

杜奎匆匆朝站长室跑去，但又匆匆跑回来，报告说：“报告吴司令，站长回话，说上边有令，不经总统批准，任何人的专车都不许开出。所以……”

“把站长叫来！我要问问他有多大的胆？！”站长被叫来了。

吴光新问：“为什么不开车？”

站长结结巴巴地说：“总统府有电话……”

站长的话尚未说完，段祺瑞已站在车门口。歪着鼻子骂道：“混蛋！这是我的专车，谁的命令都不顶个屁！开车！”

卫队营长一见段祺瑞发怒了，立即从腰间拔出手枪，一个箭步上前，搭手抓住站长的脖子，大声说：“开车不开车？”

站长脸色变黄了，像狼嚎一般大叫：“开车，开车！快，快！”段祺瑞余怒未消，还在大骂：“什么东西，他娘的，把我也管起来了！”

吴光新也生气了：“黄陂太不像话了，想把人置于死地。难道合肥就会彻底倒在你的手下？”

吴光新，日本士官学校出身，段祺瑞原配夫人吴氏的胞弟，宿迁人，常在段左右，是皖系军阀的重要人物。吴光新是来京参加督军会议的，碰到黎段矛盾激化，便留在段身边助威。虽然其姐吴氏早殁，段对他依然如故。车开之后，吴对段说：“姐夫，不必同那般小人一样，日后派个人访查一下，该办的办，就完了。”

段祺瑞愤愤地说：“狗仗人势！人狗我都饶不了！”话虽如此说，内心还是不安：黄陂会怎么样呢？难道他敢对我下毒手？他叹息着，又想：当初不该听徐树铮的话，若是不把总统位子让给他，咋会有今天这些事。

天津二马路上的意大利租界内，有一座六底六间的双层洋楼，那便是段祺瑞从一个大亨手中买下的别墅。这座别墅却不常住人，只有当他情绪不佳时，才躲在这里休息。这里，楼下是侍卫人员的住室，楼上是段的卧室，餐厅和客厅。楼房构造，东西合壁：檀香木雕空的花棂，五颜六色的玻璃墙壁，翘檐长厦，十分古朴；而室内，一律西洋摆设，琳琅满目，金碧辉煌。往日，段祺瑞住在这里的时候，有一套十分死板的生活规律：上午，他要和文人谈诗论文，也总是邀请几位文人来做客，小楼上也有他身边的文人，如邢宝斋；午睡之后，他要下棋，他身边豢养着好几位棋手，如易敬羲、张国英、刘有碧、汪云峰等；晚上，打八到十二圈麻将，总是上差贾润泉去为他邀约牌友；剩下的时间，他便独自坐进一个小房子里，谁也不知道他思索什么。贾润泉是段祺瑞最贴身的上差，此人跟段已十多年了，有一套极强的察言观色和逢迎顺当的本领，处处把段的生活安排得妥妥帖帖，甚得段的欢欣。不过，这次来天津，贾润泉却没有猜透段祺瑞的心情——

段祺瑞到天津的当日下午，贾润泉便对易敬羲先生笑着说："易先生，午睡后请——"

易敬羲点头答应："是，是！"

到了午睡该起床了，贾润泉两眼直盯着段的卧室，左等右等，就是不见出来。他以为他病了呢，急忙走进去，却见段祺瑞独自一人正坐在那里发闷。于是，他便蹑手蹑脚走过去，低声说："大人，棋盘摆好了。"

段祺瑞头不抬，目不转，说："不下了。""有人奉陪大人。""请他们自便吧。"

贾润泉虽有些迷惑不解，还是退了出去。

段祺瑞来到天津之后，急于想见到徐树铮，谈谈北京发生的事情。段祺瑞咽不下这口气，他也觉得当初把黎元洪估计低了，他又觉得早时把徐树铮放走也失算了。又铮不离北京，局面也许不至于会是今天这么糟。现在，一切都那么乱，得拿出对策了。徐树铮不请自到了。

和徐树铮一前一后来到二马路别墅的还有曹汝霖、徐世昌和陆宗舆。谈话只能是泛泛的了，东拉西扯，又是安慰，又是劝说，聊了一晚上。最后，大家都觉得"黎宋卿会有个良好的办法，收回成命，两家重新和好的"。因为段祺瑞还是陆军部总长，大总统怎么能离开军队呢！段祺瑞也有这样的自信。所以，他只对徐树铮说："我想好好休息几天，咱们以后再谈吧。"段祺瑞在天津又过了三天，等来的，却不是总统的特使，而是现任浙江督军的倪嗣冲。倪嗣冲带来的消息，却是黎大总统对段的免职令已经向全国发出的噩耗。段祺瑞仅存的一点希望彻底破灭了。黄陂真的动杀机了？！几天前，他还在外交大楼对督军们大言不惭地说："我不干了，我不干了！"而今天，不是他不干了，是大总统真的不让他干了。剩下的，他只有沉默、叹息了。

倪嗣冲是皖系势力中的骨干，此人豪气不减，他对着丧气的段祺瑞说："什么他娘的议会，什么法？总理就是总理，总理是责任内阁的首脑，总理的话就是法。不经总理说话，没有内阁的复议，谁也无权罢免总理！"

段祺瑞没有反应，他依然沉默着。

倪嗣冲不沉默，他继续怒气冲冲地说："他黎元洪算啥？武昌之变，听到枪声他就往床底下钻。因缘时会，依人成事，忝居高位，优柔寡断，竟然妄自尊大，摆起皇上架子来了，什么玩艺？！"

倪嗣冲的话，终于在段祺瑞耳中起了作用。浙江督军说的，正是他段某人想的。"黎元洪算个啥，有何能耐？比起北洋班底中的人他能同谁比？"他站起身来，皱着眉，歪着鼻子，愤恨地说："国事方艰，庸才足以误国！我不能眼看着事情坏下去！""发兵！我们发兵！"倪嗣冲大叫。

段祺瑞眼珠转了几转，他竟没有重复倪嗣冲的话。

几天来，跟随段祺瑞从北京来到天津的人，都已经感到有一种不祥的预兆，总理被免了，人人都有"山雨欲来风满楼"之感。如今，段祺瑞要与黎元洪兵戎相见了，虽然不免会有一场刀光剑影，但总是看到了一种希望，一种光明。因而，人人翘首，要看看他如何发兵？看看如何回到北京？

段祺瑞有兵可发，他是陆军部总长，指挥着全国军队，他怎样调动，都名正言顺；何况，他的看家军——皖系部队不仅雄踞着京津要津、淞沪江浙，就连长江中下游也全是他的兵。段祺瑞调动任何一支军队，都可以把黎元洪赶跑。所以，人人都认为只要发兵，就必然胜利！

当初，段祺瑞领衔发了一通通电，连大清朝廷都乖乖地离开了宝座！袁世凯的大总统还不是段祺瑞那张通电给换来的！段祺瑞心里在想：我不信，他黎元洪能比溥仪的根基还深！难道我就束手无策？

天津的初夏，还没有到炎热时刻。起风了。

气流裹着黄海的水腥，浸透了天津城池。海河浪翻波滚，停泊在塘沽海港的、挂着五颜六色旗帜的船舶，被冲得摇摇晃晃。风从地面、从房顶旋向高空，又从高空俯伏地面。不知是气流随风还是风带气流，似乎要把天津翻个个儿！

段祺瑞没有发布出兵的命令。他想出兵，他连怎么出兵也想过，就是尚未挥手。他最终还是想等待一个人，要看看这个人的态度。此人便是徐树铮！

徐树铮被请进了二马路的段氏别墅。

——段祺瑞今天的处境，徐树铮的国务院秘书长被免的那一天他似乎就估计到了。不过，他没想到来得那么快，他更不像段祺瑞那么紧张。宦海沉浮，那是寻常事，对策也不是一朝一夕就想得出的。对付黎元洪，徐树铮一直认为是轻而易举的事。只是何时举，怎么举？尚需思索。段氏别墅乱哄哄时，他来了。然而，他却不打算说三道四，只想来坐坐，便回去。

段祺瑞踱着沉重的步子来到徐树铮面前，沉思多时，才说："又铮，北京的事情，不必对你细说了。原来我还想着可以同黄陂调停共处，今天看来，没有希望了。"

徐树铮点点头。仿佛他对段祺瑞说的事，比段祺瑞还清楚。段祺瑞把话题说开了，满以为徐树铮会有个迅速的反应，表示一个明确的态度。可是，徐树铮没有相应的反应，点头之后，便一言不发。

段祺瑞沉不住气，他请徐树铮来，是想听他的意见。沉默不语，他不耐烦。"又铮，我咽不下这口气，我想出兵！"段祺瑞终于把"出兵"二字说出口。

徐树铮抬头望望段祺瑞，只微微笑笑，还是不言不语。"又铮，"段祺瑞有点焦急，"你说话，你看如何？"

徐树铮迟疑了——他正眼再看看段祺瑞，见他鼻子歪得很厉害，知道他仍在盛怒之中。他了解段祺瑞，在盛怒之中，最易偏激；而在盛怒之中，也很难听进别人意见。如其马上说出可否，造成一种进退维谷的局面，倒不如暂缓一时，待段心情稍平静时再细商量。于是，他说："举兵之事，事关重大，容树铮再思索一下如何？"

段祺瑞心里一沉——他很了解徐树铮，他没有绝对把握的事，从不轻易说出可否。此事他说"再思索"，或是不同意。难道又铮不同意出兵？他还会有更高明的办法？他又想：又铮若是真的不同意出兵，他准有比出兵更好的办法。那就等他想想再说吧。段祺瑞静了静神，对徐树铮说："好吧，此事虽憋人，也不一定今日就抗争。你想定之后，咱们再商量吧。"

在往日，遇到此情，徐树铮便会起身告辞。今天不同，他不走了。并且说："老总，昔日戎马倥偬，难找一个对弈的机会，今天我们都名副其实无官一身轻了，我想跟老总战三局。如何？""下棋？"段祺瑞摇摇头，"哪有那副心肠！""值得如此动肝火吗？"段祺瑞绷着脸，不出声。

"贾管家，把棋盘拿来，老总要下棋。"徐树铮采取激将法了。贾润泉答应着，匆匆将那个宝贝棋盘拿过来。

徐树铮摇着头说："不要这个。把那副象棋拿来！我要和老总隔着楚河汉界对阵！"

段祺瑞不再推辞了，勉强应酬，坐在徐树铮对面。

别墅之中，人们正为老总鼻子歪而发愁。忽见老总坐下来下棋了，无不为之高兴。大家纷纷赶往客厅。家中豢养的几位棋手，更是雀跃起来：易敬羲对张国英说："'小扇子'还是棋手？还不知道呢。"

张国英说："听说过，听说过。他少年时在古城徐州就大显身手，曾把一位老棋圣拉下马。"

汪云峰对刘有碧说："平时怎么就不见他动声色呢？说不定只是为了宽慰老总，才不惜献丑呢！"

刘有碧摇头晃脑。"千万不可这样说，历来都是'高人不露相，露相非高人'！咱们还是看个究竟吧。"

段、徐二人对面坐定之后，一边走棋，徐树铮一边说："听说老总府上备有许多名茶，何不取来助兴。"

段祺瑞对贾润泉说："去，到檀香柜里，把日前海南朋友送到的最新伽南香取来，让大家品赏。"

徐树铮马上摇摇头，说："不要，不要。海南这品种，咱北方佬肯定享受不了，还是换一点习惯的吧。"

段祺瑞说："不要伽南香，那就拿虎丘天池如何？也是最新品。"徐树铮点点头。

段祺瑞精神轻松些了，一边对阵，一边说："又铮，你对茶也有研究吗？为什么说伽南香北方人不喜欢呢？"

徐树铮笑笑，说："一知半解。伽南香，实为榕树木材，生长越久越贵。也叫奇南香，亦称奇蓝。说起成茶，倒有许多讲究。这种香木为火蚊所穴，蚊食石蜜，遗渍水中，岁久而成。香成而未化者，谓之生结；不死而化者，谓之糖结；色如鸭头绿者，谓之绿结；掐之痕生、释之痕合者，谓油结，是伽南最上品。""领教了，领教了！"段祺瑞鼻子不歪了。

徐树铮又说："此品虽著名，北方人却饮不得，因香型奇异，且含有膻气。"

"虎丘天池如何？"段祺瑞又问。

"好，好极！"徐树铮说，"这两种品种因产量极少，故素有'天下冠'之称。"

"怎么两种？"段问。

"是两种。"徐树铮说，"虎丘为虎丘，天池为天池。虎丘产苏州虎丘山下。据《苏州府志》所载，烹之色白，香气如兰，每岁所采不过二三十斤。天池产苏州天池山,《茶笺》称它为'天池青芳馨，可谓仙品'。所以说虎丘、天池是两种。"

座中有位江南名士，想探探徐树铮茶识究竟如何，便插话说："我的故乡有一种茶，名叫苍术。不知先生品尝过没有？能赐教一二吗？"

徐树铮一边下棋，一边说："苍术多指香，句容茅山产，细梗最佳。茶，香多系说说而已，久不见其品了。"他抬头看看大家，见诸位多不观棋而对论茶发生兴趣，便也想出出风头。于是说："茶这东西，人皆好之，其在中国，历史更为悠久。唐代竟陵人陆羽著有《茶经》，宋仙游人蔡襄著有《茶灵》，以后又有《北苑别录》《茶董补》等，都对茶品、茶味作过详细述录，光是煮茶之法，便大有文章。"段祺瑞入迷了，他急问："又铮，说说，煮茶还有什么学问？""怎么没有学问？"徐树铮说，"缓火为炙，活火为煎；水初滚，时有泡沫上翻者，为一沸，即如鱼目微舒；四周水泡连翻者，为二沸，即为涌泉连珠；全面沸腾如波涛，为三沸，即腾波鼓浪。水沸后，水气未消，谓之嫩，水逾十沸，谓之老。嫩、老皆不能发茶之香……"

徐树铮品茶论煮间，连连过关斩将，早杀得段祺瑞只有招架之力，没有出击之功了。眼看着老将被擒，他便拂拂袖说："又铮，不战了，不战了。你论了半天茶，现在就请你亲自来煮，我也享受一番。"

人们散去了，段祺瑞才又心思重重地说："又铮，咱们得好好议议，如何跟黄陂打这一仗？"

第二十五章

九里山前摆战场

入夜了。天津之夜，是非常宁静的。

段祺瑞和徐树铮对面坐着，已经坐得很久了。他们没有过多的语言，更没有激烈的争执，仿佛在对坐消磨时间。

“出兵北京，不是上策。”徐树铮重复着他的意见。“有什么不可？”段祺瑞锁着眉头。“出师无名！”

“黄陂动杀机，难道就有名？”

“正因为如此，才不能出兵。”徐树铮端起茶杯，但却不喝，他望着段祺瑞，解释似的说，“发兵北京，总不能说因为大总统免了我总理职，就推翻他吧，这样做，无论国人还是世界，都难以交代。”“又铮，你是不是对国事太消极了？”

“不消极。”徐树铮认真地摇头，“在目前这种情况下，老总发兵赶走了黎元洪，赶走之后您上台了。老总这个台，好比是一盘散沙硬搭起来的，一经轻风，即会倒塌。”

段祺瑞把手中的茶杯举起，说：“又铮，你瞧，此杯乃固定聚合而成，我握之掌中，可暂不碎；我若放手，便落地碎了。”

徐树铮也端起杯，说：“杯不由我碎，待碎时由我全之，不是更容易么！”“这……”段祺瑞心里一惊。

“这是其一，”徐树铮说，“其二，目下世界潮流是倾向共和，中华命运，依赖共和。帝制刚刚取消，共和方兴未艾，黎元洪乃共和国总统，应潮流，顺民心。老总是共和的缔造者，共和的维护者，共和大旗的旗手，老总出师伐共和的总统，岂不自砍旗帜，自讨罪过……”

“啊？！”段祺瑞坐不住了。他挺身站起，手中那只泡着虎丘的茶杯“吱溜”坠落地上，“哗——”一声，水流四溅，瓷片纷飞，连他新换上的鞋裤都溅湿了。段祺瑞心跳了，他闯荡半生，由小到大，当了国务总理，还想再往上爬，这一切，最光彩的便是自认“共和旗手”。出师讨黎，将要成为千古罪人，他不曾想到。徐树铮替他点到了，他吃惊了，六神无主了，他软瘫瘫地坐在太师椅子上。

徐树铮望着段祺瑞这副丧气的样子，有点好笑。“段大总理，除了兵，难道就毫无办法了吗？”他端着杯子，悠然地踱着步子，没有再说话。

风停了，一轮明月悬在天边，星光闪闪，二马路上不时传来汽车的笛鸣和似隐似现的叫卖声。徐树铮走到窗前，举目眺望，灯光和星光稀稀落落，上下辉映，世界倒也幽静。他竟悠闲地隔窗赏起月来。

段祺瑞坐在椅子上，想主意，又想不出；想把事丢下，又丢不掉。他侧目看看徐树铮，见他那样悠闲，心中倒添了气：啥时候了，他还有心赏月？他站起身，走到徐树铮身后，说：“又铮，难道我们就这样甘心情愿被人欺侮？你就没有办法了？”

徐树铮转过脸来，对段祺瑞笑笑，说：“办法倒是现成的，只看用不用？”

“什么办法？快说。”

徐树铮放下茶杯，又扶着段祺瑞坐下，然后自己坐下——段祺瑞觉得他要拿办法了，悬着的心终于落了下来。他静候他拿办法，并且认定是可行的。

徐树铮沉思片刻，说：“老总，知道最近发生在徐州的事情吗？”段祺瑞愣愣神，没有说话。

“徐州发生着一件大事，与咱们有极重要的关系！”

段祺瑞想起来了。他轻蔑地笑笑，说：“你说张定武是不是？”他又摇摇头。“成不了大气候。”“不可轻视此人！”

“难道说张勋有可用之处？”徐树铮点点头。

——张勋，定武军的首领，人称“张定武”；徐州是定武军的根据地。

张勋极忠清室，在清帝退位之后，国人都剪掉辫子时，唯独他和他的定武军不剪，以辫子独树一帜，利用苏、鲁、豫、皖接壤的徐州为根据地，想复辟清室。

袁世凯做了大总统之后，张勋曾伙同冯国璋一起密谋在袁与护国军对立时，造成“第三势力”，继而改变大局。密谋的条件是，张保冯做总统，冯委张为江苏督军。事未举，袁世凯死了，张勋遂又萌生了复辟清廷的“雄心”。自 1916 年 6 月 9 日起，先后三次在徐州召开会议，张勋想取得盟主之位，然后挥师北上。怎奈各派首领并不心齐，尤其是皖系势力，不仅不支持，而且还处处掣肘。所以，三次徐州会议，均无结果。

张勋心不死，还想再在徐州开会。“张勋……”段祺瑞犹豫不决。

“老总了解张勋此人吗？”徐树铮问。

“怎么不了解！”段祺瑞说，“他至今还不剪辫子，想干什么？司马昭之心……徐州开了三次会议，有什么结果？”“我想怂恿张勋在徐州召开第四次会议。”徐树铮说，“并且一定让他开成功！”

“这个……”段祺瑞又糊涂了，他摸不清徐树铮是怎么安排的这盘棋。段祺瑞想：我要推翻一个假共和国的总统，你说要落千古骂名；支持张辫子恢复一个失宠的、被赶下台的皇帝，难道就不落骂名了？段祺瑞不愿干这样的事。

徐树铮很坚决，他说：“我们应该支持张绍轩（张勋字绍轩），他果然举事时，我们增援他。至少保持沉默，不过问他。”

“我不干！”段祺瑞不加思索地说，“即便张绍轩有能耐干成此事，我也不会和他同流合污！”

徐树铮笑了。仰面大笑，“哈哈哈！”

段祺瑞从未听见过徐树铮如此的大笑声，他有点紧张。此时又铮是不是精神失常了？往天，无论在公府还是在家中，无论军机还是政务，他从来都是十分严肃、言简意赅，说完便走。赶上吃饭也从不住脚。今天什么意思，好像在摆“迷魂阵”。他问徐树铮：“又铮，把你的想法说明白，别这么隐隐现现的。”

“我无意借他人之刀杀人！”徐树铮说，“当他人把刀送进我手，我也只好暂用一下。”

“张勋进了北京就会复辟！你知道么？”段祺瑞说，“他会把小皇帝扶上来的。我们怎么能跟他一同搞复辟呢？”

“复辟，那不是咱们的事。”徐树铮说，“张绍轩要把小皇帝扶上台，他第一件事要干什么？”“干什么？”

“难道有了皇帝还要总统？”“你说咱们借刀……”

徐树铮笑了。这次是点头微笑，笑得很舒心。

段祺瑞也舒心地笑了。“又铮，我明白了。你作为我的全权代表，立即赶往徐州！”

这一夜，段祺瑞足足打了两个八圈麻将，手气真好，连贾润泉这个配角也输得净光！

苏、鲁、豫、皖毗连处，有座古城叫徐州，是历史上兵家必争之地，当初楚汉争霸时，便以这里为主战场。以后，曹刘下邳之战，唐朝庞勋起义，五代末后周南唐徐淮之战，金兵入侵江淮，元朝芝麻李起义，明代靖难之役，清朝捻军起义，都是发生在徐州这片地方。“彭城（徐州古名）之得失，辄关南北之兴衰”，“九里山前摆战场，牧童拾得旧刀枪”。徐州，成了历代欲夺天下者的注目地。

长江巡阅使张勋在南京与革命军一战溃败，便兵退徐州，在徐州安下了营盘。效忠清室，企图复辟，成了封建王朝的最后一个堡垒！

徐树铮赶到徐州，给这座刚刚平静下来的古城带来了一阵不大不小的骚动！驻在徐州的长江巡阅使张勋，听到徐树铮来拜，先是一惊：“他？合肥的魂来拜我？不见！”显然，张勋对皖系势力是反感的。不久前在这里开的第三次督军会议，正是他徐树铮的神态不明不暗，那些会议才不欢而散，他今天又来干什么。不见徐树铮吗？他是皖系军阀的主心骨，皖系又是当今一雄，他徐树铮虽然不是国务院秘书长了，但在中国这片土地上，还是个举足轻重的人物，张勋又觉得惹不起他。左思右想，还是派秘书长万绳栻去迎接他。

万绳栻，字公雨，是张勋身边一个摇羽毛扇的人物。张勋的许多壮举，多出自此人主谋。徐树铮来访，他估不准来意，如何接待？他也有点茫然。

万绳栻赶到门外，徐树铮已伸出双手，满面带笑喊了声“雨公！”

万绳栻有点惊慌——昔日，徐树铮总是傲慢待人的，今日，不仅态度和霭，称其雅号，且把“公雨”改成“雨公”，更是一番情谊。忙说：“我和绍帅十分欢迎又公光临。欢迎！”

“又多日不见了，”徐树铮显然是指上次徐州会议一别，“徐州是我的故乡，本该好好款待雨公和绍帅，却未尽地主之谊，请多原谅。”

“哪里话，哪里话！”万绳栻说，“贵乡物丰民朴，厚待兵将，自当向又公表示感谢。”

说着二人便走进客厅……

万绳栻把见徐树铮的“友好”态度对张勋叙说一遍，张勋皱起眉了：“小扇子”虽然不在位了，影响仍在，何况合肥还是陆军总长，他们是不是转而支持我了？好吧，我去会见他。

张勋在客厅里同徐树铮相见，互致问候之后，徐树铮开始了送人情：“定武将军胸怀大志，合肥和树铮都是敬佩的！定武军乃当今劲旅，皖军早有携手共扶国难之念。但是，总因南北相距，未能如愿。”

张勋没有忘了前三次的徐州会议，便略有抱怨地说：“共扶国难？咳！徐州开过三次会议了，绍轩虽有雄心，但却无用武之地。”

徐树铮明白张勋的意思，便说：“那是时机不到！时机到了，难道大帅之雄心仍属空想？”

“这么说，合肥知我了？”

“岂止知！”徐树铮说，“我们极表同情！树铮此来，只想明白表示，大帅所想，今日是难逢良机。京都之中，府院纠葛重重，而今，黄陂已先下手，合肥亦非弱小之辈。趁此良机，大帅能以‘调解’之名北上，名正言顺！用武之地，岂不辽阔无边！”“这么说，合肥和阁下的意思……”

“大帅今后任何行动，皖系绝不为难。如需相助，我们尽力！”徐树铮此话一出口，张勋顷刻惊喜不已。忙站起身来，双手抱拳，连声说：“合肥，乃我良师益友也！”

张勋即命万绳栻向各省督军发邀请电，他要在徐州召开第四次督军会议。

张勋牵头的徐州第四次督军会议，是1917年5月末几日在霸王楼举行的，各省督军代表二十余人，副总统冯国璋也到会了，曹锟、张作霖都派了代表，徐树铮作为段祺瑞的代表参加会议。由于皖系的倾向，前三次会议未能达成统一的问题，现在很快统一了。万绳栻在徐树铮的协助下，起草了一个宣言，也被一致通过了。张勋欣喜若狂，遂在盘算如何率军北上。

也是张勋粗中有细，他怕今后有人毁约，便又变个法儿，请各省代表务必签一张“金兰同心帖”。于是，便拿出一块黄绫子，先写上自己的大名，各省代表也写上名字，算是有了共同遵守的誓言。

徐树铮去徐州的时候，段祺瑞又同倪嗣冲密谈许久。不几日，倪嗣冲便以安徽省长名义通电各省，宣告独立。随后，又扣留津浦铁路火车，运兵天津；再后，奉天、陕西、河南、浙江、山东、黑龙江、直隶、福建、山西、绥远等省督军、省长追随倪后宣告独立。黎元洪束手无策了，代理国务总理伍廷芳也束手无策了。就在这时，张勋主动呈文，请求进京调解。黎元洪不知道这一切都是有人操纵的，便下了一道命令，乞怜似的对张勋说：“公诚爱国，盼即迅速来京，共商国是，必能匡济时艰，挽回大局，予望之！”张勋接此电令，即组织六千人马，择日北上。

段祺瑞兴奋了几天，忽然冷静了。冷静之后，忽然又觉得徐树铮去徐州不妥。他忙派人把曾毓隽请来，呼着他的字说：“云霈，有件大事，急须你办。”

曾毓隽是段的亲信之一，段的举止他也摸得清楚。徐树铮去徐州前也曾跟他谈过张勋的事。现在，段又有什么“大事”呢？他不动声色地说：“老总，请您吩咐。”

“又铮到徐州去了，你知道吗？”

“知道。”曾毓隽说，“他走时见我了。”

段祺瑞“嗯”了一声，没有马上说话。他心里却在翻腾：曲线倒黎，故是一个良策。假若日后此事暴露出来，我段某人岂不成了阴谋家。人家会骂我两面三刀、出尔反尔，骂我是今日曹操！他思索一阵，说：“云霈，我想请你立即到徐州去一趟，作为我的私人代表去。”

去徐州？曾毓隽思想一震。徐树铮去徐州了，他什么事办不成，我再去干什么？他还是故作糊涂地说：“徐州，不就是一个张绍轩么？那里的事情，又铮一个人就办完了，我还要去吗？”

“去。你去一趟。”段祺瑞说，“到徐州之后，你对又铮说，我改变主意了。”

“不再支持张绍轩进北京？”

“是的。”段祺瑞说，“你到徐州务必做到：一不支持辫子军进京，二不同张绍轩签任何同盟，三对任何人都不议论张绍轩所要采取的一切措施。”

曾毓隽见段祺瑞如此坚决，心里很纳闷：段老总决心利用辫子军搞垮黎宋卿，为什么一夜之间又变了卦？曾毓隽说：“老总，又铮徐州之行，是一着好棋呀！”

“不！”段还是坚决地说，“你务必把我的意思带到徐州去。”“又铮若问……”

“你告诉他，回来我对他详细解释。”段祺瑞缓步转了一圈，又说，“我再说一遍，你若见了张绍轩，可以对他表示：他定武军干什么，我都不干涉；他跟谁接触，要我避开我避开，要我让路我让路，只是，我不能出面。”

“好，我去徐州。”曾毓隽觉得无法扭转段的思想了。“到徐州一定按老总意思办。”

——段祺瑞所以如此匆匆改变主意，是他忽然想起了一件相关的事情，他心里有些怕。

府院矛盾激化之后，段祺瑞想赶走黎元洪，却又不想自己出兵，便写了一封信给在南京的冯国璋，想请冯出兵。冯虽然也想倒黎，但兵力不足，又碍于自己是副总统，不想出兵，将原信转给在徐州的张勋了，请张派兵北上。为此事，冯国璋派总参议胡嗣瑗到徐州。张勋一看是倒黎之事，便对胡说：“这么大的事情，我怎么办得了！还是请副总统出来主持才好。”

这事没有办成，段祺瑞的信也就落到张勋手里了。于是，这又成了段祺瑞一块心病。两件事放在一起想想，他忧心了。张辫子将来拿这两件事找我算账，或公之于世，怎么办？由此，他才改变了主意。

非常意外，曾毓隽风风火火赶到徐州的时候，徐树铮已经在张勋的那幅黄绫子上签上自己的名字。不过，当曾毓隽把段祺瑞的忧虑告诉徐树铮时，徐树铮坦然地笑了：“老总过虑了，张绍轩的一切，全由万公雨做主。姓万的笃信‘赵公元帅’。到时候，多出几两银子，还不什么事都完了，何必顾前盼后呢？”

曾毓隽也坦然地笑了。“又公，张绍轩南征北战三十年，大江大河都过了，说不定要倒在你一条小沟里。”“那是张辫子心甘情愿的事。”二人对面笑了。

徐树铮回到天津的时候，段祺瑞突然病倒了。病得十分严重，水米不进，双眸不睁，把那些从北京带来的上上下下都吓得不知所措。

贾润泉机灵，匆匆跑回北京，把太太和姨太太们全搬过来。姨太太中有一位边氏，是个细心人，她决定把家中医生罗朗斋带着。谁知这位双目失明的罗医生竟说了一句极不中听的话："死不了！谁也不必去。去了也没有作用。"

罗朗斋又是那样一位奇特的人物，他不去，谁也没有办法。其实，罗医生不去天津，有他的道理。他虽然双目失明，耳朵却特别灵，上差贾润泉向太太们报告段祺瑞病情时。他听得真真切切，心想：老总这病，我是无能为力的，只要"小扇子"一到，他便会好。

徐树铮到病床前来看望段祺瑞了，但只看了片刻便走了，而且再也不照面。气得段祺瑞病情又添了三分。

原来，曾毓隽从徐州给段祺瑞发了电报，把徐树铮在徐州办的事说清楚了，段才"病"倒的。他生徐树铮的气："这个徐树铮，空口说话，日后还有个退步。签上名字了，板上钉了钉，一字入宫门，九牛拉不出！徐州之行不是弄巧成拙了么！"

徐树铮不给面见，段祺瑞急了。"务必把徐树铮找来！"

贾润泉忙了一天多，才在剧院里找到徐树铮。原来他和靳云鹏一起去听昆曲了。

徐树铮来到段祺瑞面前，段祺瑞只对他点了点头，便又闭上眼睛。那副神态，是个重病的样子；面色灰黄，皱纹更多了，连呼吸都很困难。徐树铮单刀直入地说："老总大约是为那幅黄绫子忧心。那件东西，价值并不大！"

"签上名字了，失误啊！"段祺瑞叹息一声。

"就算是失误吧。"徐树铮说，"那也是一件好事。对于张绍轩，却不亚于一张'催命符'呀！"

段祺瑞摇摇头，不再说话。徐树铮又说："张绍轩手里有了它，便会立即发兵。早兴早灭，岂不快哉！"

"谈何容易！"段祺瑞还在叹息。"有了那物件，我们就再也动不得了。""请老总放心，说不定那物件早到我们的人手里了。""能收回来？"

"能！"徐树铮说，"不仅是那幅黄绫子，还有给冯华甫的那封信。""有把握？"

"花点小钱吧。""要多少？"

"没细算。以把事情办妥为限。""谁去办？"

"胡总参议嗣瑗系的铃，当然还得由他去解。""好！就照你说的去办！"

第二天，段祺瑞的病就好了。

第二十六章
北京挂起了龙旗

张勋率领六千辫子军从古城徐州动身北上的那一天，徐州城天高气爽，阳光明媚。九里山分外雄伟，云龙山更加碧翠；唯独穿城而过的废黄河，大汛未到，只余一脉残波带着贫瘠和悲凄汩汩东流去。张勋匆匆吃了早餐，便忙着收拾行装，他精心把朝廷赐给他的顶戴花翎袍褂都找出来——此番进京，必要朝圣，没有这些，成何体统！不容易呀！一个放牛娃子，三十年来竟混到如此高位，这得不忘皇恩雨露。国民政府成立时，国人无不欢天喜地剪去辫子，他张勋和他的定武军就是不剪；袁世凯扑灭二次革命时，是张勋先杀进南京城的，他在南京杀人杀红了眼，结果，把日本领事馆的官员也给杀了。日本人提出抗议，他不得不到日本领事馆赔礼、认罪，还付了一大笔赔款；清王朝的隆裕太后死了，他是遗臣中唯一敢发国丧唁电的人；今天，他要作最后一次努力，推倒共和国总统，把落地的皇帝扶起来，他张勋要成为旷古的英雄！

张勋坐进北上的专车，想想此行的壮举，他兴奋得把要员、随从都叫到身边，把一瓶瓶口子酒都打开，在列车的奔驰中进行了一场舒心的盛大宴会——结果，他醉得如烂泥，连沿途官员的来拜他也无法应酬了。

张勋到了天津，只带领统领苏锡麟和几个随员回到德国租界他的住宅——张公馆。长住公馆的，是他的原配夫人曹琴。曹琴，也是六十岁的人了，老成持重，沉默寡言，不争强，不好胜，住到天津之后，就再不愿出天津。可是，她的威严却不一般，佣人、侍卫，无不敬佩，就连张勋的属员，也都十分敬畏她。张勋北上的消息早有人向她禀报得一清二楚。她心里很不安：快该回乡养老的人了，还干啥子事呀！所以，当张勋和她对面坐下的时候，她开口便说："不要去北京了吧！"张勋问："那为啥？"

曹琴只摇头，不说话。张勋作了解释，她却再不开口。张勋心里很不愉快。"妇人之见，幸亏平时不在身边，小心眼儿，尽是会管一些闲事。"

张勋在自己公馆里刚刚坐下，还没有同夫人曹琴说几句话，便有人来报："段大人段芝泉来拜！"

张勋心里一惊：这么快，他就知道了！？

张勋连忙戴上帽子，匆匆出来迎接。"老总亲临寒舍，绍轩有失远迎。"又说，"原想稍事安排，便去登府拜望老总……"

"我是闲员了，"段祺瑞说，"您又是老大哥，我自然要先来拜的。许久不见了，无时不在惦记之中……"

说话间，张勋把段祺瑞领进客厅，这才打量他一下。见他简装轻履，满面带笑。昔日那种种不愉快，顿时都烟消云散了。张勋把侍从送上来的茶杯往段祺瑞身边移了移，才说："芝泉老弟，辛亥之后，国事艰难，你我终日颠簸，行迹无定，想舒心地谈谈也没有可能。近来虽共和一统，形势依然混乱不堪。说实话，国事令人心焦呀！"停了停，他又说："黄陂做事，太刚愎自用了。仿佛当今天下只有他一人才是真心忧国忧民。这真是……"话到口头，他又摇摇头，吞回一半。张勋粗中有细，他说上边那些话时，又想到那幅黄绫子。可是，他还是把指责黎元洪的话又收住了。他想听听段祺瑞对黎元洪作何评价。段祺瑞此番匆匆来拜，并非为张勋助威，而是揣着另外一副心肠，他想探探张勋进京究竟想干什么。张勋误解了，他以为段是来支持他的呢。北洋军阀中，段祺瑞算是老字辈，除了袁世凯，谁也不敢同他比高低。自从他做了山东武备学堂总办起，他就基本上不拜客了。此番主动拜张，而是非拜不可！

段祺瑞呷了一口香茶，还是慢条斯理地说："大哥来了，很好。北京是天心，牵一发而动全身！国人为北方之乱，无不忧心忡忡。大哥到了北京，首先要维持治安。这是顶要紧的事。您说呢？"

张勋听着，点着头。心里想：你那国务总理都被免了，还有心肠想着北方的什么治安。这不是空话么！

段祺瑞又说："别的事情么，我想大哥会妥为办理的。"

张勋微微地皱起眉，心想：别的什么事情呢？我北上干什么，你是知道的。你的代表也是签了字的。除此之外，还能有什么事情？他想了想，把语气加重了些说："国家兴亡，匹夫有责！芝泉老弟虽暂离公务，那副忧国忧民的心肠，是国人皆知的。绍轩此次蒙阁下大力帮助，才有勇气北上。我得感谢你呀！"

段祺瑞一听张勋这话，感到他复辟之心是坚不可动摇了。便说："大哥，我有一言奉劝，不知可以吗？""你我兄弟，有话尽可讲。"

"保清帝复位的事，还不到时候。即使勉强办了，就算北京答应了，南方也不一定答应。我看，这事还是慢慢来为好。"段祺瑞慢条斯理，但却字字有声，句句沉重。

"啊——！？"张勋的脸膛寒了下来。心想：段芝泉这是什么话？徐州会议，你派出代表了，你的代表签字了，墨迹还未干，你怎么又这样说呢？难道你变心了么？张勋真想跟他当面把话辩明白。但转念又想，段祺瑞奸猾狡黠，常常声东击西，表面是人，背后是鬼。至今，他是不是脚踩两只船？我不怕你，有你代表的字据，还有那个"金兰结"，想逃也逃不掉你！于是，他只淡淡地笑着说："尽人事，听天命吧！"

段祺瑞又客套几句，匆匆告别了。

就在段祺瑞拜会张勋的时候，徐树铮正在匆匆忙忙地拜会总参议员胡嗣瑗。

胡嗣瑗跟张勋、万绳栻相熟。是北洋家族中一个颇善于周旋的说客，常在各派中走动，能和事，也能坏事。长年闲居在天津。徐树铮跟他也算老友了。所以，一见面就开门见山地说："日前，副总统有封信请嗣公转给张绍轩了，是么？"胡嗣瑗点点头。"有这么回事。"

"冯华甫是副总统，辫子军一旦复辟成功了，甫公岂不成了'身在曹营心在汉'的人物了！"

胡嗣瑗明白徐树铮的来意。淡淡地一笑，转守为攻，咄咄逼人地对徐树铮说："是有一封信交给了张绍轩，那是代表合肥转奉的。倘不是我亲手所转，我真不敢相信合肥会做出此事！"

徐树铮头皮紧了一下。可是，他马上转变腔调说："这么说，那是副总统被总理利用了？咳，他们这两家的事，究竟是'庄周梦见蝴蝶了，还是蝴蝶梦见庄周了'？一时也说不清楚。当今之计，是你我均有责任排除后患！"

胡嗣瑗暗自笑了：你徐树铮也太狂妄了，哪有拿着棍子求人办事的道理。他转脸望着徐树铮，问："又公，你的意思……"

"当然是支持张绍轩了。"徐树铮说，"有徐州签订的协议在案么！""这不就无话可说了么！"

"不！"徐树铮说，"果真那样了，甫公、合肥均极不利。我想……""明白说吧。"

"咱们要给张绍轩来个暗度陈仓！"

胡嗣瑗松了一口气："小扇子"想把那封信和那幅黄绫子一起给'暗渡'过来！他说："不易呀！张辫子的宝物全在万公雨手里。那个人，谨慎有余，怕难到手。"

"在别人，十分难。"徐树铮说，"在你嗣公，自然是易如反掌！"又说："嗣公与万公雨是同乡，万公雨看重的，无非几件白东西，至于说款项么，当然从天津（指段）拿了，何必再惊动南京（指冯）。"胡嗣瑗终日东奔西走，多半也是看在钱上，更不怕钱多炙手。听说有钱，又不需大动干戈，何乐而不为。便说："只怕少了很难打动他。"

徐树铮笑了。从衣袋中拿出一张四十万大洋的支票，一边递给胡嗣瑗，一边说："嗣公，够了吧？"

胡嗣瑗一见如此重金，心中大喜：这足够我和万公雨享用后半生的了。便说："让我试试吧。万一成功了，也免得日后节外生枝。""嗣公……"徐树铮怕夜长梦多，好事难成。"我心里急呀！""听说万公雨正在天津。"胡嗣瑗说，"那么……明儿晚上我便到府上如何？"

"我摆上好酒欢迎！"

张勋的辫子兵没有进北京城，只在城外安下营寨。张勋独自进了城。张勋穿着青纱长衫，只有几个贴身随从，直奔毓庆宫走去——他偷偷地去拜谒小皇帝。

人们把话传进宫中，小皇帝犹豫不决，还是老师们相劝，才决定见他。小皇帝出来迎张勋的时候，还不认识他。见面前站着一个脸膛黑黑、眉毛浓浓、脖子那么短的一个汉子，还以为他是御膳房的太监呢！摆摆手，想赶走他。

张勋机灵，一见这小孩那么多人扶持，便知是溥仪。忙扑通跪倒，头触地，说："臣张勋，跪请皇上圣安！"

小皇帝这才明白，这个黑不溜秋的汉子原来就是张勋。忙把他扶起，拉着他的手，按照别人替他事先提示的几件事，问了张勋一些徐（州）亳（州）地方群众生活情况、军队情况，便不再说话。

张勋真真假假作了回答，最后又说：“圣上真是天禀聪颖，黎民必有洪福！”

皇上早已下野，平时哪里有人再跪他。听了张勋如是说，一时不知该如何回答。半天才说：“我差得很远。我年轻，我知道的事也少。”

张勋慌了，忙又叩头，说：“皇上宽宏大量，过于自谦。本朝圣祖仁皇帝也是冲龄践祚六岁登基呀！”

“我……我……”小皇帝不知该说什么了。半天，才吞吐着说，“我哪敢比圣祖！”所谓“圣祖仁皇帝”指康熙；小溥仪还算明白，不敢跟康熙比。

张勋到北京之后，并没有掀起更大风波。他除了朝见小朝廷之外，还到总统府去会见大总统黎元洪几次，没有流露倒黎，也没有建议恢复段祺瑞总理职务。仿佛他到北京来，只是观光观光而已。他并且对他的部下说：“北京要办的事办完了，再过一两天就可以回徐州了。”

人们迷惑了：张定武是来调解府院矛盾的，没有做什么调解，怎么说“事办完了”呢？

贴近他身边的人则说：“进京是扶小皇帝复位的，怎么不让小皇帝再登基，就要回徐州呢？”

一天晚上，张勋在南河沿他的公馆里召开了一个紧急会议，他随身的亲信张镇芳、雷震春、吴镜潭、万绳栻、康有为、张海鹏等都到场了。张勋对他们说：“北京的事，我想再跟北方的人商量一下，听听他们的意见如何。”

有人问：“请皇上复位的事，大家都签字了，这时不办，要等什么时候办？”

雷震春比较激动，他说：“事情到现在这个地步了，还要跟这个商量那个商量，商量到什么时候？干脆，要办就办，要不办就算了。”张勋问：“大家看呢？办是不办？”

“办！不办咱到北京来干什么？办！”

张勋锁着眉想了想，又抬眼看看大家，然后说：“既然大家都同意办，那就办吧。”

这是1917年6月30日深夜，南河沿的会议没有分歧便结束了。而后，张勋向他的辫子军下达了开火的命令。

由于是深夜，又是突然的行动，一切都十分顺利：黎元洪被赶下台了，北京城头连夜挂出了龙旗！

凌晨，张勋又急匆匆地跑进毓庆宫。他先见了溥仪的老师陈宝琛，说明来的意思。陈宝琛让他小坐，便同皇帝另外的两位老师梁鼎芬和朱一藩一起去见溥仪。陈宝琛说："张勋又来了。"溥仪说："他又来请安啦？"

"不是请安，是万事俱备，一切妥帖，来拥戴皇上复位听政的。大清复辟啦！"

这突如其来的好事把小皇帝弄昏了，他呆呆地望着自己的老师，不知该说什么，更不知道这"真皇帝"应该怎么当。

老师们会议一下，对溥仪说："不用和张勋说多少话，答应他就是了。"老师又说："不过，不要立刻答应。先推辞，最后再说'既然如此，就勉为其难吧'。"

溥仪在养心殿召见了张勋。张勋跪着向小皇帝朗诵了《复辟奏折》，说了些"隆裕皇太后不忍为了一姓尊荣，让百姓遭殃，才下诏书办了共和。谁知办得民不聊生"，又说什么"共和不合咱的国情，只有皇上复位，万民才能得救"，等等。

张勋朗诵完了，还在跪着。

小皇帝望了望老师们，才说："我年龄太小，无才无德，当不了如此大任。"

张勋又把康熙六岁做皇帝的话说一遍，尚未说完，溥仪便问："那个大总统怎么办呢，给他什么优待还是怎么的？"

张勋说："大总统自然会奏请退位的，皇上准他的奏就是了。"溥仪故作沉思，许久才说："既然如此，我就勉为其难吧！"张勋复辟成功了！

这是公元 1917 年 7 月 1 日。

人们一觉醒来，北京城各家各户都挂起了龙旗，有的人家没有布制的，便用纸临时糊一面。大街出现了清朝的旗袍，报贩们高声叫喊"宣统上谕"。

张勋成了朝廷的议政大臣，还兼任着直隶总督！皇帝复位了，大总统怎么办呢？

溥仪的老师梁鼎芬，也曾经做过黎元洪的老师，他想凭着师生关系，劝黎元洪离开总统府。梁鼎芬向张勋和议政大臣们自告奋勇，要去见黎。结果，竟被黎元洪阻了回来，黎就是不离开总统府！议政大臣们说："黎元洪这样拒不受命，请皇上赐他自尽吧！"小溥仪一听这些人让他下令对一个人——还是大总统处死，先是吃了一惊。然后说："民国对我不是也优待了么，我刚一复位，怎么能就赐黎元洪死呢？这是绝对不应该的。”

溥仪的另一个老师陈宝琛，历来是最顺从皇帝的，这次他竟气呼呼地说：“黎元洪拒不离开总统府，是不想退位。乱臣贼子，元凶大憝，焉能与天子同日而语！”

溥仪还是没有下达“赐死”的“圣谕”。

皇上金口不开，议政大臣们再度商量，决定仍请梁鼎芬再到总统府动员黎离开，并告诉他已有“上谕”，封他为一等公，以彰殊典。梁尚未动身，人报：黎元洪已经抱着总统大印跑到日本使馆去了。

第二十七章
马厂誓师出奇兵

辫子军北上京华的时候，段祺瑞站在他二楼的临街窗下，望着天空飘浮的白云，听着城市无章的嘈杂，他的思绪很乱：他希望张勋马到成功。那样，他可以不费吹灰之力，就把黎元洪赶下台。然而，他又觉得有点儿恐慌：张勋果然成功了，成功不是我的目的，我得夺权，我得把小皇帝再推下台，自然也要把张绍轩推下台。张绍轩狗急跳墙，他若把事情都掀出来，怎么办？徐树铮答应的把黄绫子和那封信弄到手，还不知何时才能到手，能不能到手？段祺瑞又想名又想利，可又觉得名和利双收是那么不容易！昨晚，他和徐世昌等打了八圈麻将，他的手气很不好，几乎全军覆没。今早他本来说要人陪他去水上公园转转，他还从未到那里舒舒服服过半天呢！但早上他又不起床了，弄得一群陪员和差役白等了半天。正是段祺瑞焦急不安的时候，徐树铮匆匆走来。“老总，老总！”段祺瑞听着喊声，望见他那兴奋劲儿，心里一下子轻松了。急忙走下楼来迎接。“又铮，你是一只喜鹊！对吗？”

徐树铮说：“听说老总昨晚一直走着‘麦城’，我怕您想不开，躺倒了。特来安慰老总的。”

“光为这？”段祺瑞心里一惊。

“还会有什么？”徐树铮故意沉着、冷漠，“人在难处，一句话安慰也是千金价！”段祺瑞微笑摇头。“我可不是那么容易冲动的人。我问你，胡嗣瑗有消息？”

徐树铮这才从衣袋中慢吞吞地摸出一个布包包，交给段祺瑞。“到手了？！”段祺瑞又惊又喜。说着，便急忙取开布包。果然是那幅黄绫子和早先他写给冯华甫的那封信！“哎呀呀！又铮，你真行，真行！难为你了！出多大个价码？”

“这您就别问了，小意思。”徐树铮说，“全当八圈没开和！”“又铮，你真行！”段祺瑞手捧着黄绫子和信件，如释重负。

“有什么行不行？”徐树铮坦然一笑，摇着头说，“俗话说得好，‘钱能通神’！钱连神都可以通，何况人乎！”

北京城里发生的事情，是曾毓隽及时向天津段公馆回报的。挂龙旗的那天早晨，段祺瑞手捧着奶杯，一边听着电话，当他听说大街上挂满龙旗的时候，他忙问：“黄陂怎么处理的？”“听说他已经奏请奉还国政。”曾毓隽说。“人呢？”段祺瑞问。“暂时还不清楚。”“老百姓情绪如何？”

“看不明白。”曾毓隽说，“只见许多人到估衣店铺里去买朝服、马褂，还有人纷纷央人用马尾做假辫子。热闹非凡！”

沉默了许多天的段祺瑞，忽然间便兴奋起来。他大声呼喊：“来人！”

人来了，他又说：“告诉膳房，速备盛宴，并请各位都到客厅，我要和他们痛饮！”

他没有说清楚“各位”都是哪些人，但侍从却明白了，那是现在公馆里闲住的文文武武。侍从转身退去时，段又嘱咐：“务必拿好酒！”段祺瑞失权才四十天。四十天他觉得连日月都暗淡无光了。他不能没有权，他不会没有权！清帝逊位之后，中国是北洋派的天下。段祺瑞，他自认是北洋执牛耳的人物，尤其是袁世凯死了之后。长江流域，自湖北起东去，几乎全是皖系势力；这支势力，北抵京津，南达浙闽，早已雄踞了半个中国，并摆出一副独吞天下之势。段祺瑞无时不在摆出独霸中国之势！但是，他也看得很清楚：直系势力不仅抓住了晋冀，还把触角伸到豫陕，吴佩孚长期驻在洛阳，和保定的曹锟遥相呼应，争夺霸主之心，从未泯灭。富饶的东北，奉系张作霖不仅雄踞辽沈，还谋划入关。形势险峻，瞬息即变，段祺瑞觉得一日无权，或会永无立足地！现在，打倒张勋，已是不成问题的问题，虽然张勋替他赶走了黎元洪。但是，打倒了张勋之后怎么办？他不能不想，不能不和他手下的军师、金刚和心腹们商量。

盛宴摆好了，人差不多也全来了，就是不见徐树铮。段祺瑞有点焦急。他把贾润泉叫过来，对他说："快去把又铮找来！"

徐树铮也在和他想着同样一个问题。黄绫子和信到手之后，他便坦然地丢下了张勋的问题。他十分自信，不用几天，他将同合肥一起去主宰北京大权。然而，权到手怎么办？徐树铮想拿出一个妥当的办法。他正在思考。

徐树铮被请来的时候，段祺瑞有点焦急地说："又铮，北京的事，你知道吗？"

"知道了。"徐树铮说，"我在想下一步怎么办。""好，好！该想，该想！"

徐树铮说："当务之急，是黄陂怎么处理才好。""屁事！"段祺瑞说，"废了他，一切都完了。""不行。"

"你的意思……""要除了他！""有必要么？""以免后患！""让张勋下手？""让小皇帝！"

段祺瑞没有摇头，也没有点头。他们并着肩，匆匆走进宴会厅。宴会在热烈的气氛中进行着，仿佛北京挂起的龙旗已经被段祺瑞通通扯了下来，他们是在盛宴祝贺！

有人在段祺瑞耳边低语几句。段祺瑞面色一沉，把端在手中的酒杯用力放在桌上。嗵！玉液四溅！他锁着眉说："好啊！天津也挂起了龙旗！这么说，直隶省长朱家宝也是赞成复辟的了。那好，我就先从朱家宝头上开刀！"

刚从北京赶回来的曾毓隽，轻轻地扯了一下段祺瑞的衣襟，低声说："朱家宝，不过是一条狗！值不得动怒。"

段祺瑞深深地舒了一口气，重又端起酒杯，严肃地说："大家举杯，为迎接一个新的形势，咱们干杯！"大家举杯，一饮而尽。

段祺瑞又说："明天，请大家都到马厂，有大事相商！"

北京龙旗挂出，国人无不惊讶，无论朝野，几乎无人不反对。北洋有力气的，冯国璋远在南京，北方只有段祺瑞了，何况段祺瑞另有所图。于是，便以天津为中心，鼓动其反复辟的任务来了。先是前司法部长梁启超表示支持，继而是天津驻军首领陈光远相随，刚谢去总理职务的李经羲也致函段祺瑞支持，连黎元洪派驻天津的亲吏也致信段拥护。于是，段祺瑞更坚定了信心，决定在马厂誓师，出兵北京，反对复辟。

马厂誓师大会开得很简短，曾毓隽讲了北京挂龙旗情况，段祺瑞便宣读"讨逆通电"，通电说：

天祸中国，变乱相寻，张勋怀抱野心，假调停时局为名，阻兵京国，至七月一日，遂有推翻国体之奇变。……祺瑞摆斥以来，本不敢复闻国事，唯念辛亥缔造伊始，祺瑞不敏，实从领军诸君子后，共促其成。既已服劳于民国，不能坐视民国之颠覆分裂，而不一援。且亦曾受恩于前朝，更不忍听前朝为匪人所利用，以陷于自灭。情义所在，守死不渝。诸公皆国之干城，各膺重寄，际兹奇变，义愤当同。为国家计，自必矢有死无贰之诚，为清室计，当久明爱人以德之义。复望戮力同心，戡兹大难，祺瑞虽衰，亦当执鞭以从其后也！

段祺瑞的通电发出之后，冯国璋以副总统名义致电天津，准与段祺瑞联合讨逆；浙江督军杨善德、直隶督军曹锟等先后电告出师相助。

段祺瑞决心更大了，决定在天津成立“讨逆军总司令部”，并宣布自任总司令，任命徐树铮为总参谋长，段芝贵为东路军总司令，曹锟为西路军总司令，倪嗣冲为皖晋豫三省联军总司令，以作后援。

通电发出，部署完毕，忽然有人在段祺瑞耳边提出一件很重要的事：“老总，天津至北京，中经重要地带廊坊，那里是十六混成旅的阵地，属段芝贵的东路军路线。段芝贵能指挥动这支军队么？”段祺瑞一听，心中一惊——

十六混成旅是冯玉祥的部队，属冯国璋、曹锟的直系，是一支训练有素、战力很强的部队，驻防京畿廊坊。前不久，因为战和问题，段祺瑞、冯玉祥之间发生了矛盾，再加上徐树铮跟冯玉祥原本就不和，段祺瑞以陆军部总长名义把冯玉祥换下来，让他带领三个营到正定“练军”去了，由一个叫杨桂堂的团长暂充旅长任，仍驻廊坊，这个旅的官佐全是冯玉祥一手提调的，除了冯玉祥之外，谁也难能指挥得动。

段祺瑞惊讶了半天，把曾毓隽和讨逆军总司令部交通处长叶恭绰以及正在任着陆军讲武堂堂长的陈文远叫到面前。问计于他们，叶说：“冯焕章（冯玉祥字焕章）仍在廊坊，老总应把十六旅还给他，再委以一路军总司令，他必会因光复故物、名利双收而踊跃从命的！廊坊一握，京津路断，辫子军将何之。”叶又以激将之法说：“冯焕章是个善用机会之人，如他先有组织，挂出讨张的旗子，您怎么办？”

“对，对！”段祺瑞说，“一切都依从叶公所言。”又说：“请冯焕章来，似有不恭。那就请叶公走一趟如何？”

叶恭绰摇摇头，说：“解铃还须系铃人！总司令身边现有合适人选，何必派我呢？”

段祺瑞恍然大悟：“说得对，说得对！当初是文远出面告诉冯焕章解职的，现在，还得他去为冯焕章复职。”

陈文远带着临时刻的“一路军总司令”的关防和曾毓隽一起去见冯玉祥。

冯玉祥事先已从段身边的亲信贾德耀那里得到消息了，但他还是问：“二位前来，是段总司令要召见我吧？”陈、曾点头。

“何事？”冯又问。

“大约要送一份功劳给您吧！”曾说。“焕章精神不振呀！”

曾说：“人皆知十六旅是您的部队，是一支劲旅。坐听张勋在北京复辟，您的声威何在？难道您十六旅要听张勋指挥吗？”冯玉祥是个坚决的反帝派，他哪里经得住如此一激。便说：“冯某之部，绝不为皇上服务！”

陈、曾这才拿出关防，说明复职、任命之事。

冯玉祥接受任命，段祺瑞十分高兴，即在天津交通银行借出十万大洋，又备办了一些物品，亲领几位文武前往廊坊。

段祺瑞坐在专车上，临窗外眺，心情比四十天前走出天津时好多了！窗外，田园纵横，稼禾绿碧，连列车的奔驰声也似一曲进军乐章！

在廊坊，段祺瑞匆匆走下专车，和在那里迎接的冯玉祥久久握手、拥抱，虽无一言，却情感万分！有人将银行支票和车上物资清单交给冯玉祥，冯玉祥交给随从，这才说：“老总将要成为再造共和的英雄了！”

“讨逆胜负，全赖尊部！”

“我在北京恭候老总大驾！”“我备好最尊贵的勋章！”二人相对仰面大笑。

梁鼎芬极力劝杀黎元洪的动议，其实是徐树铮起了点火的作用；小皇帝不开金口，其实也担心日本人不会让他杀成。所以，黎元洪还是比较安全地到了日本公使馆。

马厂誓师的消息传到日本公使馆之后中，黎元洪竟雀跃起来，他感到自己又有重返总统宝座的希望了！他竟不知天高地厚地发出了“大总统通电”。通电共分三条：一，声讨张勋叛逆；二，委段祺瑞总理国事；三，请南京冯国璋依法代行大总统职权。

黎元洪的通电到了段祺瑞讨逆总司令部，到了徐树铮手里，他连给段祺瑞看都不给，便大怒道："小皇帝不杀他，算他幸运。如今又摆起大总统臭架子来了，你算个屁！"他拿起电话就命令前线指挥陈文远："迅速进驻总统府，不许任何人进出！"

讨逆军全面进攻北京的时间，是 7 月 3 日。段芝贵的东路军当天便占领了黄村，由旅长吴佩孚率领的西路军，5 日占领了芦沟桥。到 7 月 7 日，在段祺瑞的东西两路大军夹击下，张勋从徐州带来的辫子军无力招架，只得匆匆退缩北京城，准备待援——然而，待谁来援呢？张勋还在做梦。张勋想起了徐州结盟，想起了那幅黄绫子。不是有十几个省的督军代表在黄绫子上签了名字，义结金兰了么，他们总不会袖手旁观吧！张勋要人急发求援电！可是，京津全是皖、直势力，战斗瞬间万变，那些远在天边的"盟军"解得了他的"近渴"么？求援电发出了，连个响声也不见回，张勋只好把他的辫子军龟缩在天坛、天安门、景山、东西华门和南北河沿，布置了炮位。

张勋的炮位尚未布置好，驻在京苑的辫子军李奎元师响应讨逆军号召，竟树起降旗反戈一击了……

北京城被段祺瑞的讨逆军围困得水泄不通，且步步紧逼，辫子兵节节后退。眼看着张勋就要全军覆没了，徐树铮向段祺瑞提出了暂停进攻的建议。段祺瑞不加思索地说："一鼓作气，获取全胜！""现在该看看如何收拾残局了。""是不是为时尚早？"

"北京是文化名城，请老总注意文物。""张绍轩……"

"已经山穷水尽了。"徐树铮说，"可以改为政治进攻了。"

段祺瑞想了想，便点头答应。7 月 8 日上午，派了一个特使进京劝降，向张勋提出投降四个条件：

一、取消帝制；

二、解除定武军武装；

三、保全张勋生命；

四、维持清室优待条件。

讨逆战争打起来之后，张勋还在做梦，他认为段祺瑞不会那样干。几天前，他还在天津一句一声“大哥”地尊敬他，怎么会在几天之后便翻脸成敌呢？可是，段祺瑞却真的调集五万大军攻打他，并且把他打得连退步也没有了，他才感到问题严重。他急忙把万绳栻找来，焦急不安地说：“公雨，段芝泉真的要吃掉我们吗？”万绳栻只摇摇头，但摇得很轻。

“我不怕他！”张勋颇有胆气地说，“真正大家都撕破了脸膛，咱们也饶不了他。”

万绳栻明白：张勋的武力是不行了，他说“饶不了他”，也只有最后一张王牌——徐州那幅黄绫子了。万绳栻暗自笑了：“你等着用那幅黄绫子吧，它早到了段祺瑞手中了。”

张勋是被蒙在鼓里的，看到段祺瑞的四条劝降书，他还有恃无恐地说：“这条件我不能接受，他欺人太甚了！帝制不帝制可以商量，解除我的军队是何企图？难道我做他的俘虏？混账话！我不是三岁的孩子，吓不倒！”

正是张勋气壮如牛的时候，两架飞机在北京上空隆隆飞过，不大会儿，竟投下两枚炸弹——两枚炸弹开创了北洋军的空战史——两声巨响，张勋魂都吓掉了！忙叫喊：“公雨，公雨！段祺瑞下毒手了，咱们也摊牌！你马上告诉驻京的中外记者和报界名人，就说我要宣布一件重大秘密。”

万绳栻答应着，但并不走。

“不能再犹豫了，”张勋说，“我要向世界宣布，段祺瑞不是个东西！他明明在黄绫子上签了名字，如今他又出尔反尔，我要公布那幅黄绫子！”

“黄绫子？”万绳栻装糊涂了。

“就是徐州会议上大家签了名的那幅黄绫子！”张勋说，“我交给你了，让你好好保存的。”

“那本是大少爷避邪的吉祥物。”万绳栻平平静静地说，“我怎么敢轻易存在身边呢，早交给曹夫人了！”

“啊——？！”张勋着急了。“这么重要的东西，你怎么能交给她呢？那早已不是什么避邪物，而是一件无价的盟约了。你……你……”

“大帅，别着急。”万绳栻说，“我马上偷偷地去天津一趟，从夫人手里拿回来就是了。”

张勋虽然心急，也无可奈何，只好说：“你要用最快的速度来去！”

“是，是！”万绳栻像漏网之鱼、惊弓之鸟，匆匆走出，却再也不曾回到张勋身边。

这里，说一个小小的插曲：

张勋徐州起兵的时候，在黄绫子上签字的督军并非都没有出兵，张作霖的二十八师就从关外匆匆赶来北京助战。

二十八师师长冯麟阁，是一个挨近五十岁的军人，性情极为刚愎，他和皖系段芝贵有私怨，想借机报复段——

当初，张作霖投降清军的时候，曾拜在段芝贵的老爹段有恒名下为义子。张作霖霸有东北之后，为了表示亲善，便把段芝贵拉到东北当了奉天督军。张作霖老部下冯麟阁也想当奉天督军，便千方百计排挤段芝贵。段芝贵只当了几个月奉天督军便退了出来。

冯麟阁跟着张勋一同进了北京之后，着实欣喜了一阵子，以为小皇帝复位他会有个好的前程。谁知黄粱梦短，张勋又败了下来，冯麟阁便找到日本后台，要求护送回东北。日本人够朋友，派了个叫犹峙的军官，包了一节头等车厢，偷偷地把冯化装成日本人运出北京。

段芝贵是东路军司令，北京到天津全是他的地盘，什么消息瞒得了他。段芝贵知道冯麟阁要跑回东北，便以“叛国罪”请段芝泉惩办冯，段同意了。于是，冯麟阁坐的车刚到天津，便被扣了下来。日本人闹了阵子，也没有用。冯麟阁终于成了段祺瑞的阶下囚——自此始，皖、奉两派也埋下了怨恨的根源。这是后话。

7 月 12 日，段祺瑞在没有得到张勋答复投降的情况下，命令前线，兵分三路，进取北京。

张勋的辫子军到段祺瑞总攻时，剩下不到一千人了，而且又是惊弓之鸟，哪里还有力量抵抗！他们只在天坛放了几枪，便举手投降了。

张勋没有等来黄绫子，记者会自然无法开成；救兵也是一抹淡淡的浮云，连影子也望不见了。他向人问计，也找不到人。他不得不带着家属匆匆跑进荷兰公使馆躲藏起来。

北京城重新挂起了五色国旗——共和国重新复活了。

第二十八章

再造共和是假的

北京城挂出五彩旗的第二天，7 月 13 日，京城所有的报纸都在第一版显眼地位，用最醒目的标题称赞段祺瑞为“最后推翻帝制的英雄”“再造共和的旗手”“中华民族的救星”！

消息传到天津，在天津的段祺瑞醉了！在京津广袤地区的讨逆军官兵全部醉了！

段祺瑞原本没有想去当什么“英雄”，他最高、最终的目的，是报复一下黎元洪免他总理这口气，把黎元洪赶下台，让他尝尝下台的滋味！现在，他成为“民族英雄”，段祺瑞先是惊，惊后又喜，特别喜！老天给了他一个千载难逢的机会，使他因祸得福，使他一夜之间成了在历史上能够“永垂青史”的“英雄”！中国漫长的封建社会，终于在我段某人的作为下结束了！彻底的结束了！历史从此掀开了共和、民主的新一页！

段祺瑞从他并不明亮的指挥室走出来，仰面看看天空，天空一片湛蓝，湛蓝得透明！空气特别新鲜，新鲜得像甘露浸透着干枯的心肺！他轻踱脚步，慢慢伸着因连日来劳累过度有些酸疼的腰身，却情不自禁地喊道：“回北京，我要立即回北京！”

在一群属员和差役的簇拥下，段祺瑞离开了二马路，登上专车，匆匆奔向北京。

——屈指算来，段祺瑞离开北京已经四十四天了。四十四天，又算什么漫长呢！然而，对段祺瑞说来，这四十四天几乎超过了他走过来的全部人生路，无职无权的四十四天、失去纱帽的四十四天，多么令人不愉快呀！

坐进专车，段祺瑞方才想起一件大事：“啊！我着什么装，以什么面目进京？”

段祺瑞的总理被免了，失宠的黎元洪虽然通电还给他，那是作不了数的。因为当初免他总理是通过国会的，现在国会没有态度。他想以讨逆军总司令的身份进京，那是一个十分威武的头衔！可是，讨逆军是自己组成的，总司令也是自己封的。在如此混乱的中国土地上，讨逆军算个什么军？讨逆军总司令又算个什么官？谁说得清楚。段祺瑞自己也说不清楚。“再造共和英雄”——那只是一种荣誉，一种颂扬，谁规定着什么装了？思索许久，他还是派人回到二马路公馆，把那一套“上将军”标志的军服拿来。

段祺瑞回京的消息业经传开，便是一场不大不小的震动，四十四天前扣下他专车不发的北京前门火车站，连夜张灯结彩，连月台也打扫得干干净净；各色各样的人物，自觉地、不自觉地纷纷拥向车站，拥向段祺瑞可能经过的大街、小巷！从专车进站的那一刻起，噼里啪啦的鞭炮便响个不停；节奏欢快的军乐，一曲连着一曲；震天的口号，一阵接着一阵；站在队列前沿的各方面的头面人物，个个抱拳拱手，满面欢笑，说不尽、但却无法听清的颂词，只能从口型去判断……

段祺瑞满面带笑，双手举起，向着身旁的人群频频致意；后来，他把军帽脱下，高高举起，不断地朝人群点头。接他的汽车来了，他缓缓地坐进去，汽车缓缓地朝总理府开去。

总理府早已被人打扫得干干净净，一切设备都恢复了段祺瑞执政时的模样。

汽车开进总理府，先一步到来的上差贾润泉像昔日一样，在二门旁迎接他，先向他鞠个躬，然后闪开，目送着他走进去，这才调转屁股跟在身后，一边碎着步子轻颠，一边身子侧着、脸仰着，等待主人的吩咐。

段祺瑞只匆匆地走着，没有吩咐任何事——他吩咐什么呢？高参和助手们，在天津的在天津，在前线的在前线，在军营的在军营，时局变化如此迅速，什么事情都没有来得及商量，连下一步棋如何走，他心里也没有数。从天津到北京，似乎就是来接受这个热闹的欢迎场面的；走进总理府，一切仪程都完成了。

段祺瑞在自己的总理交椅上坐下，才忽然自怨地想：为什么不把徐树铮带来呢？有他一人在，不是什么事情都有章法了么！

段祺瑞在总理府坐下，便命人给徐树铮打了个电话，让他速来北京！

徐树铮不想随段去北京，他不想应酬那种热闹场面。他觉得三天之后去，热闹便会过去了。所以，当段祺瑞坐着专车离开天津时，徐树铮竟来了雅兴，他要去北方大剧院看一场戏。上海昆剧团正在那里上演《牡丹亭》，已经连演半月，还是场场客满。徐树铮平生偏爱昆曲，对《牡丹亭》十分熟悉。任何一支曲，曲牌唱错了，唱走了韵，他都能分辨得清楚。他独自一人，坐着黄包车朝北方大剧院走去。路上，他闭上双眼，还在哼那段《山桃红》：

则为你如花美眷，似水流年，是答儿闲寻遍。在幽闺自怜。转过这芍药栏前，紧靠着湖山石边……

唱着唱着，他竟自笑了。现在是什么时候，哪有心肠来卿卿我我地思索这绵绵情怀！他又不想去大剧院了。他让黄包车把他拉回家中，无精打采地独自坐下，沉默半天，不知什么情绪听使，他又哼起来：

峰峦如聚，波涛如怒，山河表里潼关路。望西都，意踟蹰，伤心秦汉经行处，宫阙万间都做了土。兴，百姓苦；亡，百姓苦。

段祺瑞电话来了，他不得不立即动身，匆匆赶往北京。

在总理府的一间小客厅里，段祺瑞和徐树铮对面坐下，相对窥视一下，都觉得对方太疲惫了，应该好好地休息几日。但是，谁也不去劝谁！无法劝呀！没有他们休息的时间。

段祺瑞像往常一样，总是开门见山地把心思摆在徐树铮面前。“又铮，你不到北京来，我心里就慌张。如今这个局面，真真切切地称得上百废待兴！究竟先着手干什么，从哪里入手？我心里乱呀！”

“我本来想晚三五日再来。”徐树铮说，“也是想到了这一点，接了您的电话，便匆匆赶来了。”

“来得好，来得是时候。”段祺瑞说，“你看看，咱们怎么办？”“我想了，”徐树铮说，“无论有多少事，都先放一下。最紧迫的事，我想就是老总应该去拜见黄陂。今天去最好！”

“啊——？！”段祺瑞头脑懵了一下。心想：这算什么急务？一切努力，都是为了赶走黄陂。他走了，走得好！如今他已是一个庶人，我为什么要先去拜他呢？段祺瑞只皱着眉，却没有回答徐树铮提的问题。

徐树铮还是坚持己见。他说：“不仅要去拜见，还得盛情请他出来复任！”

段祺瑞把一副惊讶的目光投给徐树铮。目光带有鲜明的质问神色！徐树铮神情自如。他说：“老总，报纸上称赞您是什么来着？”“问这个干啥？”

“有用。”徐树铮说，“各报都称您是‘再造共和的英雄’，是您再造了一个共和，黎元洪是共和国总统，共和再造，却把共和国总统废了，合适么？”

“那是张绍轩赶他下的台。”

“您却是从张绍轩手中‘再造’了。”“果然黄陂赖着不走，怎么办？”

“黎元洪是个人！”徐树铮说，“我想，他是不会甘心情愿去争当魍魉的。”

“又铮，几天前在天津，你还坚持杀了黄陂。你的思想变化得好快呀！这是怎么回事？”

“天津是天津，今天不是天津是北京。”“有什么不同？”

“在天津说话时，朝廷复辟了，自然要杀共和总统。我们不过促促他而已。朝廷没有杀他，应该算是一点遗憾。他果然杀了他，我们不是正可以在‘再造’的旗帜上添几分光彩么！今天，不是复辟，也不是反复辟，而是反复辟成功，再造了共和！老总是再造共和的英雄！他黄陂是丢了共和的罪人，他敢和老总平分秋色？只怕他正提心吊胆老总会杀了他呢！”

段祺瑞反剪着手，开始在小客厅里踱步，头垂着，不言语——显然他是在思考着徐树铮的话。

“老总，不必犹豫了。这是光彩的事。”徐树铮说，“非这样做不足以使‘再造’更光彩！要知道，黎元洪已经是一只死了的老虎，他再不会吃人了。”

段祺瑞停下脚步，闪闪双眼，终于用力拍了一下桌子，说：“好，我现在就去拜望黎元洪！”在日本驻华公使馆的一个幽静的小客厅里，段祺瑞和黎元洪面对面地坐着，都显得那么拘谨。

五十五岁的黎元洪，几天之间已经显得苍老多了，连精神都显得那么疲惫，他一身便装，光着脑袋，面上仿佛蒙上一层厚厚的尘垢；目光也远非几天前那么有神了。此刻，他有点紧张，紧张得有点发抖，双手不停地移动，从身侧移到前胸，又从前胸垂下；似乎想揉搓，又似乎要分开。他不知道该做什么，他做梦都不曾想到会出现如此尴尬的局面。他慌张、焦急、为难，突然间他便感到室内异常闷热。

黎元洪离开总统府的时候，他觉得要走向一片绝地，最初他不愿意出来，共和被推翻了，张绍轩扶起了小皇帝，我这个大总统还不得赐死！那些经过折腾的王公大臣不会像孙中山、袁世凯那样，还会给被他们推翻的政敌以优待。他们要斩尽杀绝的。与其跑出去寻死，还不如与总统府共存亡呢！他几乎是被随从挟持到日本公使馆中来的，他说不清为什么要到这个国家的公使馆。进了公使馆，他还是觉得要死——要被人处死！

黎元洪在日本公使馆住定之后，惊魂未定，想入非非：自入北洋水师到现在，已经三十四五年了，他自认为一直是在为国家民族奔波的，他也算寸步不离袁世凯了；当年在湖南，他也曾率新军破坏过革命党，辛亥革命他也算杀手，许多革命人士死在他手下；他想他不该跟着袁世凯当副总统；他更不明白会倒在一个名声不大的辫子张勋手里。而今，被他免职的段祺瑞成了英雄，段祺瑞会如何对待我呢？当段祺瑞出现在他面前时，他慌张了，慌张得不知是吉是凶？

段祺瑞也感到了尴尬。听了徐树铮的话，他想有个高姿态。可是，当他出现在他面前时，一下子心情就变了——他们之间毕竟发生过你死我活的斗争。现在，他扬眉吐气了，难道要在黎元洪面前显示自己是胜利者么？不，用不着了，黎元洪业经够狼狈的了！

段祺瑞与黎元洪的争权，已是来历已久了。当初让黎元洪当副总统时，段就不高兴；袁死后要黎当总统，段更不高兴；黎当了总统首先拿他开了刀，他们便水火不相容了……

不过，段祺瑞业经胜券在握，他觉得徐树铮让他来见黎元洪，绝不是让他记前仇，是为了“再造共和”那块牌子更光彩——到现在，段祺瑞对于社会上轰动地对他赞誉，他还没有坦然地接受下来，他曾暗自问自己：我是再造共和了么？我有主观上想维护共和么？我哪有本领自觉潮流会是这样的么？屁！黎元洪免了我总理，我得报复他，推倒他总统。若不是张辫子借给一条通道，我还不知道用什么办法推翻他大总统呢！

段祺瑞回到现实来了，不再多想了。他静了静神，坦然地笑着，这才对黎元洪说：“张绍轩太不识时务了，这完全是他咎由自取。”黎元洪只好顺着段祺瑞的话，随声附和：“是的，是的。”

“芝泉此来，是想同总统商量一件大事。”段祺瑞态度和蔼，神情平静。

商量？黎元洪心惊了，惶恐了：段祺瑞灭张勋，目的是在灭我黎某。难道他是来想借我的头颅以谢天下么？他害怕了。别看“大总统”的“惯性”在他身上尚未完全消失，可他知道，政治斗争总是你死我活的！人的生命只有一次，不会死而再生。所以，他硬着头皮说：“听从安排，听从安排！”

段祺瑞没有注意黎元洪的神气，他仍然笑着说：“小皇帝复位，我们是绝对不能答应的。”

“那是，那是。”黎元洪说，“北京挂龙旗的那天，我也是发出讨逆通电的。我还给各方发了电报呢！”他本来还想说“我也给你发了电报，请你出来主持国政”，但话到嘴边，他又收了回去。知道此时说此话，那是极不识时务的。

段祺瑞好像根本就没注意黎元洪的脸膛，他依旧豁然大度，仿佛昔日他们之间什么不愉快的事情也没发生过。至于要他重理国政一事，段祺瑞却表现出当仁不让。黎元洪未说出口，他自己倒是毫不含糊。他对黎元洪说：“事情到了这种地步，我么，自然还是要回到国务院去的了。我想，您也回到总统府。往事烟消，咱们还是携手共理国事。”说这些话的时候，段祺瑞表现得十分真诚，好像是在恳请黎元洪出山，来共同完成一项巨大的事情。

黎元洪听了这段话，一下子慌张起来。他觉得段祺瑞的话，还不如宣判他死刑好呢。那样，他思想倒有所准备。黎元洪急忙站起身来，慌张地有些儿语无伦次地说：“无洪无才，误国不浅！实在不敢担……不敢担此重任。再……再说……”

段祺瑞见黎元洪这个可怜相，反而觉得他更值得同情了，更有可爱之处了。马上便说了一些奉承他的话，还罗列了黎元洪的一些“功绩”。“国事维艰，这些年来宋卿还是任劳任怨、辛辛苦苦的。尤其是辛亥以来，南北议和之际，阁下那副忧国之情，忧民之情，国人还是有目共睹的。项城仙逝，这么大个摊子全落在你身上，更是不容易……”

黎元洪定定神，冷静地琢磨着段祺瑞的“甜言蜜语”，心里好像明白了：段祺瑞是来骂我的。满嘴好听的话，只不过是在为他自己涂脂抹粉！想到此，黎元洪暗自骂道：段祺瑞你别装腔作势了，你的为人我是知道的。算我黎元洪无能，这一场我没有斗过你，败在你手下了。可是，我也不会仰起脸来向你段合肥讨水喝。

黎元洪显得平静了，他无可奈何地叹息着，声调沉沉地说："芝泉的美意，元洪都领了。我谢谢你，谢谢你如此厚爱。只是：辞条之叶岂有再返林柯，坠溷之花焉能重登茵席。心胆俱在，面目何施！"说着，叹息着，摇着头，那副丧家犬的形象，无余地表露出来。段祺瑞刚刚萌起的同情之心，油然间泯灭了，府院之争的往事又涌上心头。他想：你黎元洪不出来正好，也可以让你体味一番权力旁落的滋味。你真的要回到总统府，我还真的不答应呢！他笑笑，对黎元洪说："既然阁下心志已坚，段某也不便过于勉强了。总统好好保重，有事尽管让人对我讲，我一定会办到。我告辞了！"

段祺瑞走了，黎元洪大约有了安全感，遂向日本公使致谢作别，又回到他东厂胡同家中。回家就回家吧，又无聊地连连发出辞职通电和发出"去职情由"通电，虽挖空心思，编了一片堂皇言语，只是，国人谁也动不了恻隐之心了。

段祺瑞回到总理府，在他本来的寝室里换了装，认真地洗个脸，这才坐在窗下的桌子旁，提笔展纸，处理他国务总理该处理的事情……

四十四天，又遥远得模模糊糊，又清晰得历历在目。段祺瑞仿佛是睡了一个舒舒服服的长觉，一觉醒来，他需要舒坦坦地伸一下腰身，然后便投入一个新的、习惯了的工作。好像中国刚刚发生的一场巨大灾难，与他段某人无丝毫关系。

时间又往前过四天，即 7 月 18 日，中国又出现了一位大总统。不过，不是段祺瑞，而是六十一岁的河间人冯国璋冯华甫。

第二十九章

黎元洪真不识相

冯国璋没有及时来北京就任大总统职务。他不想来当这个大总统。他觉得中国的大总统难当。冯国璋的头脑还算清醒，到他以副总统代行总统职务时，黎、段府院矛盾虽然暂时解决了，可是，北洋家族中已经形成了互不服气的直、皖两大派，各省督军、省长、军中师旅长，无不分属两派。张作霖在东北独树一帜，南方还有革命军。“中国乱呀”！冯国璋想当“太平总统”不易。在这之前，就是在袁世凯活着的时候，对于他们面临的局面，冯国璋和段祺瑞已经怀着不相同的意见：冯想通过各派势力谈判，达到统一；而段则坚持武力统一南北。在黎段矛盾日重之际，段已经通过向日本借款购置武器，增练军队，想以武力同直系争夺霸权，形成自己为核心，达到南北统一。

段祺瑞扩充势力，意欲压直的时候，北方直系军阀也以保定军官学校学员为主组织“拥冯反段”的活动，并且建立一个组织，叫“成城团”，聚结相当力量，对段攻击渐至激烈。刚刚坐进总理办公室的段祺瑞，不能不为此忧心起来。

一天，段祺瑞把跟直系关系很好的总统府军事处副处长张联棻请到办公室，呼着他的雅号说：“馥卿，公府的情况，你是比较熟悉的，摊子烂，内外交困。现在，只有我和华甫携起手来，才有望把事情办好。可是，华甫既不愿来京，又和我分歧颇大。成城团的事大约你也知道了，其实我不怕。怕的是旧的府院之争刚刚平息，又出现新的府院之争。所以，我想请你到南京去一趟，同华甫面谈一下，看看究竟他有何打算？”

张联棻也是想着能够有一个团结和睦的政治局面，以实实在在地办几件事。所以，他很愉快地答应南行。

张联棻到南京，见到冯国璋，把段祺瑞希望他来京供职的事说了一遍，又试探性地询问了冯国璋对段的意见，隐约点出了北方反段的事。冯国璋十分机灵，生怕与段发生隔阂，便表明态度似的说：“芝泉虽然某些事办得不对，但是，他逼清帝退位，维护共和，马厂誓师推倒复辟，反对帝制，出兵参战，都有他一定的功绩，不应该对他攻击过火。好比一根好的木头，如果一下子打断，不能再做支柱，未免可惜。可以使他慢慢下台，以后他能回转头来，还能做国家栋梁。”

张联棻回到北京，把冯的意思告诉段祺瑞。段认真地想了想，说：“既然这样，那就请你再去南京一趟，就说我替四哥（即冯国璋）当一辈子国务总理好了。不过，我希望他不要经商，与民争利，请他快到北京代理大总统吧！”

段祺瑞说的“经商”，是暗指北方搞成城团的一伙人，那是得到冯国璋支持的。他想让冯知道，他段祺瑞是了解他们情况的。张联棻二次到南京，把段的话又重述了一遍，冯国璋笑了。但他是叹息着笑的。“并不是自己想经商，这是一些家乡亲友见我发迹在外，都来找我安插差事。我想这些人只能做做生意，都是没有做官的才能的，这才给了他们一些资本，让他们去做买卖，不让他们参与军政界。这并不是为了我个人发财贪利。”

冯国璋还是到北京来就职大总统了。那是1917年7月末。北京城对这位新总统的到来，事先虽然声声张张地准备隆重欢迎，到那一天，竟然冷清起来——人们又猜疑了：冯国璋恐怕又是黎元洪第二！

北方如此争斗不休，继云南的护法运动之后，两广的护法运动又起。湖南首先响应，很快便有“湘粤桂三省联军总司令部”成立。谭浩明以联军总司令名义于11月攻占长沙，把湖南督军、段祺瑞的“四大金刚”之一傅良佐赶走了，谭浩明自任湖南督军兼省长。湘粤桂联军是以湘军为主，前敌指挥部设岳阳，布重兵于湘鄂交界的羊楼司。此时，湖北黎天才、石星川等也宣布独立，把护法军总部设在襄阳，拉出进逼武汉之势。

这就是段祺瑞回到总理位子上不久的南方；是冯国璋到总统位子上不久

的南方。对于这个南方的措施，总统、总理愈显出分歧，即总统要用和平方式统一，而总理则要用武力统一。

府院又在对峙，段祺瑞武力统一之想难以推行，他又歪着鼻子陷入沉思。

几经沉浮，段祺瑞的耐性比往日强多了；再说，他也是五十岁过了的人了，“五十而知天命”，能不有他成熟的一面？段祺瑞又把徐树铮拉进密室，共同商讨对策。

“又铮，形势依然险峻呀！你看到了么？”段祺瑞静思片刻，对徐树铮说，“北京也在乱，南方也在乱。乱得人头昏脑涨！”

徐树铮微笑着，不说话。他在思索，段祺瑞说的“北京乱”，无非指的是对国政问题的乱议论：有人主张恢复旧国会，还让黎元洪来当大总统；有人主张召开临时参议会，重新制定国会组织法及参众两院议员选举法，另行选举两院议员，然后开国会，选总统。所谓“南方乱”是指湘粤桂闹事，因闹而引起的对待问题。对于这两件事，徐树铮都没有重负。他认为没有什么了不起。“老总，不就是南、北两方么，咱们把左手伸到北方，把右手伸到南方，来个兵来将挡不就完了。”“谈何容易！”“怎么不易？”

“北京果然召开旧国会了……”

“黎宋卿已经是死老虎了，旧国会开会，也未必敢有人赞成他再出来复任大总统！”

“应该看到，却有人敢出来反对我！”段祺瑞缓了缓口气，说，“从目前呼声来看，多倾向于恢复旧国会。我们不能掉以轻心哪！”

“我们也得算一方呀！”徐树铮说，“我们可以从国务院刮出风去，赞成重新组织参众两院，重新制定宪法。”

“我也这样想过。”段祺瑞说，“只有这样做，才会有缓机的余地，争取走好下一步棋。只是如何把这事做顺利？还得细想。”

徐树铮说：“这好办，我们现在就制订办法，在各省选举议员，然后把他们找来，该交代地交代一番，不就行了。”“到什么地方去交代？”段祺瑞问。

徐树铮想了想，说：“西城安福胡同不是有一处宽大的房子么，我看那里就好。”

段祺瑞眨了眨眼睛，说：“好，就在那里吧。准备的时候，千万谨慎。”

——以后在北京召开的临时参议院会议，每省出席五个代表，全是按照国务院授意由各省军政长官推荐的。安福胡同这幢宅院，原叫“梁宅”，段祺瑞打着“安国福民”旗号在这里开议会，就改名为“安福俱乐部”；演变下去，又称安福国会——安福系。这是后话。

北京的事情有眉目了，南方如何对付？徐树铮说：“武力统一的宗旨，绝不能变！只是有一点，切不可心慈手软！”

“要考虑力量呀！”段祺瑞是管军的，动起武来要来真的，己如何，彼如何？他衡量过。“冯国璋不同意用兵，直系队伍便不会动。那样，我们孤呀！”“这事您放心，我会想想办法的。”

风云变幻，阴晴不测。段祺瑞搞“安福国会”和武力扩张的时候，冯国璋也在频频出动，他派了长江三督之首李纯与南方酝酿和谈。冯的活动，段并不知道；段的活动，全被冯知道了，一怒之下，冯代总统便把段祺瑞的国务院总理和徐树铮的国务院秘书长全免了。不过，冯国璋免段总理却和当年黎元洪免段总理其方法不同。冯首先想到的，是自己力量不如段，战不过段，生怕重蹈黎的覆辙，落个身败名裂。所以，他又采取了打后紧紧拉段的办法，总理职务免了，却又让他出任参战督办，并下令说：“以后关于参战事务均交参战督办处理，不必呈送府（总统府）院（国务院）。”冯国璋原想把段的权力控制在对外问题上，但他忽略了一个问题，参战督办既不受总统辖制，也不受总理辖制，实际上成了从军事、外交到内政都拥有无限权力的“太上内阁”。段祺瑞因为冯国璋免他总理鼻子歪了几天之后，忽然领悟到了这一层，竟然破涕笑了。

失去国务院秘书长职务的徐树铮在天津家中陪着妻妾们轻松了几天之后，他决定到沈阳去一趟。

已经四十岁的妻子夏红筠阻拦他说：“又铮，别到处跑了，现在咱们有四个儿子了，四个儿子几乎都不认识你，咱有家……”

徐树铮是很少过问家的，无论是标榜还是行动，他都处处显示自己忧国忧民的形象。他终日高唱“救国经”，说：“中国要想摆脱贫困，必须做好四件事：一要立宪，二要武备，三要外交，四是复苏。”他告诉妻子，以后咱们生了儿子，“就按照宪、武、交、苏这样为他们排名，要他们成为拯救国家、民族的栋梁！”

徐树铮没有听妻子的劝阻，他匆匆地、秘密地去了东北，去拜见他的老朋友、奉天督军公署参谋长杨宇霆。

偏居东北的张作霖，趁着关内军阀混战之机，他迅速发展了自己，稳居山海关外，已不成问题。但他不满足，总想把触角往长城以内伸伸。他想靠近直系势力，他与直系一条长城之隔，关系还算融洽，可以成为自然盟友。可是，关内势力大的是皖系，皖系是举足轻重的势力，他又想靠近皖系，以借皖系之力，入关风光！

张作霖的这些想法，徐树铮都知道。往天，徐树铮是下定决心阻拦他进关的："占据你的东北还不行么，还想吃中原，没有那么容易！"现在，徐树铮觉得张作霖有用了，"只要奉张能入关，我们就可以长驱南进，实现武力统一。"

这就是徐树铮对段祺瑞说的"我会想办法"的"办法"。

徐树铮到沈阳，没有先去见张作霖，而是藏在密室里同杨宇霆谈起交易。

"又铮，你说的奉军入关事，我看难呀！"

杨宇霆听了徐树铮的来意之后，说："张雨亭（张作霖号雨亭）是个十分看重实惠的人，不贸然行动。""若是有实惠给他呢？"徐树铮说。"那得他真正看到。"

"这好办。"徐树铮说，"我马上可以把一批武器给他。"

杨宇霆只微微一笑，没有说话。他心里却在想：你连职务都没有了，哪里来的武器可以给别人？

徐树铮不说空话，他手中真有一批武器。那是根据《中日军械借款协定》以贷款形式日本给中国的第一批武器——两万七千支步枪，已抵达秦皇岛，只需办理领取手续，便可接收。徐树铮刚刚离开国务院，他又是陆军部的掌权人，无论国务院还是陆军部的证明函件，他应有尽有。保险柜中还有盖好关防的各式空白证明，领取枪支手续，易如反掌。徐树铮把这个底儿朝杨宇霆摊明了，杨宇霆笑了。

"又铮你把话早说明白，事也就容易办了。"杨宇霆说，"我去找雨亭商量。"

张作霖正想增编队伍，扩充实力，当然是满口答应。于是，便派了杨宇霆和二十七师师长张景惠暗带军车，去了秦皇岛。并对徐树铮说："请阁下回去转告合肥，我决定派三个师入关，并决定在天津设立'奉军驻天津总司令部'。你看如何？"徐树铮点头答应。

张作霖又说："奉军驻天津总司令部我来兼任总司令，又铮你担任副总司令代理总司令职！"

杨宇霆、张景惠到了秦皇岛，不期而遇了冯国璋派来接收这批武器的代表翁之霖。杨、张便极力拉拢翁，天天陪他吃喝玩乐。直到军火全部装上专车了，翁之霖还以为要开往北京呢。谁知汽笛一响，军火车竟朝关东开去！此时，杨、张才对翁说：“此项军械，中央允许拨给奉天了，这有收据一张奉上。”

奉张有了这批武器，将原有的二十七、二十八、二十九三个师改编为七个混成旅，决定派两个混成旅编成一个支队，叫“湘东支队”，开进关内。天津总司令部成立后，徐树铮负总责，杨宇霆任参谋长。

皖、奉关系，都是按照徐树铮的计划进行接触的。不过，徐树铮也并不是把他的赌注都放在依奉上，他要为自己留一手。

徐树铮代理了奉军驻天津总司令部总司令后，一边调动队伍，准备随段南征，一边又同杨宇霆密谋，利用奉军的名义，由参战借款所购军械中私自招募步兵四个旅，炮兵一个旅，把他的几个亲信如宋邦翰、宋子扬、张鼎勋、姚受等日本陆军士官学校的同学拉去作旅长，派驻河南洛阳，以作南征的后备。哪知道事办得不密，被张作霖的二十七师师长张景惠知道了。他密报给了张作霖。张作霖甚为恼怒。一气之下，把徐树铮的副总司令职给免了，把杨宇霆的参谋长职也免了。另派孙烈臣充任副总司令、秦华为参谋长。徐树铮几乎是白白送给奉军两万七千支步枪。

段祺瑞终于决定派出武力南征，他不能容许南方把他的“四大金刚”之一傅良佐赶出。

南下攻湘军总司令是曹锟，徐州剿匪军总司令兼陆军第七师师长张敬尧为副总司令兼第二路军司令，率第七师由湖北通城向湖南平江进攻，指向长沙；任命张怀芝为第三路军司令，率第五师由江西萍乡向湖南醴陵进攻、对长沙取包围形势；任命吴佩孚为第一路军司令，率第三师先击溃石星川、黎天才部，再经荆州、监利向岳阳进攻，然后与二、三路军会师长沙。另外，调武安军李旅，奉军湘东支队，毅军赵旅和冯玉祥十六混成旅尾随前进。

大军云集，浩浩荡荡，段祺瑞真的成了统制军队的“太上皇”了，他要打出自己的威风，打出自己的牢固天下！

一切准备就绪，曹锟的总司部即在汉口发出发总攻击令。于是，各路大军齐向湖南杀去：张怀芝率施从滨部与粤军马济部会战于湘东老关与赣西萍乡之间，张敬尧率部与桂军韦荣昌部会战于湘北通城与湖南平江之间，吴佩孚先战于襄樊，攻下襄樊后乘胜又击败联军主力湘军赵恒惕部于羊楼司；继而，克临湘，薄岳阳，沿铁路直趋长沙。平、浏、醴的桂军、粤军在湘军之先已向湘南撤走。于是，张敬尧与吴佩孚会师长沙，张怀芝进入醴陵。至此，攻湘之战便取得了完全胜利。

消息传到北京，段祺瑞欣喜若狂，一边邀请慕僚祝贺，一边给曹锟发去祝贺电报。电报中还做出两条决定，一是转饬吴佩孚率部继续追击湘军，直捣两广；一是任命张敬尧为湖南督军兼省长。

吴佩孚马不停蹄，继续南下，先攻占衡山，继而进取衡阳……段祺瑞醉了，他的主张在南中国胜利了；他和冯国璋的分歧有了分晓，战争证明他的主张是完全正确的。他在北京召开盛大的庆功会，他向所有到会祝贺的人们祝酒：高高地举起杯，微笑着点头，而后，仰起面来，一次一次地一饮而干。几天前，段祺瑞因为张作霖从关内撤回他的奉军，免了徐树铮奉军驻天津总司令部副总司令职时的气怒，今天却一扫而光！

段祺瑞捧着酒杯，来到冯国璋面前，坦然地把酒杯举到他面前，就像不久前在日本公使馆见黎元洪那样，舒心地微笑着，对冯国璋微微点头，亲切地叫一声："四哥……"

时至今日，冯国璋心里明明白白，但也坦坦然然，他毕竟没有像黎元洪那样把段祺瑞扫地出门，而且还把兵权留给他，还让他作了参战督办，而且是不受府（总统府）院（国务院）制约的督办。令冯国璋心跳的是：段祺瑞的"武力统一"思想，竟然见到了成效！冯国璋也举起杯，同样亲切地应一声："芝泉……"

二人对面驻足片刻，最后同声"干！"共同仰面，一饮而尽。这个庆祝会后不久，冯国璋不得不再次请段祺瑞出来组阁。1918 年 3 月 25 日，段祺瑞又当上了国务总理。

此番组阁，府院会不会同舟共济？只有天知道——

第三十章

徐世昌拾了个大总统

段祺瑞在醉心于他“武力统一”成效的时候，徐树铮也在紧锣密鼓组织他的安福国会。他们梦想着，用不了多久，这中华大地都是他们的了！

天有不测的风云，人有旦夕的祸福！许多事情，总是算路不依算路来，好着好着便变恶了。段、徐的美梦也是这样——

攻湘之战，第一路军司令吴佩孚是首功，第二路军司令张敬尧不过是随着吴佩孚的胜利进入长沙的。张敬尧率部由湖北通城向湖南进攻时，与敌桂军韦荣昌部遭遇，竟被阻难进，结果造成友军——第三路军张怀芝部无法呼应，被粤军击破。弄得张怀芝到汉口总指挥部曹锟处去告状。可是，就是这位没有战功的张敬尧，竟被段祺瑞委派为本来应该属于吴佩孚的湖南督军兼省长。为此事，吴佩孚自然极不满意。所以，在他继续南进、攻取衡阳之后，他便再不前进了。

吴佩孚是直系中的重要人物，以儒将自居，对冯国璋、曹锟一片忠心，颇倾向于和平解决国内问题。段祺瑞对此次湘战奖罚不明，他极为不满，到了衡阳之后，他不仅不前进了，反而与湘军赵恒惕热火起来，协商南北两军各守阵地，互不相犯。

段祺瑞得知吴佩孚屯军衡阳，心中一惊：吴子玉（吴佩孚字子玉）不南进了？！吴佩孚屯兵不动，段祺瑞就无法实现武力统一，湖南胜利只是局部胜利，不仅湘军未灭，粤军、桂军都还人强马壮。段祺瑞一边以国务总理名义通电慰勉吴佩孚，说他们“在湘除奸爱民，劳苦功显”，并以北京政府名义授予吴佩孚“孚威将军”称号，一边派徐树铮到湖南衡州去对吴佩孚安抚。

徐树铮到衡阳，说尽了对吴佩孚的奉承话，并且挖空心思地写了一篇《衡州谣》，极尽能事，把吴佩孚说成“斩馘追奔降贷死，吴公之来为民福”，并以湖南人民的口气高呼：“愿以寇君借一年，悃悃此情为谁诉？为谁诉？留公住，吁嗟吴公来何暮。”

吴佩孚笑脸相迎徐树铮之时，却在暗地里跟湘军谭延闿、赵恒惕的代表继续打得火热。不久，便从衡阳给在长沙的张敬尧打了一个电报：“今闻大帅千秋，特率全体官兵，前来长沙，庆祝大寿！”

张敬尧当了湖南督军兼省长之后，好事没办，坏事倒是做了许多：滥发钞票，搜刮现金，加征捐税，又发彩票。弄得湖南民穷财枯，怨声载道。再加上他的队伍军纪废弛，骚扰黎民，百姓早已恨之入骨。而张敬尧又在长沙为自己大办寿庆，收取寿礼，弄得湖南城乡乌烟瘴气。

张敬尧接到吴佩孚要为他祝寿来长沙的电报，便知道吴佩孚要撤防北上了，心里大惊！便急忙给段祺瑞发了个电报，问该怎么办。

张敬尧的电报给段祺瑞浇了一头冷水，他知道自己的美梦受阻了，吴佩孚回兵，湖南将失。湖南不稳，全局危险！段祺瑞立即指示张敬尧速派军队，接防衡阳！并电令长江上游总司令、他的内弟吴光新亲率所部、支援湖南！

段祺瑞原以为如此补救，尚可无恙。哪知又是事与愿违——吴佩孚衡阳撤兵时，已与湘军赵恒惕洽妥，吴军让一地，湘军接一地。当张敬尧派去接防的吴新田旅刚到湘潭时，衡阳早被湘军接去，他再也前进不得。湘军乘吴部北撤之隙突然向吴新田部发动袭击，吴无力应战，只好北退；后备部队张敬汤旅，见吴新田战败，无心恋战，下令火焚湘潭，同时抢劫，饱掠而去。

吴佩孚由衡阳率部水路北上，过长沙时只在西门外码头小泊，旋即北行。

湘军尾随吴佩孚军节节进逼，张敬尧无力抵抗，只好率吴新田、张敬汤残部往湖北退去。

湘战风云突变，北洋政府内部分歧又显，指挥失调，军阵顷刻大乱：原入湖南常德的冯玉祥部退出了湖南，张怀芝部亦由江西撤出，安武军、毅军、奉军湘东支队也各自退归防地，湖南全省遂为湘军所有。

张敬尧到了武汉，原想能够稳住军队，暂住下来，谁知情况有变，湖北督军王占元以为张是挤他的，怕地盘失去，竟将来援张敬尧的长江上游总司令吴光新先扣押起来，张敬汤部在武昌骚扰，王占元缴了他的械，并枪决了张敬汤。吴新田见武汉无法立足，也收拾残部退往河南去了。张敬尧成了光杆司令，只好只身逃往天津。而吴佩孚，从此兵陈洛阳，去营造他“八方风雨会中州”的盛世去了。一场以武力统一中国的湘战，昙花似的，一现即败衰了！

住在国务院深宅大院中的段祺瑞，鼻子又歪了，终日闷在屋里，过起了天地都昏的日子。

安福俱乐部的活动很有成效，1917 年 11 月，它就基本上代替了旧的国会；1918 年夏天在北京召开的安福国会，就选举了王揖唐为众议院议长，李盛铎为参议院议长。这两个人都是皖系人物。这个国会的第一任务，就是选举大总统，而目标明白的就是选举皖系首领段祺瑞为大总统。难哪！

王揖唐找到徐树铮，心事重重地说：“又公，国会是按咱们的理想组织起来了，这任务却不易完成呀！”

徐树铮知道议长说的“任务”是选举总统，选举段为总统。这事，徐树铮也颇费了些脑筋，湘战胜利，段登上总统宝座是不成问题的问题。现在，湘战可以说是失败了，冯国璋的“和平统一”思想占了上风。在这个前提下选段，难题就大了。何况，冯国璋现在就依法以副总统代理总统职务，法理都是只能选冯做总统而不能选段。为此，徐树铮的眉早锁了起来：看起来，无论皖段还是直冯，选谁做总统，都会使矛盾加剧，说不定两派会因而分裂！所以，徐树铮也无可奈何地说：“你觉得这事该怎么办才好呢？”

王揖唐说：“有人说，中国目前既然是皖直奉三足鼎立，皖、直两足居大位有碍，那就把大位暂给奉张吧。让他们居中协调，以后慢慢看发展。”

“你对这个意见如何看？”徐树铮问。

“从目前奉张态度来看，他尚无倒向直的决心。我们若能把大总统给他，这自然对他也是一种厚爱。我想，岂不正可以拉张一下。”

徐树铮听了王揖唐这话，连思索也未思索，便坚定地说：“不行！黎元洪的教训够深刻的了，我们再不能重蹈覆辙。”

“照你的意思呢？”王揖唐收回了自己的意见。同时，他也觉得张作霖名声不好，难居大位。徐树铮这才费了思索。

其实，徐树铮心中是有目标的，只是他尚未同段祺瑞商量，不知段意见如何。另外，有两次，徐在段面前曾以言语试探，想让段说个“退步”的话，段总是摇着手，说：“还有日子呢，到跟前再说吧。”现在到跟前了，不能再等了，徐树铮今天索性先跟王揖唐商量一下，然后再去找段。于是，他说：“有一个人，我想挺合适。”“谁？”“徐菊人。”“徐菊人？”

徐树铮说：“此人论资格，论声望，论和咱们的关系，都是再也找不到第二的人选。我看他行。”

徐菊人是徐世昌的号。徐世昌字卜五，今年六十四岁了，直隶天津人，自幼在河南开封长大，也常常自称开封人。是个生活态度十分圆滑的人，光绪甲戌科进士，中进士那年已经三十一岁，官运不怎么通，直到五十三岁才作了东三省的总督。辛亥革命之后，这个清王朝的“忠臣”不仅没有随主子覆灭而覆灭，却在袁世凯当政之后成了政事堂（国务院改名）的国务卿。徐世昌当了国务卿之后，也真想干点好事，干点有益于黎民的事，他取范文正公“先天下之忧而忧，后天下之乐而乐”句，自书了一块匾悬在政事堂，名曰“后乐堂”。袁世凯死了，黎元洪做了大总统，任命段祺瑞为国务总理，徐世昌做寓公去了。徐世昌跟袁世凯有密交，关系甚厚，自然与段祺瑞关系匪浅。现在，群雄争霸，又群龙无首了，徐世昌出来当总统，当然是一位最中立、最理想不过的人选。徐世昌又是王揖唐的老师，王揖唐自然高兴。

“我也觉得此人出来最佳。”王揖唐眨眨眼，又说，“何况咱们有言在先，并且欠过他一笔债。若是这次成功了，也算了却前愿了。”“欠债……前愿……？”徐树铮一时有点糊涂。

王揖唐笑了。“你真是贵人多忘事，督军团团长的事你忘了？”徐树铮想起来，他笑着，点点头——

那是半年前黎段府院矛盾加深、张勋复辟梦正酣的时候，张勋在徐州和倪嗣冲商量，准备联络直、奉系各督军，成立一个督军团，凌驾于黎元洪之上。这个督军团的团长便拟定为徐世昌。徐世昌也乐意出任。这事让徐树铮和王揖唐知道了，他们认为成立督军团给黎点压力，只是一种治标的办法，不能彻底解决府院之争，只有推倒黎元洪，重新选总统，才是治本。于是，徐树铮、王揖唐两人便亲自登门，去劝阻徐世昌，不让他出任督军团的团长。徐树铮对徐世昌说：“凭您老的威望，做大元帅（督军之首），自然是顶合适不过的。不过，以在下愚见，与其今天屈居大元帅去治乱，倒不如明年竞选时争选总统。以您老之影响，当选总统，绝无问题。”

王揖唐也说：“到时候，联络和招待议员的一切费用，我可以设法在盐务方面筹措，不用老师费心。”

按说，这只能算是当初一片戏言，徐、王是怕反黎不彻底，借了个故不让他出面。而今，天作地合，除徐世昌之外又确实再无合适的总统候选人，只好把戏言当真了。

徐树铮说：“就这么定了。容我给老总打个招呼，到时候，自然还得烦你走一趟。”

天津。一条幽静的深巷中，徐世昌的别墅。十多天了，大门紧闭，销声息影。

徐世昌在自己的小洞房里一直和他新纳的小妾沈蓉度着蜜月。沈蓉，苗条的身材，嫩白的面皮，一双灵闪闪的小眼睛，心灵嘴巧；虽不是科班出身，评剧却唱得十分动听。大半生都把精力放在权力上的徐世昌，如今踏进了绵绵情海，方才领略了权力之外的那片桃源。他有点醉了。他每每对沈蓉说：“小乖乖，咱们永远这样生活吧，我死也死在你温馨的怀抱里，再不到那片肮脏的官场上去了。”

沈蓉甜甜地笑了。“老东西，有我在你身边，你也该死心了！你记住，再不死心，我可饶不了你！”

徐世昌一本正经了：“哟？我一生还没有受过别人的制呢！那好吧，我看看你会怎样？”

“你会怎么样，我就会怎么样。”沈蓉撒娇了。“我要再娶个小的呢？”“我就再嫁个老的！”“你气我？”

“你气我！”沈蓉说着，便扎进徐世昌怀中。

徐世昌笑了。“我在哄你。有你在，我就什么也不想了。‘曾经沧海难为水，除却巫山不是云’啊！”

蜜语甜言，喜怒皆情！就在此刻，人报“众议院议长王揖唐来了！”徐世昌有些儿纳闷：他此刻来干什么？沈蓉问：“他是什么人？”

“我的学生。”徐世昌说，“你回避一下吧。”

沈蓉走了。徐世昌疾步出来，把王揖唐请进客厅。

王揖唐先问声“老师好”，然后还是老态度——不拐弯、不抹角，开门见山地说：“老师，有件大事，学生特来拜见您。”“什么事呀？”徐世昌问。

王揖唐把安福国会的组成情况对徐世昌述说一遍，然后说："想请老师出来，就任大位。"

"啊？！"徐世昌愣了，他以为是自己听错了。

王揖唐说："北京各方意见比较一致，都觉得老师是唯一能够担当大任的人。我们都盼望老师能够以国事为重，不使国人失望。""你们……"徐世昌在怀疑。"你们……"

"噢——！"王揖唐明白了，忙说，"先是我和又铮商量的。后来么，当然也征求了合肥的赞同。"

徐世昌兴奋了，他再三向沈蓉表示的"永远倒在她温馨的怀抱之中"的诺言，一瞬间便忘得一干二净——昔日，他做过许多大梦，可是一觉醒来，却只留下无限怅惘。现在，不是梦了，也不必惆怅了，连奋力去争也不必用，是人家送上门来的。大总统这样的桂冠要比一个俊秀的女子诱人！徐世昌真想马上起驾，去就大位。

徐世昌兴奋一阵，又收敛了。他毕竟是读过圣贤书的人，知道脸面厚薄、人品斤两，还是微笑着做起了谦虚。"如此重任，只怕徐某无能为力吧？"

王揖唐懂得老师的心思，忙说："老师不必过谦了。众望所寄，也算天与人归吧。至于国会那边的事，学生都已妥为安排了，只待大会一开，诸事便完成了。老师只管就位就行了。"

国会？徐世昌正在兴奋的脸膛，立刻就冷了下来。心想：哪有什么国会？旧国会不存在了，孙中山在广州召开的非常国会，那是不会选举我徐世昌为大总统的。还有什么国会？他迷惑一阵，猛然想起来了，大约就是王揖唐刚来时说的那个什么安福俱乐部吧？想到这个俱乐部，徐世昌还是把眉紧紧地锁了起来，一时拿不定主意。

——别看徐世昌满肚子"之乎者也"，此人迷信得很，平生笃信吕祖。凡他的住处，都设有一个密室，里边正面墙上悬着一幅工笔彩绘的吕祖像。他无论碰到什么事，总要先向吕祖求个签，问问吉凶，再决定行止。这样做，屈指算来，已经整整三十七个年头了。据他的亲身经验，无一不灵。

徐世昌信吕祖这事，还得从久远的岁月说起：那是徐世昌二十七岁的时候，他和弟弟徐世光一起去北京乡试。从考场出来，心神不定，听说琉璃厂吕祖庙很有灵验，他便去那里求签，以卜考试结果。上香祷告之后，求得的签是："光前裕后，昌大其门庭。"徐世昌当时没有解透意思。直到发榜之后，他明白了。原来弟弟世光中了第九十五名举人，他中了第一百二十五名举人。“这不正是弟弟世光在前，他‘昌’字在后么。”后来他又中了进士，进入朝堂，更相信吕祖说的“昌大其门庭”了。从那，他便诚心拜吕祖。

今天，王揖唐来了，来得那么突然，他没有来得及向吕祖求签卜问，所以，当总统这事该不该答应？他心中无主张了。

“揖唐，你先休息一下。容我再想想，然后咱们再谈如何？”徐世昌很宛转地对王揖唐说。王揖唐真的去休息了。

徐世昌急急忙忙打开密室，诚心诚意地向吕祖跪倒，默默地祷告一阵，轻揉了一下手指，便抽出一支签。双手合抱，又在胸前祷告一阵，然后展开一看，竟是这样两句词：

鹬啄蚌钳不相让，劝君莫彷徨！

徐世昌慢闪双眼，自问自：“吕祖叫我‘莫彷徨’，是不是在当总统这事上莫彷徨？那就是要我去当了！‘鹬啄蚌钳’什么意思呢？”徐世昌一时解不透，但他又觉得：吕祖不会平白说出，必有所指。我得细想想。

徐世昌的文墨功底还是很厚的，在翰林院做过编修，在东三省做过总督，又在北京做过国务卿，还曾经做过太傅衔太保，是小皇帝的老师，一句签能解不透？只是应了那句俗话“当局者迷”罢了。他冷静地想想，终于明白了：对了，对了！本来的府院之争，现在又是皖直之争，争不就是“鹬啄蚌钳”么！对，我何不来个“渔人得利”！徐世昌找到王揖唐，毫不含糊地表示“愿意当总统”的意思。不久，安福国会便选举了徐世昌为大总统——他是继孙中山、袁世凯、黎元洪、冯国璋后，中华民国的第五位大总统。不知他这个大总统好当不好当？

第三十一章
内战总有内战的原因

乱世中的百姓，日子不好过，乱世中的大总统，日子也不好过。徐世昌当选为大总统之后，第一件事就是跑进密室，恭恭敬敬地跪倒吕祖面前，欣喜万分地说："尊敬的道人，弟子多多拜上了。您三十七年前指教的'昌大其门庭'，今天实现了。我不光昌大徐氏门庭，还是昌大中华之大门！"

谢过吕祖之后，便匆匆去北京就职。

就职后第一件事，便是如何对待皖、直两家。安福国会，是皖系撑起来的；徐世昌的大总统，又是从直系手里接过来的。徐世昌一就职，就接到两家的自荐书：直系推荐曹锟为副总统，皖系推荐段祺瑞为副总统。徐世昌犯起了思索：他们当中任何一个人当了副总统，都是对我的牵制；若是两个人都当副总统，那岂不是把我的地位挤掉了！他下定决心，不能接受任何一家当副总统。

徐世昌风风火火地跑到保定，对着曹锟一声一个"珊帅"（曹锟字仲珊）地叫着，说尽了甜言蜜语，弄得曹锟昏昏然不知所以。最后挺着胸膛说："我一直视阁下为师，此番国会举徐师为总统，我也是衷心拥护的。我可以对天表白，对老师绝无二志。"又说："这大总统您只管当，我一定做您的台柱子。至于副总统么，我首先表示不要。我也劝芝老放弃。"

同样的办法，徐世昌又去找段祺瑞，并且附带声明："曹锟已无意做副总统了"。段祺瑞也只好点头答应。这样，徐世昌任大总统期间，中国竟奇迹般地出现了无副总统的局面。

举徐世昌为大总统，是段祺瑞同意的。可是，徐世昌真的当上大总统了，段祺瑞又感到心里失调，感到这一步棋走得并不高。

坐在总理位子上，段祺瑞觉得事情太多了，而且众多意外的事情，弄得他焦头烂额，拿又拿不得，放又放不下。就在湘战节节败退的时候，徐树铮在天津廊坊又惹了一个大祸，他把陆建章给杀了！

陆建章，字朗斋，安徽蒙城人，也算是皖系中的骨干人物了。为了防止西南有变，段祺瑞把他安在陕西督军的位置上，让他把守西南大门。袁世凯死了之后，群雄争霸时，陆建章同段祺瑞发生矛盾，虽尚不见大的裂痕，段祺瑞便密令陕南镇守使陈树藩突然袭击，把陆建章给赶出了陕西。这个著名的"陆屠夫"哪里咽得下这口气，离开陕西便大造舆论，说皖系安在安徽的督军倪嗣冲"要叛乱""要独立"，他组织了一个"讨倪军总司令部"，自任总司令，杀进安徽。结果，失败了。他又联络江苏李纯、江西陈光远、湖北王占元（即长江三督）组织反段联盟，推曹锟为领袖。反段不成，陆建章又跑到上海和南方革命党接触，开始和平统一中国的游说。这样，和段的武力统一中国正是针锋相对，引起段的忌恨。

北方酝酿选徐世昌为大总统了，徐世昌又想当几年"文治总统"，便想和各方人士广泛接触。于是，陆建章决定北上，发挥自己的作用。

在天津的徐树铮知道陆建章北上了，便从北京陆军总部调来十几位贴身侍卫，把客厅改成了兵营，天天盛情招待这些大兵，以待陆建章到来。6月16日，陆建章车过天津，徐树铮以晚辈名义（徐同陆建章的儿子陆承武是同学）盛情挽留。结果，在谈笑之中动了杀机，陆建章被枪杀在徐树铮的花园。这么一个大人物被杀了，段祺瑞事前并不知道。直到徐树铮在天津发出"杀陆通电"，他才打个电话给现任国务院秘书长方枢，让他转告段祺瑞。段祺瑞听到杀陆后，顿时惊得目瞪口呆，连连惊呼："又铮这个祸闯得太大了！太大了！"

杀了一个督军，乱子是不小！可是，少了一个陆建章，段祺瑞总算除了一个心腹之患。因而，段祺瑞还是指使方枢收集各方材料，编了一份自圆其说的报告报给总统，并又亲自口授拟了一份总统命令，要发往全国。

前据张怀芝、倪嗣冲、陈树藩、卢永祥等先后报称：陆建章迭在山东、安徽、陕西等处勾结土匪，煽惑军队，希图倡乱，近复在沪勾结乱党，当由国务院电饬拿办。兹据国务总理转呈，“据奉军副司令徐树铮电称：陆建章由沪到津，复来营煽惑，当经拿获枪决”等语。陆建章身为军官，竟敢到处煽惑军队，勾结土匪。按照惩治盗匪条例、陆军刑事条例，均应立即正法。现既拿获枪决，着褫夺军官军职、勋位、勋章，以昭法典。

冯国璋尚未下台，大总统印还在他手里。这份命令当然得他签发。命令稿到冯国璋面前，冯国璋大惊失色，马上喊叫起来：“如此大事，十分荒唐！我怎么会签发这样的命令呢？”冯国璋就地转着圈子，背剪着双手，像一头刚刚关进来的野豹子。

冯国璋毕竟是一个胸无大志的人。左思右想，觉得自己要下台了，不必再得罪段祺瑞了，免得像陆建章那样，死无葬身之地；何况陆建章已死，再争什么，人也不能活了。他停下脚步，把怒气往肚里咽下去，还是决定把总统大印盖上去。一边盖印，一边对段祺瑞派来的国务院官员说：“又铮在芝泉左右，一向是为所欲为，今天这事做得未免太荒唐了！你们回去告诉芝泉，他怎么办，我就怎么用印好了。”

1918 年 9 月 4 日，国会选举徐世昌为大总统。

1918 年 10 月 10 日，徐世昌在北京宣誓就大总统职。

新总统就职了，旧总统要下野。冯国璋发表了一份“施政通电”之后，过他的寓公生活去了。按照事前达成的协议，旧总统谢职下台时，国务总理也得谢职。到这时，段祺瑞方才大悟，那个安福俱乐部并没有令他“玩”得开心，他仍然回到了冯国璋上台之初那种局面——只管理将军府督办参战事务。段祺瑞的鼻子又歪了。但他却没有预料到，从此之后，这只“北洋之虎”的威势，却一去再不复返了。

下野，段祺瑞并不怕。他下野的次数太多了，但又怎么样呢，不是像不倒翁一般，无论身子向左歪，还是向右歪，最后，还不是端端正正坐稳了，就连袁世凯，也不得不高看他几分。徐世昌是他扶起来的“天子”，他会对他怎么样？段祺瑞不顾虑总理名分，他坚信自己是“推舟之水”，当“舟”不驯服时，他有能耐“覆舟”！段祺瑞忧虑的是：他今日面临的形势，远非袁世凯时期，更非黎元洪时期——

段祺瑞之所以坚持武力统一中国，他是觉得有日本这个靠山，日本人会向他提供贷款，向他提供武器。据官方统计，仅段祺瑞用兵的 1917 年 10 月到 1918 年 5 月这一段，军费开支即高达六千六百五十二万元，武器弹药耗费量异常巨大！在段祺瑞任总理的两年多时间内，他向日本举贷的公私借款达三点八亿元。从经济投靠，进而沦为军事附庸。1918 年 5 月，段祺瑞政府与日本签订了“共同防敌军事协定”。哪里是什么防敌，而是日本人以共同防敌为名，在中国驻兵、指挥军队、控制军火生产、设置军事要塞、掌握中国军事情报和国防机密、擅发军用票、扰乱金融，简直是想干什么就干什么！之外，段祺瑞还追随日本出兵西伯利亚，帮助帝国主义扼杀新生的苏联。段祺瑞干的事，中国老百姓都看见了，中国老百姓很生气。于是，上自公团组织，下至平民百姓，纷纷起来反对，留学生、全国工商界代表纷纷派人进京，要求公开外交，停止内战、废除苛捐；连北方军队中的吴佩孚等也发出主和通电，指责“用借款以残同种，是何异饮鸩止渴、借剑杀人”！段祺瑞预感到此番下野的前景多凶，他心事沉沉地锁起了眉头。

不想下台也得下，形势逼人。

段祺瑞离开了国务院，由钱能训代理国务总理。这时，一个神奇的人物出任了陆军部总长，使段祺瑞极端不安起来。此便是段祺瑞的“四大金刚”之首——靳云鹏。

知道这件事后，段祺瑞便把徐树铮叫到面前问吉凶。“翼青（靳云鹏，字翼青）做陆军部总长了，按说，他是够那个资格。只是，在这个节骨眼上，让他做陆军部总长，我觉着不大对劲。”徐树铮只微微点点头，没有说话。段祺瑞又说：“这个靳翼青……”

——对待靳云鹏，段祺瑞是忧喜各半，先喜后忧，而今有点忌恨了。

靳云鹏也是小站练兵时的旧人，又是北洋武备学堂第一期的高材生，1909 年任第十九镇总参议驻军云南。武昌起义不久，云南相继发生革命，靳云鹏努力为袁、段做了许多该做的工作，分散了革命派的势力。云南光复时，他跑向北方，投靠了署理湖广总督、在河南主持军务的段祺瑞；1913 年被任命暂属山东军务督理，不久又被正式任命为督军。袁世凯死了之后，靳云鹏回到北京，更顺从段，在段推行武力统一，参加欧战、操纵国会等大事上都为段出了力。段祺瑞也十分信任他，任命他为将军府将军，参战陆军办公处主任，边防军教练处处长。

然而，靳云鹏却和徐树铮相处不和，而段每每在具体事情上又偏袒徐，难为靳。靳很不满。靳云鹏和冯国璋是同学同事，和曹锟是金兰兄弟，和张作霖又是儿女亲家。这样，靳和这些人接触便密了些，段祺瑞便有意疏远他。徐树铮更是和靳不和，渐渐有些水火难容。在这样的前提下，靳云鹏忽然当了钱内阁的陆军部总长，段、徐都觉得心里不自在。

徐树铮说："现在南北正在上海和平谈判，靳云鹏倒向徐菊人的和平统一，是坚定的了。"

段祺瑞说："徐卜五已经决定把参战军交给陆军部管辖。参战军不是要改为边防军了么，边防军应该属你管辖，怎么又给陆军部了？"

徐树铮轻轻地摇着头，说："我倒无所谓。大总统和钱内阁这样做，不知把老总放在什么位置上去了？"

"哼！"段祺瑞发怒了，"我不说话，我看谁敢！"怒了一阵之后，又说："明儿我派人去找靳翼青，我看他当着我的面敢怎么说！"

段祺瑞还没有着人去找靳云鹏，财政总长龚心湛怒气冲冲跑到段祺瑞面前。"老总，您得出面过问这件事，我受不了这样的侮辱……"

段祺瑞望着这位自己的心腹、老政客，不急不躁地说："别着急，别着急。慢慢把事情的来龙去脉说清楚。若是非我出面不可的事，我自然会出面。何况，如今我的脸面也不那么金贵了。"

龚心湛静了静神，又把胸中的怒气舒了舒，这才把刚结束的内阁会议上发生的一幕闹剧叙说了一遍——

钱能训主持的内阁会议刚刚开始，新任陆军部总长靳云鹏就对财政总长龚心湛发难。"龚总长，这几年，年年动员那么多军队参战，听说参战经费耗量巨大。这笔军费并没有向我们交代清楚。今天，我想听听龚总长把这个情况对内阁各位说明白。"

龚心湛是为段祺瑞管财的，段的财源是来自日本，这早已成为国人关注的焦点。龚心湛不敢和盘托出，他也实在说不清楚。所以，他只平心静气地说："参战经费，那是由陆军部主管的，这是人所共知的事。靳总长接任时，这件事就应该接管。如果至今尚不清楚，那就去问你的前任吧，他会交代清楚的。"

靳云鹏被顶了一下，有点气急，又问："军费也是银钱，财政总长不管银钱，管什么呢？"

"我管的是全国财政……""难道不包括军费？"

"参战军费是上一届陆军部的事，你没有资格过问。""你必须向国人交代清楚。""我绝不向你交代清楚！""你无赖！""你混蛋！"

钱能训一看这情形，自知左右不了，匆忙宣布散会。

……“老总，”龚心湛对段祺瑞说，“这个靳云鹏，今日之为，不是对我的，而是对您的。您得明白！”

段祺瑞听着，鼻子就渐渐歪了。心里想：我还没有一败涂地，这些王八羔子就认准我不行了，就想另攀高枝了。他对龚说：“别放在心上，陆军部不会让他靳云鹏久占着，我会有办法的。你回去，好好休息。心里不舒服，就请假不干。”

龚心湛真的负气向国务总理请了“病假”，暂时不到部理事。段祺瑞不当国务总理了，徐树铮的参战军也交给陆军部了，按说，皖系这一群该无声无息了。其实不然，皖系军队仍然是个存在着的庞然大物，依然影响着中国的阴雨晴朗。

大总统徐世昌还是很器重这支势力的，他尤其器重徐树铮。生怕他过不惯平静的日子，要无事生非。他想拉拢他，稳住他。徐世昌授徐树铮陆军上将衔，又任命徐树铮为西北筹边使兼西北边防军总司令。徐树铮到外蒙古了。他在那里疏通上层宗教人士，缓和民族矛盾，使他们自动撤销了从1911年起实行的自治，重新归于北京政府管辖之下；同时，徐树铮在西北也扩大了自己的队伍，他将成为“西北王”。

段氏的皖系军阀又出了一个西北王，坐镇长城侧的直系曹锟和坐镇东北三省的奉系张作霖，都感到了威胁。他们秘密联手，又征得长江三督的支持，于是，一个七省反皖联盟便形成了。这个联盟一出现，便采取了攻心战术，一方面在徐大总统面前提出“清君侧”的口号，孤立皖系，一方面建议段祺瑞“亲君子，远小人”，让他驱走徐树铮，解散安福国会，收缴边防军的军权。对于这些事，段祺瑞只冷冷一笑，便丢到脑后去了。

段祺瑞是在他的府学胡同家中召见靳云鹏的。他想了许多天，终于这样做了。

那一天，时值仲秋，云淡天高，西风习习，空气中虽饱含着凉意，但却温馨宜人。段公馆的守门侍卫把靳云鹏领进小客厅，段祺瑞早在那里坐等。见到靳进来，他只欠了欠身，说了声“坐吧”，便把目光直盯在靳云鹏面上。但他此刻的鼻子却没有歪。

大约靳云鹏注意到了段的鼻子，他神情轻松了。他一边落座，一边说：“这些日子，翼青就想到府上来看望督办；新到部上，一切生疏，更想来向督办请教。只是琐事缠绕，脱身也脱不开。听得督办一声呼唤，把所有的事都丢下，便匆匆赶来了。段祺瑞虽然在总理位子上几上几下，但所任对德宣战督办一职却始终不卸。故而，他的皖系骨干依然亲切地称他“督办”。尽管靳云鹏声声“督办”呼得那么有情有意，又亲又热，段祺瑞还是寒着脸说：“你‘看望’我，你‘请教’我？我可担待不起。这不，我得向你请教来了。”

“督办……”靳云鹏感到有杀气了，忙站起身来。

“我问你，”段祺瑞发难了，“参战军的军费来源，务必要向你报告吗？”“督办……”

“即便你这个陆军部总长要弄清这件事，我还没有死，你也不必向一个军界以外的人发难。”段祺瑞发怒了。“你现在行了，陆军部总长，掌管全国军队，连我手下的那个参战军你也不放过。我的侍卫军你收不收？现在，我这棵树还没有倒，我手下的猢狲都要散了。散了吧，散了吧。我段某人能为你们做做人梯，也算没有白白地结识你们……”说罢，便背过身坐下。此刻，他的鼻子歪了，歪得很厉害。

靳云鹏还想再解释一下，但终于还是收敛了。只说：“总办你误解云鹏了。以后你会看明白的。”靳云鹏退出去了。然而，靳云鹏脱离皖系的决心也更大了——请假不理事了。

钱能训也因种种关系不能协调，辞去总理职务了。

徐世昌惧段，结果让皖系骨干，财政总长龚心湛代理国务总理。龚心湛以总理名义调徐树铮到国务院“协助处理公务”。

段祺瑞这样做了之后，觉得自己还是主宰者，皖系还是有权的一派，而那个靳云鹏的陆军部总长也不一定站住脚。段祺瑞想错了。靳云鹏不仅不想下台，反而朝更远的方向走去，他积极和直、奉两系联合，给徐世昌施压力，徐世昌以大总统名义提出由靳云鹏组阁来代替龚心湛内阁。由此，一场拼搏战，已迫在眉睫。

第三十二章

直皖一战　老段衰了

1919年，下台不久的冯国璋气怒相加，一病不起，不久，便在北京逝世了。直系这个摊子，便落在曹锟、吴佩孚身上。

吴佩孚由于对湖南人士安排不满，毅然率兵北返，把那片已经到手的鱼米之乡奉还给了湘军。吴佩孚本想驻兵洛阳，以观形势。孰料曹锟难以主宰北方，急令他返回保定，以共同商定对皖措施。吴佩孚到保定，立即召开了一次较大范围的会议，把原来的八省反皖联盟扩大到十三省，摆开了与皖系抗衡的阵势。既然同盟已形成，吴佩孚便一不做二不休，立即以《直军将士告边防军将士书》面目发表了如下声明：

> 此次直军撤防，原为扫除祸国殃民之安福系及倡乱卖国之徐树铮，对于先进泰斗（指段祺瑞——作者注）同气友军，毫无恶感及敌对行为。

这明明是一份宣战书，段祺瑞本来对吴佩孚擅自撤出湖南，使他以胜转败，已怒气冲冲，哪能容得下吴佩孚的如此挑战！于是，便立即成立了定国军总司令部，自任总司令，任命刚刚从西北边防回来的徐树铮为总参谋长，决心以武力制裁直军。两军对峙，剑拔弩张。大总统徐世昌慌张了：一旦战争发生，无论谁胜谁败，于国不利，于我不利！这大总统能不能继续当下去，徐世昌心里有点慌张。他在总统府的幽静办公室里，烦躁不安地转动着，转了许久，忽然想了一条妙计：让东三省巡阅使张作霖出面从中调解，或可免致激化、不可收场。徐世昌一封密电，张作霖匆匆来京。

据有东北三省的张作霖，并不是个安分守己的人，早有野心，染指中原，以扩张势力；再则，复辟失败的辫子军首领张勋也已屡屡向张求助，请他出面斡旋，恢复辫帅原职，以便东山再起。张作霖寄极大同情于张勋，曾想进京密保，以解张勋之困。为此两事，张作霖自然欣然入都。

徐世昌在总统府召见了张作霖，开门见山地讲了直、皖两家目前情况，然后说："都是北洋兄弟，何必兵戎相见。世昌思之再三，只有请雨帅出面从中和解，以消融恶感，重归和好。"

张作霖并不推辞，当即表示"愿往"，进而说，"大总统，我想，咱们不光是要让直、皖两方和睦一家，还得让更多的人都归一。大家一条心，才能把国家建好。你说对么？"徐世昌点点头。

"所以，我今天还想替张绍轩说几句话。"张作霖抓住机会了，"张绍轩的事，过去了，没什么大不了。大总统一道命令，还让张绍轩回徐州去收拾他的辫子军吧。"

徐世昌一听是为张勋说情，心里一惊：眼下这两家的乱子还无法收拾，又拉出来个张绍轩，他恢复原状了，会老实吗？北方尚不平静，徐州再起烟火，那怎么得了！于是，大总统摇着手说："雨帅，你先去他们两家走走，直、皖的事如果解决了，他们总会替张绍轩帮忙的。到那时，岂不什么事都好办了。"

张作霖虽然觉得徐世昌办事不利索，但也不便强求，只好告辞，匆匆赶往保定。

张作霖在保定，游说工作并不顺利，曹锟倒是有意想与段祺瑞和解，唯独吴佩孚，态度十分坚决，历数段祺瑞的过错，下定决心兵戎相见。张作霖无可奈何了，他向吴提出和解条件，诸如挽留靳云鹏作总理，内阁改组，撤换王揖唐议长，等等。吴佩孚最后摊牌说："子玉并不是好战，但现在国事困难，人心动荡，内政不修，外交失败，那些安福派分子还是梦死醉生，媚外误国。不解决安福俱乐部的问题，不撤掉王揖唐，不罢斥徐树铮，事终难了。"讨价还价已无门，张作霖只好返回北京。

张作霖赶到段祺瑞那里的时候，段祺瑞似乎早已明白了一切，他对远道来的说客，不冷不淡，却也并不热情，环顾左右，只谈了一通国家要和平、黎民怕战祸的漫天浮云的问题。张作霖知道这是应酬他的，但他心里却想：段合肥能应酬我，我却不能应酬他。应酬他了，怎么向大总统汇报。于是，张作霖便如实地把去保定的情况叙说一遍，尤其是把吴佩孚的态度和意见说了个明白。“雨亭甚想大家和谐，只怕空有理想了。但我却不灰心，还想听听芝老的意见。”

“我？”段祺瑞有些气恼地说，“我能有什么意见呢？我应付就是了。”

张作霖笑了。“吴佩孚是提出要解散安福俱乐部，撤换王揖唐，罢免徐树铮。作霖也曾数次劝解，吴佩孚总是不让步。作霖也想，芝老为大局起见，何必与他这般人计较呢。我也想请芝老能首先退一步。”

“怎么退？！”段祺瑞有点发怒了，“吴佩孚不过是一个师长，却这样恃势欺人！我为什么要听他的？他怎么说我就得怎么办？屁话！他若不服，尽可以与我兵戎相见好了，我也未尝就战不过他。”张作霖把说项活动的情况向徐世昌作了如实回报，其间未免掺杂着自己一些褒直贬皖的意见。徐世昌心惊了：“如此看来，两家干戈是非起不可了。”

张作霖点点头，说：“两家都太恃强了，又似乎各有道理，奈何……”张作霖想说“又无人能驾驭得了他们”。话到口头，又收了回去，他怕刺伤了大总统，索性只叹息了一声，便低下头。

徐世昌一心文治，生怕战争夺去了他得之不易的大位。所以，他又乞求似的说：“战争是残酷的，能避免的，只要还有一线希望，还是要努力的。我想，是不是请雨帅再去保定走一趟，多做点仲珊的工作，也许能有个转圜，那岂不是一件惠及国家、黎民的好事。”

张作霖已经探试明白，直皖两家誓不两立，箭已在弦，战争一触即发。作为第三势力，张作霖不能袖手旁观，他要从战争中捞一把。他对两家情况早有分析：皖段虽然气势汹汹，但却已明显地不得人心，外强中干，更加独裁，目中无人，不能当成盟军；直曹虽偏安保定，却占据北方，历来对东北还是友好的。助直一搏，对自己今后入关有利——这么想了之后，便对徐世昌说：“既然大总统如此关注苍生，雨亭再感尴尬，也不敢推辞。只是……”

“我知道，我知道。”徐世昌摇手阻止张作霖把话说下去。“曹仲珊是个好人，识大局，唯有那个吴子玉，恃强傲胜，终日不可一世。你可以避开他，只要仲珊说了话，点了头，咱们就好走下步棋了。”

张作霖又匆匆赶往保定。此番再见曹、吴，由于思想有变，且又是十三省反段联盟成员，交谈之间，自然另是一番情绪。吴佩孚说："不解散安福俱乐部、不撤换王揖唐的议长，这两件事尚可通融，唯独不罢免徐树铮，那是万万不能通融的。合肥不是想兵戎相见么，好呀，奉陪！"

曹锟原本还是犹豫的，一见形势到了这种地步，也态度坚决起来。"老段太刚愎自用了，他不知道他的名声之坏；他更不知道名声坏就坏在那个小徐手里。他既然如此坚持，也就无话可说了。"

张作霖又把段祺瑞态度坚决的事重述一遍，而后说："我原想事或可转机，故有入关之行。现在看来，我是多此一行了。"

曹锟忙问："雨亭此行，总可以看出事情谁曲谁直了吧。一旦恶化，我倒是想……"

"我咋看不清呢，"张作霖说，"天下人皆知，曲在合肥。若不是总统所迫，我何尝愿意到处奔波。现在既然通融无望，我也想进京复命之后便回东北去了。"

曹锟又说："果然干戈动起，还得请雨帅帮助。"

"决裂就在眼前，但愿前途乐观。"张作霖说，"我要速回东北去了，免得多露形迹。"

形势变化，总难以人的预谋为轨。张作霖从保定再到北京，本想匆匆去见大总统而后出关，尚未行动，徐树铮匆匆来访。

徐树铮是因北京形势紧迫率边防军匆匆从库伦返京的。进京之前他不仅知道曹吴聚兵，准备一战，也知道奉张入关做了调人。他认定"张作霖入关不会只做中人，而是另有所谋"。因而，他想把张拉过来，为皖所用。

"雨帅，"徐树铮盛情有加，亲切动人，"连日来，多承阁下南北奔波，合肥甚感过意不去。故令树铮来请雨帅，设便宴以谢。"

张作霖和段祺瑞曾经合作过，徐树铮也曾以两万七千支步枪相助，总算前情不薄，不能不去赴宴。于是，便说："合肥盛情，我领了。"说着，便随徐树铮前往府学胡同。

这是一场名副其实的鸿门宴！徐树铮预谋将张作霖执作人质，或杀掉，让他无法介入这场即将展开的直皖大战。

宴会设在段祺瑞的小客厅里。张作霖到来的时候，已是华灯高照，夜色朦胧，段家公馆悄然无声，给人以恐怖感。段祺瑞热情有度，寒暄无边。徐树铮殷勤备至，落落大方。

谈话是海阔天空的：从北京的气候谈到东北的三宝；从铁木真没进过大都谈到沈阳故宫；北京的四合院，辽宁的大豆，凤阳朱元璋的皇陵，徐树铮老家的皇藏峪，都成了谈话主题。仿佛他们是一群同船共渡的旅客，漂泊汪洋大海之中，借聊天来消磨时间。

徐树铮外稳心急，他的目光一直窥视着段祺瑞，要从段祺瑞目光中决定是否采取行动。而段祺瑞却甚为犹豫：曾经是堂堂的国务总理，怎么能绑架一个将军呢？段祺瑞总是下不了决心。所以，他每每和徐树铮目光相对时，便瞬间不明不白地避开，弄得徐树铮无所适从。

张作霖是绿林出身，防人之心特别强。他一边和段、徐应酬，一边暗自嘀咕：国中大乱，人心惶惶，我此番进京，又是为了息争罢战，而直、皖两家剑拔弩张，合肥想干什么，我不得不防！他暗暗窥视一下段祺瑞，见他鼻子虽然不歪，但那眼神却不平静；当他再看看“小扇子”徐树铮，却是一脸杀气。张作霖心跳了。不妙，段芝泉这个宴会不善！徐树铮此刻更不善！张作霖有点后悔了：我不该来赴这个宴。来时为什么不约着大总统徐世昌或国务总理他们一起来呢？宴席上只要有第三人，徐树铮就不敢动手。张作霖想到不久前被杀的陆建章，他心里有点怕了：不行，我得借机溜走！

有了准备，张作霖便虚与应酬了，好话多说，美酒少饮，眼望四周，耳听上下。虽然杯来觞去，碗增碟添，宴席上的阴风总还是阵阵刮起。几个回合之后，张作霖侧身对徐树铮说：“又公，这几天我的肚子坏了，想去方便方便。”

“好，好！”徐树铮警惕性高，爽快地说，“我陪大帅！”

“多谢了。”张作霖朝段祺瑞拱了拱手，随徐树铮走出客厅。厕所在客厅右侧房后。徐树铮和张作霖并肩走着，转了一个弯，心里有点不安：如此陪客，甚有不恭，果真发生意外，徐树铮也觉他一介书生是制不了绿林张作霖的。于是，在厕所之外，徐树铮说了一声“请”，便停住脚步。

张作霖正在盘算如何甩掉这个尾巴，徐树铮停下了，他心中一轻，暗想：算你“小扇子”幸运！这样的事，你还嫩着呢。张作霖独自进了厕所，一边假装大便，一边抬眼急忙打量起来，却见围墙不高，并无障碍，居处又静，夜色沉沉。他便陡身站起，纵身一跃，飞上墙去；又一个飞身，便轻轻地落到院外——翻墙越户，是一般绿林的基本功夫，在张作霖，更是小事一桩！他，轻而易举溜之大吉！

徐树铮久等不见张作霖的影子，知道事情不妙。及至进厕，哪里还有人影！

张作霖逃遁了！

徐树铮报与段祺瑞，段祺瑞却陡然歪起了鼻子——除了歪鼻子，别的还有什么办法呢？徐树铮不罢手，他知道张作霖必急回天津大本营，便急令廊坊驻军截劫。

张作霖在兼任陆军部总长靳云鹏帮助下，绕道安全去了天津。张作霖跑了，徐树铮气急败坏，一方面通过外交怂恿日本出面，阻止奉军入关，一方面唆使东北胡匪，制造混乱，令张作霖拔不出腿入关。不料这些均被张作霖知道了，张作霖顷刻间便成了直曹的友军……

直皖两家已誓不两立，战争在暗暗中展开了——这是北洋军阀系统分裂后的第一场大混战，直皖大战。

段祺瑞把他的军队分为两路：一路为西路，段芝贵是总指挥，下辖三个师，即曲同丰的参战军第一师，陈文远的参战军第三师和刘询的陆军十六师；西路军的主要任务是：沿京汉铁路线由琉璃河向南进攻，目标是夺取保定，消灭直系老巢。一路是东路军，马良任总指挥，兵力也是马良的参战军第二师。他们的任务是：沿津浦铁路线由济南向天津进攻，夺取天津，作为作战的助攻方面。

这个阵势摆好之后，段祺瑞便把刘询和曲同丰叫到面前，问了问军情，又交代了部署，然后，语重心长地说："仗是要打的了，不打不行。有些政务，还是按部就班地办。今儿，我向两位宣布一个决定，其实也是多日定下来的，只是早些时只忙着进行对抗性演习了，没有来得及宣布。现在我宣布一下：直隶省这个督军，就由刘询去当；河南省的督军呢，由曲同丰去当。你们一边打仗，一边抽个时间盘算一番，这两个省的军务该怎么办？"停了片刻，他又说："仗打胜了，地盘就是你们的了。有了地盘，什么都有了。"

段祺瑞许愿了，他想拉住这两支军队，作为他的支柱。皖系有两大主力，即徐树铮的边防军和吴光新的长江上游总司部所属部队。令段祺瑞心里不安的是，这两支军队要控制全国局面，有些力不从心；再加上徐、吴二人又不能合作，这更使他不安。所幸的是，这两年利用参战，利用日本贷款，他发展壮大了队伍，参战军有了三个师，他的腰杆才能挺直。所以，他不放过一切机会，要把参战军的骨干曲同丰等拉住。

段祺瑞许了愿，刘询、曲同丰也及时表了态度，“一定要把这一仗打胜！”

吴佩孚是这场大战中的直系总指挥。当他得知段祺瑞的军事部署之后，笑了。“一群书生指挥的一群乌合之众，实战起来，实无可怕之处！”吴佩孚手下有五万军队，这五万军队又是刚刚在武汉配足械备，发了三个月的薪饷，可谓装备齐全，士气大振。可是，吴佩孚并不想和段祺瑞大拼，他只想展开一场以智斗为主的战斗，他以迅雷不及掩耳之势把他北调的部队主力摆到老巢保定与北京、涿县之间，以逸待劳、准备决战；而以一小部部队——董政国混成旅——对皖军进行明的骚扰，迅速进入了涿县高碑店车站附近，又派出一个连至下坡店掩护。

段祺瑞自恃兵力强大，有些轻敌，对吴佩孚的战略部署并没有完全掌握，自己的部队集结完毕，即匆匆发布进攻命令：西路军参战一师和陆军十六师沿京汉铁路线左右向保定前进；另由参战军一师的步兵一团编成一个右侧支队，由京汉铁路西经房山县向保定前进。在部队前进后，总指挥部即进驻琉璃河车站。

直军部署完毕，吴佩孚即命令部队向涿县以南地区推进，很快与皖军十六师交战。

皖军尚无即战准备，战争打起，部队迟滞前进，顷刻发生混乱。至日落，又逢磅礴大雨，刘询命令部队在涿县城以北地区宿营，炮兵停在涿县城内街道上。由于对直军情况不明，又缺乏实战经验，以致涿县城关以南已有直军，皖军尚不知道。不仅宿营地安排不当，前面亦未派警戒部队，缺乏敌情顾虑。次日，刘询便命令部队以战备行军继续向高碑店前进。前卫部队至下坡店，即遭直军抵抗。此时，皖军才知已与敌军遭遇，战斗开始。但是，皖军指挥却对直军情况不明，判断失误。下坡店只有直军一个连，皖军却认为是主力，便将部队逐次展开加入战斗；师属炮兵团在涿县城南，重炮在涿县城北，一起在阵地开始射击。瞬间，炮声隆隆，火光冲天，连参战军一师也全面投入战斗。当夜，一师即占领下坡店。拂晓，全线官兵准备乘胜前进，直趋高碑店。然而，待东方已明，却没有下达总攻命令，而是让部队就地构筑工事，形成防御态势。

趁着皖军停滞不前之际，吴佩孚将主力迅速向前增加，很快形成对峙局面。他又以小股部队对皖军进行扰乱，皖军便不敢再前进。

这里，还得叙述一下皖军内部情况：陆军十六师刘询部，并非皖军嫡系，不仅得不到参战军那样的优待，连刘询在战前向段芝贵要求补给，段芝贵都告诉他“已无储备，待后再补”。刘询要求自己担任预备队，也未能获准。进军开始，他与曲同丰隔路南行，曲自恃是段的心腹，竟横行霸道，多次强占富裕村镇。刘询暗想，除了段给的“直隶督军”那张空头支票之外，他再无半点实惠。所以，刘部便采取了驻足不前的态度。

涿县滞兵六日，吴佩孚主力调遣完毕，张作霖奉军两个旅也安抵涿县，吴佩孚亲临前沿，站在他琉璃河一侧的阵地上笑了：这场仗怎么打？要听我的了。他命令前沿部队：“吹奏停战号令，不必再进攻。”刘询正踌躇不前，猛听得敌阵吹停战号令，先是惊，后是喜：能够不战了，那是好事。他也命令前沿部队吹停战号令。

激战之中，猛然息战，刘询虽然有些纳闷，但总觉战不如停。就在刘部心存侥幸之际，吴佩孚派人给刘询送去一份厚礼，并答应为该部提供足够的配给和薪饷。刘询也立即向吴佩孚表示：“今后一定听子玉将军调遣，在战场上实行反戈一击。”

有了和刘询的默契，吴佩孚便放松了对京汉铁路路东的戒备，调动部队，向路西段芝贵的总指挥部进击。皖军抵抗不住，段芝贵仓促逃走，残部大乱。再加上路东刘询的反戈，一举大胜。皖军西线参战的三个师，有两个师已完蛋了。曲同丰见形势不利，迅速撤兵，匆匆逃至京郊北苑。

吴佩孚不追击，竟列了许多优惠条件，请曲同丰来谈判。为保存实力，曲同丰亲去直军，他原想争得一些生存条件呢，谁知他一到高碑店直军指挥部，即被吴佩孚软禁起来。师长被禁，群龙无首，营以上军官纷纷离开部队，军队顷刻瘫了，直到接到缴械遣散的命令，才回营房交出武器，然后到长辛店领取遣散费，便作鸟兽散了。

西线全溃，东线主力连天津也未到，便掉头奔济南回跑。1920 年 7 月在中国北方发生的直皖大混战，以皖军的彻底失败而结束了。段祺瑞如沉雷击顶，一下子便瘫倒了……

第三十三章

闲居也要两袖清风

直皖北方激战之际，南方湘鄂也在发生一场激战。不过，没有枪声，一弹不发，段祺瑞的另一支主力便全军覆没了。

段祺瑞委派的湖南督军兼省长张敬尧，随着吴佩孚撤兵而逃跑了，督军这一职，便由段祺瑞的内弟——长江上游总司令吴光新兼任。吴光新是皖系半壁河山，段祺瑞企望他能够为他保住长江，也好南北呼应。段祺瑞密电吴光新，要他在北方直皖大战时夺取湖北，进而夺取河南。

吴光新本来就是个权欲颇旺的人，据有上游长江，早不满足，段让他夺鄂豫，正中下怀。于是，吴光新找到潜居在湖北的张敬尧一同商量如何取湖北的事。湖北督军王占元，是直系骨干，当然得首先挤走他，吴的旧部赵云龙现驻守河南信阳：湖北到手，即以赵部为先头，乘机北上，夺取河南。

张敬尧已是无家可归的光杆司令，当然想着干得越大越好，即刻表示赞同。他们当即发一密电给信阳赵云龙，约定行动时间。

湖北是王占元的天下，什么事情也瞒不了他，何况他的首领曹锟、吴佩孚天天有战况通报给他，他不能不对吴光新有所警惕。故而，吴光新想干什么、在干什么，他了如指掌。连吴光新给河南赵云龙发的密电也及时到他手里。王占元恼了：跑到我家中来，是想抢劫，没那么容易！王占元想先下手为强。可是，怎么下手？王占元费了思索。吴光新是长江上游总司令，又是湖南督军，抓他过来，并不容易；派人杀了，亦非轻而易举；武汉又无战争，更不好派大军包围。思之再三，他决定来一次“鸿门宴”，以“礼”拘之。

吴光新自信活动秘密，并未提高警惕。见王占元有柬请宴，还以为是盛情厚意呢。况且自己又是驻在王占元的领地上，有请不到，官场所忌，便如约赴宴。

王占元督军署的小客厅里，灯红酒绿，喜气洋洋，两个督军对坐畅饮，自是一番热闹。几杯下肚，王占元换了话题。“吴将军乃段老总至亲，京畿之乱（指直皖纠纷）自然了如指掌。今天无外人，咱们都是那场纠葛的局外人。我想请问将军一下，此乱究系谁曲谁直？”

吴光新正是酒兴大作，心里根本无战事准备。王占元这么一问，他心里一惊：不答不恭，答又有碍。于是，支吾几句，又说时局不安，不该有战！

王占元笑了。“将军所见甚好，我们均不应谈战。既然将军厌战，那就请将军暂在敝署留宿数日，免出意外。”说罢，即起身走出。随之进来几个武士，不由分说，把吴光新架至一间密室软禁起来。

王占元拘了长江上游总司令，随时派出自己的队伍去收吴的部队。吴部起而抵抗，均被鄂军击败，独张敬尧侥幸成了漏网之鱼。长江事了，王占元即电告曹、吴，曹、吴大加赞赏。

府学胡同的段氏公馆，十分平静，平静得像直皖战争发生之前一样：人们该做什么，还做什么。

然而，世界上发生的事情对这个公馆而言，毕竟是天翻地覆的影响：直皖大战的结局，皖系彻底失败了。北方失败了，南方也失败了，段祺瑞败得彻底、干净！笃定此战必胜的徐树铮，一见大势全去，郁愤满胸，但又无可奈何，不得不匆匆跑进六国饭店，暂藏起来，不久，又藏进日本公使馆；段祺瑞成了战祸之首，大总统自然发布命令，免他本兼各职。正嫌纱帽小，转眼成囚徒！段公馆无人不在为段祺瑞的安全担心，人们看到大总统对他的免职令，看到徐树铮、曾毓隽、段芝贵、李思浩等人都被列入祸首，通缉悬赏捉拿之命令。都替他捏一把汗，劝他立即离京，找个地方去避避风头。老段却不慌不忙，从后宅漫步到前院，从前院楼房又漫步回到后宅。好像他心中早有底儿，他在等待一个什么好消息到来。但是，各地传来的，尽是不好的消息：

山东德州方面，本是他的边防军马良部从那里的守将商德全手中夺来的，现在，由奉军援助商德全，又把德州夺回去了，马良只好逃走；

河南信阳段系守将赵云龙，被河南直系旅长李奎元战败，驱逐出境；

察哈尔都统王廷桢奉曹、吴之命移军居庸关，大战边防军西北军，边防军败降，解除武装……

段祺瑞终于感到日暮西山了，他不得不以自欺欺人的口气，发了这样一封通电：

……祺瑞此次编制定国军，防护京师，盖以振纲饬纪，初非黩武穷兵。乃因德薄能鲜，措置未宜，致召外人之责言，上劳主座之廑念。抚衷内疚，良深悚惶！查当日即经陈明，设有谬误，自负其责。现在亟应沥情自劾，用解愆尤。业已呈请主座，准将督办边防事务、管理将军府事宜各本职，暨陆军上将本官，即予罢免；并将历奉奖授之勋位、勋章，一律撤销；定国军名义，亦于即日解除，以谢国人。

段祺瑞以一纸通电，“光荣”下野了。

段祺瑞下野之后在北京待不住了，于是，携家带眷，二次搬到天津。不过，这一次住的却是日本租界中的寿街。

皖段已是战败，曹、吴以胜利之姿，拟定六项条件交给总统：

一、解散安福俱乐部；

二、惩办罪魁十四人；

三、取消边防军与西北军及其他属于该两军之一切机关；

四、京畿保卫归直、奉军永远驻扎，京城以内，由京畿卫戍总司令担负全责；

五、撤销安福包办之和议机关，驱逐王揖唐，另与西南直接办理和议；

六、解散新旧两国会，另办新选举。

时至今日，大总统徐世昌已为直系所挟，上述条件，自然无法大变，虽在表面上做了些婉转文章。最后，还是以大总统名义，发了一通对皖段“终审判决”式的命令：

国家大法，所以范围庶类，缅规干纪，邦有常刑。此次徐树铮等称兵畿辅，贻害闾阎，推原祸始，特因所属西北边防军队，有令交陆军部接收办理，始而蓄意把持，抗不交出，继乃煽动军队，遽起兵端。甚至胁迫建威上将军段祺瑞，别立定国军名义，擅调队伍，占用军地军械，逾越法轨，恣逞私图。曾毓隽、段芝贵等互结党援，同恶相济，或参预密谋，躬亲兵事，或多方勾结，图扰公安，并有滥用职权，侵挪国帑情事，自非从严惩办，何以伸国法而昭炯戒？徐树铮、曾毓隽、段芝贵、丁士源、朱深、王郅隆、梁鸿志、姚震、李思浩、姚国桢等，着分别褫夺官职、勋位、勋章，由步兵统领、京师警察厅一体严缉，务获依法讯办。其财政、交通等部款项，应责成该部切实彻查，呈候核夺。国家虽政存宽大，而似此情罪显著，法律具在，断不能为之曲宥也。

这个命令到了段祺瑞手里，段祺瑞寒着脸膛笑了：奇谈怪论，我受人“迫胁”，我受什么人迫胁？我主谋的，我指挥的，一切都由我做主！我看你们敢对我怎么样？警察厅来缉拿我好了，该怎么讯办，就怎么讯办！

段祺瑞这次回天津，跟上次大不相同了，陆军部再不把他的家庭支用作为公用支付；棋手、诗友的费用也没有公款开支了。他不得不稍加紧缩生活开支，男女佣人减少了，棋手也走了一半。但他的生活还是老规矩：早饭之后没有公务办了，他就闷在屋里看书，或者会会客人；午后一觉醒来，还是下棋，或作诗；晚饭后照常打牌，打到尽兴为止。不久，段祺瑞的生活还是发生了明显的变化；依照旧例为他单开的伙食，不见荤了，全是素食。是他平时最喜欢吃的南方豆豉，这项菜成了他的主菜；再就是炒鸡蛋——段公馆旧例，为他吃的鸡蛋一定是自家养的鸡下的蛋；自家养的鸡群中绝不许养公鸡。幸好，据说这样养的鸡下的蛋，也是素的。段祺瑞吃斋念佛了！

他在自己家中辟了一间佛堂，清晨起来第一件事，便是跑进佛堂焚香诵经，他把它视为必修课，决心坚持下去。

一天，段祺瑞从佛堂诵完了经出来，在书房尚未定，人报“天津大贾邢致龙来拜”。段祺瑞锁眉想想，记不得此人了，便说：“请前边记下他的名字吧，我知道了。”

段祺瑞虽然头上光环没有了，家中礼仪却依然如故，客人来拜，管事房

（即他说的“前边”）照旧一位一位记在号簿上。只是这次特别，那位邢大贾说：“非面见老总不可！”段祺瑞来天津多日了，虽不乏来拜者，但仍见门庭冷落，有人必欲见，也是一种宽慰。于是，他答应“在小客厅见”。

邢致龙长衫礼帽来到小客厅，一见段祺瑞便深深鞠了一躬，笑嘻嘻地问一声：“段大人，段老总，您还好吧？”

段祺瑞抬头一看，见来人四方白皙脸膛，浓眉大眼，挺面善，大约五十岁了，留着短须，似曾相识。再想想，记起来了，原来是他的内弟吴光新的把兄弟，上次来天津时和他在牌场上有过交往。忙欠身起，表示欢迎：“邢公，欢迎光临，请坐！”

邢致龙坐下，有人献茶。邢说：“老总此番来津，如有需要在下操办之事，老总尽管吩咐，致龙一定尽力。”

“闭门思过，没有什么要操办的事劳动大驾。没有事。”段祺瑞轻轻地摇着头，又说，“想把残年留在青灯香烟的佛堂，足矣！”

“老总可千万别那么说。”邢致龙笑着说，“今后要收拾这个残局，使老百姓能过上太平日子，还非老总东山再起不可！不是我奉承老总，这是天下人共认的。”

段祺瑞听了此话，心里乐滋滋的，但那脸膛，却依然冷冷的。“承蒙阁下美意，只是，对官场上的事，我已心灰意冷，不再想有什么再起东山、西山了。”

邢致龙又奉承了几句，然后从衣袋中拿出一张十万元的支票。双手捧着，笑嘻嘻地说：“老总，这是我一点小小的心意，只能聊补府上生活，绝无他意，敬请笑纳。”

段祺瑞接过支票，打开看看，十分激动：此时此刻，人能上门，已是深情厚谊；再能馈赠，那才真是知己。他掂量着说：“邢公这片厚意，我永生不忘；患难之中，如此厚赠，实在也称得上雪中送炭！只是，我平生有一信念，不收任何人分文礼品！此念已坚持数十年，不想在人倒时信念亦灭。”说着，便把那张支票奉还给邢致龙。邢致龙惊讶了！

对于段祺瑞的拒收馈赠或其他送礼，社会上早有口碑，邢致龙也是略知一二的。往日，无论在京、在津，凡有人送礼，均由门房送至内客厅门外的条案上，等他亲自过目。他总是看了又看，最后拣一两件不值钱的东西留下，余皆璧还。尤其是外省督抚的送礼，他一概不收。有一次，任着江苏督军、苏皖赣巡阅使的齐燮元给他送来礼物，礼单上共注明有二十样，有几扇围屏上面都是用宝石镶嵌的，五光十色，耀眼夺目。段祺瑞只围着礼物打量一阵子，便原封璧谢。还有一次，奉军首领张作霖从东三省派人送给段公馆江鱼、黄羊等礼物一大堆。送礼来的副官说：“张大帅请老总务必赏收！”张作霖的礼物段祺瑞看了半天，勉强收下两条江鱼，并说：“雨亭如此盛情，我同他又是那样莫逆，不得不收下了。”余物又璧谢了。北京军政界人士都知道他这个脾气，所以，谁也不向他送礼。

邢致龙一边向段推阻，一边却说：“老总美德，无人不敬仰！不过，据我所知，老总也有例外的时候。”

段祺瑞心里一惊，忙说：“那是谣传，绝无此事。”

邢致龙摆事实了。“反复辟之战胜利之后，冯焕章冯将军给老总送礼，老总就全部收下了，并且显得十分高兴。”

段祺瑞想了想，确有此事——冯玉祥恢复了旅长职，又参与反复辟取得了全胜，同段的关系更加密切起来。一次，专门派人去向段表示一下心情，愿意共同把民国大事办好。代表临走时，冯玉祥对他说：“段老总是个挺喜欢吃南瓜的人，咱们防地又盛产南瓜，我买了一只最好的，你抱着给老总。”冯玉祥的代表果然抱着一个大南瓜进了北京，进了府学胡同的段公馆。段祺瑞十分高兴，把礼全收下了！不想这件事竟被邢致龙知道了。段祺瑞笑了：“不想我一身洁净被冯焕章一个大南瓜给坏了。我得找冯焕章算账！”

段祺瑞还是把邢致龙的厚赠谢辞了。“阁下厚爱，芝泉心领了。日后若处境大迫，我自然会上门。”

躲进日本公使馆的徐树铮，一闷就是三个月。他无法出来呀，根据大总统的命令，北京警方发出了缉拿他的通令，他躲起来了，警方见不到他，也就罢了；若是见到他了，应付公事也得惹他的麻烦。所以，他不敢出来。三个月，度日如年！

徐树铮像一只被困在铁笼中的猛狮，他恨不得咬断铁栏，冲向世界。

正在叱咤风云，一时被困，徐树铮无法适应这种生活；形势突变，似迅雷不及掩耳，三月来变得如何了，老总怎么样了，从今以后又该怎么样？他觉得这些事自己该想，该操心。躲藏在地窖似的外国公使馆，能管得了那么多吗？当年，段祺瑞决定对德宣战时，中国和日本都成了协约国成员，一个战壕里的战友。但徐树铮还是对日本有成见的。而今，他竟屈膝请日本人拉他一把，这种心情是不舒服的。身处困境，面对的并不是朋友，怎么能不度日如年呢？！

一天，驻天津日军总司令小野寺来看望徐树铮，很真诚地问他："将军，你想出去吗？"

徐树铮对日本政府有成见，但对小野寺却是友好，他也真诚地说："我怎么不想出去！梁园虽好，却不是我的久居之地。我得到我的天地上去。"

"大总统的命令尚未撤销，你的天地……"日本人暗自想笑。徐树铮说："那个命令只在北京有用，飞出北京，我就自由了。"小野寺笑了。"中国的事情原来如此！阁下既然这么说，我倒有办法让将军出去，只是得委屈一下将军。"

"怎么委屈？"徐树铮兴奋了。只要能出去，委屈一点儿又算得了什么呢？他只是想知道该怎么委屈。

"将军知道，大总统通缉你，北京四周都是曹锟的军队，直军把你当成头号敌手。走出去，极难。我想了一个办法，把你放进一只柳条箱中，当作一件什么东西，由我们派军官带进火车站，装上头等包厢，将你带出去。别的，没有办法。"

"这个……"徐树铮慌张又为难了：堂堂中国上将军，被日本人"当作一件什么东西"运走，岂不太失身份了！可是，他若不答应被人当作一种"东西"，又怎么好出去呢？大总统的命令他看到了；北京警察厅的通缉他也看到了，他都是被戴上"罪魁祸首"帽子的，人人的眼睛都在注视着他，寻捕着他。思来想去，只有走日本人说的这条路。"好吧，我可以听从阁下的安排。"说话时，还在想：大丈夫能伸能屈，这才是豪气！

徐树铮被日本人从公使馆的密室移到一只大柳条箱中，柳条箱被日本军官带进火车上，火车把徐树铮拉到天津。

天津、北京咫尺之间，但却是另一番天地，另一番气候。徐树铮自由了，他可以在阳光下自由活动、自由呼吸了。他将在喘息之后去找段祺瑞，他不死心，他不承认自己会败在曹吴手下。

徐树铮对自己这趟北京——天津之行，不仅没有感到委屈，还觉得是一生中之光彩！他对朋友自诩："一路上，我还情不自禁地在唱关云长《单刀赴会》呢！"后来，徐树铮在廊坊被杀，他的好友、清末状元张謇在凭吊他的挽词中有"历诸难，曾自箧中亡，逃张禄"句，便是指此。这是后话，不多述。

段祺瑞得知徐树铮到天津了，大喜！便迫不及待地去找他……

第三十四章

夫人一片苦心

徐树铮回到天津家中，他的爱妾沈定兰正在病中，而且病得很重。他匆忙走进病房，坐在病人的床头上，拉住她的手，拉得紧紧的，久久地不忍放开。

比他小十四岁的沈定兰，显得十分疲惫，脸膛消瘦，吃力地睁开双眸，半天才有气无力地说："又铮，你安全回来了？"徐树铮点点头。

沈定兰又说："以后别出去了。别离开我了。"

徐树铮又点点头。心里在想：不再出去了，外边的世界太险恶了，生生死死；不如家中，妻亲妾爱，温温暖暖。三个月的囚困，使徐树铮增添不少人情味，但他却并不承认当今世界上的险恶究竟与他有多少责任。

……徐树铮回到天津的第三天，段祺瑞忽然出现在他家中。他出来迎接他的时候，段已经跨进了他的内宅。

三个月了，"士别三日，当刮目相看"！这样生死与共的一对，三月不见，又是这样风云突变的三个月，二人见面之后，竟然都失控得连个新兴起来的握手礼也没有，只相对地互送了一次忧伤的目光，便并肩走进小客厅。

段祺瑞，礼帽长衫，鼻上架一副深色的眼镜，手中拄一根盘龙的拐杖，只一个便装的随从，为他提一只小小的手提箱。这模样，跟一个江湖郎中相差不多，唯独唇边的八字胡，显得更浓、更乱了。走进小客厅时，他用手杖狠狠地敲着地面，随着"嘭嘭"的声响，他破口大骂起来："我咽不下这口气！我饶不了那些王八羔子！”段祺瑞的鼻子歪了，歪得脸型都变了样。

徐树铮亲手为他泡好香茶，又让人为他打来洗脸水。段祺瑞呼呼啦啦洗了脸，又咕咕嘟嘟喝完茶——仿佛他就为了这点享受才来的——然后才坐下。“又铮，”他还是歪着鼻子说，“你说咱们彻底垮了吗？不，我垮不了！就是日后我垮，我也绝不会垮在曹老三这小子手下！”

徐树铮寒着脸膛，颇有忏悔地说：“我们对曹锟太大意了，总认为他不会对我们下毒手；又轻视他没有那个胆量和实力，他不敢跟我们作对。”

“面前这局势来得太意外，做梦似的。”段祺瑞不拐弯抹角，直爽地问徐树铮，“我问问你，下一步怎么办？”

“容我想想再说。”徐树铮被困三个月，尚未转过神来。“明摆着的事，用得着再细想？”“你有打算？”

“打算什么？东山再起！”“怎么起？”

“怎么起？”段祺瑞站起身来。手按着桌子，说，“难道说我就没有门路了，山穷水尽了？我就一定得跳海？”

听段祺瑞那口气，徐树铮也为之震动。“难道老总已胸有成竹？”

段祺瑞败退天津，心情慌乱了一阵之后，还是冷静下来了。表面上，他下棋，写诗，烧香，拜佛，其实，内心何曾平静，他何曾服输？他只认为走错了一步棋，走了一步蹩脚棋。一步错了并不等就死了，他想寻另一条路，再走活它。他把许多天来的想法对徐树铮和盘托出。

“又铮，咱们不能信神信鬼了。小皇上逊了位，袁项城归了天，中国就六神无主了。谁是主？不能凭空想。谁有能力谁是主，谁有大兵谁是主，谁有地盘谁是主，北京不一定是天心，我看……”

徐树铮一时没有摸透段祺瑞的思想，不知道他想怎么走下一步棋，他只是惊讶地听着。听到这里，他有点迷惑。问道：“老总的意思是……”

“我想啦，咱们得看形势做事。”段祺瑞说，“如今，南方革命党正是兴旺，看势头，前景可观。我想跟他们接触接触。能行的话，借他一阵东风，把曹老三这个东西赶下去。”

徐树铮听了段祺瑞的话，并不感到惊讶。但却没有答话。他微闭着眼睛，陷入了沉思——

徐树铮藏身日本公使馆时，曾想到过这步棋。这两年，北洋派本来是该过着欣欣向荣、主宰天下的日子，但却内讧不息、打来打去。虽然一时半时谁也吃不掉谁，但谁也别想有过大的发展。南方的孙中山，却是目光远大，心胸广阔，有个中国核心的气派。我皖系若能和孙中山合作，前途必宽。可是，段祺瑞的“武力统一中国”政策，也确实伤害了包括孙中山在内的许多中国人的心。和孙中山联合，老总干不干？孙中山干不干？徐树铮思想不定。现在，老总愿意干了，争取联合的余地就大了。他说：“老总，您和我想的，大致一样。我看，在其他路都走不通的情况下，也只有走这条路了。但是……”

段祺瑞摇手阻止他说下去，却忙着说：“好！我只要你这一句话。至于这条路怎么走，你我都想想，总会想出办法来的。”“这些日子老总在哪里？”徐树铮问。

“我？无影无踪。”段祺瑞说，“天津并不是保险地，不可久居。在这里办不成事，咱们去南方，去上海怎么样？”

徐树铮没有说话。因为他的爱妾病着，他不想在她重病期间离开她。

“我说的不是现在就动身，是以后。”段祺瑞说，“你现在先给定兰看病，我知道她病了。等她病好了再说。”停顿了一下，又说：“走，你领我去看看定兰。一定请一个好医生给她看病。明天我让人给你送张支票来。两千元够不够？”徐树铮摇摇头。“钱有。”

“那是你的。”段祺瑞说，“我这点钱只算聊表心意。”说着，他随徐树铮朝病房走去。

混战年代，形势变幻，总是出人意料。有时，这种变幻连谋略家也会弄得晕头转向。

直皖大战以后，吴佩孚又征服了两湖，他倒真想稳坐中州洛阳，缔造一个主宰“八方风雨”的“直系天下”。其实，吴佩孚的算盘打得并不如意——张作霖就不想让他过如意的日子。

直皖之战，张作霖是胜家。然而，他像一只野猫拣到一个尿泡一样，空欢喜一阵：直皖战的胜利果实全被吴佩孚吞了。吴佩孚一下子便扩充了三个师。燕赵增加了三个师，张作霖第一感觉便是给他入关增加了困难。张作霖猛醒了：直皖一战，得罪了段祺瑞，吴佩孚又没有给我丝毫好处，我这是为的什么呢？张作霖在算一笔账，他要算算究竟是联段祺瑞好，还是联吴佩孚好。他终于算清楚了：吴佩孚算什么，连曹锟也只是势利眼；人家段合肥是什么样的人物？爱国将领！一通电报能把小皇帝拉下来，了得？袁世凯想当皇帝，段合肥大义凛然，坚决反对。这都是大人物干的事情！”

张作霖比较欣赏孙中山的政策。他觉得孙中山也是个大人物，能办大事。于是，张作霖便派了一个叫张亚乐的副官去见孙中山。孙中山得了张作霖的信，便秘密派人北上，试图和奉、皖两家联合，建立统一的中华民国。

徐树铮的爱妾沈定兰病故了，他十分痛心。丧事处理完了，他便和段祺瑞一起，秘密来到上海。

当时，上海刚刚经历了一场毁灭性的战争：直系齐燮元和皖系卢永祥一场争夺上海之战（史称“齐卢之战”），把一个大上海搞得十室九空，一片荒凉！段、徐到上海，一来未曾与孙中山的组织联系，二来也尚未摸清国民党的态度，联合事只能算“单相思”，想想议议，并不敢跨大步。不久，段便又回北方来了，只把徐树铮留在上海，寻机与南方联络。

闷困了三个月的徐树铮，又遇上痛失爱妾，对于政争略显得心灰意冷了，他想把他二十余年的风雨岁月回溯一下，写一本书，为后人指点迷津。段祺瑞走后，他便闷在密室里，苦苦思索。他终于把书的题目定了，叫《建国诠真》，内容分为国体、宪旨、国会、政纲、官制、用人、仕风、邦交、吏治、民俗、市乡、教育、军政、财政、工艺、商业、铁路、邮电、垦牧、矿务、刑法、边微和侨民等二十三章，他想安心地写下去。

就在这时候，孙中山联奉、联皖的设想传到上海，徐树铮马上转告给段祺瑞。

段祺瑞狂喜了，“单思梦”变成“情投意合”，他真想顷刻间便到广州去会见孙中山。可是，段祺瑞立即又冷静了，他同孙中山毕竟隔阂太深了，天下无人不知是他段祺瑞要用武力统一他孙中山。而今，孙中山能谅解他吗？欣喜一阵之后，他只匆匆忙忙给徐树铮发了个急电，令他火速南下，与孙切商。

徐树铮放下手中正在撰写的《建国诠真》，急急忙忙南下广州。时间为公元 1921 年 12 月 22 日。北方，已是冰天雪地。而南国，却依然碧绿一片：山青水绿，河水清波，空气也是那么温馨宜人。坐在火车中的徐树铮，心情并不像南方大自然那样欣欣向荣，而是一团乱麻。三年了，三年前他曾从北方跑到南国，跑到衡阳，那是对吴佩孚献媚去的，他挖空心思，写了一篇长词《衡州谣》，把吴佩孚捧得昏昏然然。而今，他又南下，他又在挖空心思，要想出一种办法，把吴佩孚吞掉。前一次，他可以任意谈吐，因为他居高临下；这一次，他身后的依托全消失了，没有高可居，也就无从谈任意。何况他面对的，是民众崇拜的大人物——孙中山！他徐树铮竟有些无所适从之感。

徐树铮到达广州，方才知道孙中山去了广西桂林，正在那里以非常大总统的名义组织大本营，准备北伐。徐树铮犹豫了，孙先生又准备北伐了，还有无心肠和我们联合，何况我们已是走着下坡路的一群？思索有时，他还是给孙中山发了一个电报。

五十六岁的孙中山，一直为他的理想奔波。他的第一个目标——推翻满清封建王朝，已于1912年完成了。然而，革命的成果却没有落到革命者手中，他被迫辞去了中华民国临时大总统职位。他很痛心。于是，他把同盟会改组为国民党。重新举起革命民主的大旗，组织护法政府，誓师北上。终于还是力不从心，为军阀挟制而再次去职。现在，他刚刚在广州就任了非常大总统，准备再次北伐，他多么需要联合各方力量，以实现最后胜利呀！

徐树铮来了，这个皖系军阀中的骨干人物来了，孙中山甚是欢喜——长时期以来，孙中山对段祺瑞是另眼相看的：他敬仰他率领前方将领给朝廷发出的“请立共和”进谏书，清帝退位，有段祺瑞的功劳；段祺瑞不同意袁世凯当皇帝，也是一件有远见的智举；马厂出兵，扑灭了辫子军的复辟，也该称作壮举。孙中山和段祺瑞有诸多共同的认识，他有意愿同他联合。所以，在桂林的孙中山见到徐树铮的电报之后，马上给廖仲恺、汪精卫打了个电报，让他们盛情接待他：兹请两兄及介石（蒋介石）为我代表，与之（徐树铮）切商军事之进行。现我军决定于旧历年后用兵，希望皖系策应，使直系更无归路。自来战略因于政略，吾人政略既同，期为南北一致，以定中国，其庶几也。

另外，孙中山单独给蒋介石写了封信，特别嘱咐蒋说：“徐君此来，慰我数年渴望。”希望蒋同他好好切商。

蒋介石等人来到徐树铮下榻处，作了长叙。而后，蒋单独宴请徐树铮于越秀山巅之南粤宫。

那一天，岭南万里无云，羊城花香充市，比徐树铮小六岁的蒋介石，满面春风，热情备至。他把徐树铮扶上专车，陪他观光了市容，游览了珠江，而后漫步于越秀公园，走进豪华的宴会厅。对面坐定，蒋介石便操着奉化乡音说：“久慕先生大名，恨无缘相会。中山先生把徐先生此来说是慰我数年渴望，此语涵盖介石和我党诸君。合肥与中山携手，中华大安有望了！”

徐树铮也极尽奉承之意说："合肥历来称道中山先生胸怀大志，高瞻远瞩，久有相携之念。树铮此番冒险南行，愿尽微力，促其成功！"

"皖人仍当今中流砥柱，国人多赖合肥和阁下，我们会并肩完成大业的。"

徐树铮受到革命党人的盛情款待，精神十分振奋，连忙电告段祺瑞："再起东山，曙光在前！"为了把联盟的事情办得更好，徐树铮于1922年元月3日在蒋介石陪同下到了桂林，拜见孙中山。

孙中山迎徐树铮至城外，以上宾待之，相谈更是愉快的。桂林三日，一个皖、奉与孙中山的三角联合——目标一致，反直便谈成了。徐树铮离开桂林时对孙中山说："我皖系力量完全可以为先生所用。我即去福建，那里军队由李厚基统帅！只要先生一动，我可以让李将军策应。"

孙中山握着徐树铮的手，说："中华兴旺，有赖你我！愿我们共同为炎黄子孙造福！"又是风云多变时！

徐树铮去福建时，北方发生了第一次直奉大战，张作霖大败，退出了山海关；南方陈炯明背叛了孙中山，孙中山的北上计划不得不停下来；而福建督军李厚基竟看风使舵宣布脱离段祺瑞投靠了曹锟。徐树铮徘徊在北返途上，不得不改道延平，去造访一下多年前的老部下、延平驻军旅长王永泉。最后，还是因为话不投机不欢而别。至此，孙、段、张的三角联合也只是议议而已，并未实现。

段祺瑞在天津闲居的时候，朝中依然乱事层出。刚刚结束的直奉大战，并没有因为奉张败退关外而安逸，本来那场战争不就单单是对奉张的，而是因为大总统徐世昌用了梁士诒作国务卿，梁士诒却是段祺瑞的心腹，吴佩孚是为逼梁下野才发难总统，总统一封密信请奉张入关"勤王"才打起来的。张作霖被打败了，徐世昌日子不好过了，迫于曹、吴的压力，发了一道"免张作霖东三省巡阅使等本兼各职"的命令，结果，引来了张作霖一顿臭骂：通电全国，既声明奉军入关是奉命所为，又指责徐世昌诡计多端、唯利是图，说当今国难民穷全是他一人所造成的。弄得徐世昌无可奈何，只好于1922年6月2日宣布下野。

国不可一日无主，这主又不是任何人都能当的。曹、吴切商再三，决定把蹲在家中清闲的黎元洪拉出来当总统。

黎元洪哪里是息事宁人的人，再加上身边又有李根源、韩玉宸等不安分的政学系高参，几经密商，黎大总统复任之后施行的第一政务便是明令"废除巡阅使、督军等职衔”，免得军人各霸一方，地方政权统归总统“统而总之”。削去军权的各方霸主均为直系军阀，曹、吴这才明白黎元洪当的不是他们的总统！于是，又展开了倒黎活动。

黎元洪手下无兵，斗不过有兵的曹、吴，只好匆匆逃出北京，想藏到天津去。黎刚到天津，直隶总督、直系骨干分子王承斌便“笑嘻嘻”地赶来逼印。黎元洪只好交出总统印——黎大总统又一次下野了！

如此变幻的形势，兴奋剂似的激励着段祺瑞，他在天津蹲也蹲不住了，真想冲出去，去收拾这片山河！

不过，今天的段祺瑞毕竟不是直皖之战以前的段祺瑞了，他的武力基本上没有了，他失去了底气。或许形势会左右他，他再无能力左右形势。兴奋一阵之后，他忽然想起了夫人张佩蘅：她近来身体很不好，我得去安慰她。

段祺瑞许久没和夫人对坐谈心了，他一直觉得她不是一位助手型的内人，只能当作一个牌位。许多年，段祺瑞有点柔情也多放在姨太太们身上了：大姨太陈氏，留下一儿一女，八年前死了；二姨太边氏，生下一个女儿；三姨太刘氏，生了一个双胞胎儿子；还有四姨太刘氏，五姨太李氏。后三位虽然都是花钱买来的，但各有妩媚之处，总会为他调剂一下精神；二姨太边氏，更不同了，有姿色，有心地，简直是段公馆的“总理大臣”。因此，那位张氏夫人索性过她的清闲日子了。无论在北京还是在天津，她的居室总是幽幽静静、冷冷清清。段祺瑞到来的时候，只有一个小丫头在门外，她怯生生地有阻拦之意，段祺瑞却径直入室——原来张氏夫人正躺在床上吸大烟。段祺瑞是不吸大烟的，也不许家人吸。现在，赶上这情形了，也装作看不见，只学着袁世凯对夫人那样先问了声：“夫人好！”张氏吸大烟是瞒着段的，只求一点精神慰藉。这事也有些年头了，大家心照不宣。今天既挑明了，她也不怕。从床上下来，问了声“大人好”之后便说：“心绪总是不安，家中的事，你的事，件件贴在我心上。我又是那样的没肚肠，没办法，吸几口烟，解解闷。”

夫人吸大烟，段祺瑞是早有耳闻的，只觉得她人缘还好，在妻妾中又不生事，难得家里安宁，也就睁只眼闭只眼。现在，夫人说明了，他也笑笑说：“也怪我没时间同你谈心里话，你也没法解闷，吸就吸点吧。只是别太贪，坏了身子。那东西，不是好东西，太贪了，身子就坏了。另外，也避讳一点。你知道的，我是不许人沾上那种恶习的。”

张氏说："我明白大人的心，我也知道那东西不好，只早晚闷极了吸一两口，算不上大瘾。大人放心，我会慢慢忌下的。"说着，让丫头把烟具收拾去，自己给段祺瑞泡了茶，然后坐在他对面，又说："你来了，正好，我有几句话，想对你当面说说。你可是知道的，我从来不在你面前唠叨事。男人的事，哪就用得着女人管了？女人能管事，还要男人干啥……"

"夫人，有什么话，你只管说。"段祺瑞表现得十分谦虚，"我会听的。"

张佩蘅叹声气，又揉了揉眼，才说："大人，别再干什么去了，外边不安宁。今儿你打我，明儿我打你，打来打去，多危险哪！到头来，谁又打出个啥了？就像袁大人那样，又怎么样呢？无论北京还是天津，咱都有个家，安安生生地过吧，免得老老少少提着心过日子……"

段祺瑞听着，点着头——张氏到段祺瑞身边，屈指算算，也二十三四年了，说真的，对面坐下，推心置腹的时候，实在太少了。听着夫人的絮说，段祺瑞也感到了夫妻的情肠，他说："夫人的话，我心里明白，我何尝不是这样想，算了吧，跟谁都不争了，守着你们了却此生算了。"说着，他摇摇头，深深地叹息。但又说："可是，我咽不下这口气！无论如何说，我也不甘心倒在曹老三这帮人手下，他算什么东西？他有什么能耐？败在他手下岂不太丢人了！再说，你瞧瞧，普天下，是东西不是东西都想称王称霸，占了一方就人模狗样。我看不惯！我心里不服！我……我……"他想大声表明"主宰天下的得是我"！可他，终于把话吞了下去。停了片刻，又说："夫人的话是至理名言，容我细想想。"

第三十五章
高处多风雨

黎元洪昙花似的又过了几天总统瘾，下野了。国中没有主了。现在，势力最大的是直系军阀曹锟、吴佩孚，他们可以一正一副地自命“总统”了。不知什么原因，吴佩孚领着他的将士们去洛阳营造他的中州去了。六十二岁的曹锟在他保定直鲁豫巡阅使署内闷坐有时，忽然感到自己老了：人活七十古来稀！拼拼杀杀就过去六十岁，来日不长了，我得享受享受！他想：袁世凯能当大总统，黎元洪能当大总统，冯国璋也当了大总统，徐世昌也当大总统，难道我曹老三就不能当大总统？曹锟想当大总统了！他把参谋长王坦找到面前，转着弯儿说：“养怡（王坦字养怡），有人说我曹某人的钱太多了，无处用，想买一样值得买的东西。你说说，什么东西值得买呢？”

王坦对曹锟的为人，是一清二楚的，此人最喜欢正话反说。想买什么还用别人提？你早打算好了。于是，他笑着说：“其实，这事也不必犹豫。老帅与其把万贯家财留给儿孙，倒不如买个总统坐坐，留给儿孙一片广阔天地。”“此事不难？”“不难。”

“大约要多少钱？”“这得算算。”“好，你算算看。”

王养怡给他算清账了，王养怡也给他把钱花出去了。结果，每个议员收到五千大洋的支票，便每人给了曹锟一张选票。1923 年 10 月 5 日，议会开会选举，10 月 10 日曹锟便宣布就职——中华民国又出了一个曹姓大总统！

曹锟当总统，段祺瑞又惊又喜：惊的是怕他再扩兵，权大了，他便无法东山再起。所以，曹锟贿选开始活动时，段祺瑞邀约南方革命党的代表汪精卫，奉军代表姜登选、杨毓珣及云南、四川、湖南的代表集会于上海法国租界，议定的项目之一便是把国会迁至上海，由皖系骨干卢永祥出资一百万大洋作为议员南下经费。故而，很快便有七百议员南下上海之举。这样，便促使曹锟改变了行贿价码，由原来拟定的每位议员两三千元猛增为每位议员五千元。曹锟贿选成功了，段祺瑞又为之一喜，因为他可以广泛联系，把倒直运动轰轰烈烈地大干下去！

果然，在曹锟宣誓就职大总统不久，孙中山、段祺瑞、张作霖的代表便在上海发表联席会议宣言，痛斥贿选。宣言称：

> 曹锟怀篡窃之志久矣，数月以来，阴谋日亟，逆迹日彰。最近发觉其嗾使部曲，串通议员，毁法行贿，渎乱选举，种种事实，海内闻之，莫不愤疾。东北西南各省军民长官暨本联席会议，相继通电，声明此等毁法之贿选，无论选出何人，概予否认。全国各法定机关既各公团，亦相继奋起，为一致之主张，义正词严，昭若天日。曹若稍知众怒之难犯，典刑之尚存，犹当有所顾忌，戢其凶谋。不意彼辈形同昏聩，怙恶不悛。吴景濂等竟悍然于十月五日举曹锟为大总统，曹锟亦悍然于十月十日就职。蔑视中华之礼仪，沦丧民国之道德，侵犯法律之尊严，污辱国民之人格，一并于此，可胜发指。谨按此次毁法行贿之选举，于法律上则绝对无效，于政治上则徒生乱阶。曲所盗窃之政府名义、附逆议员所盗窃之国会名义，一切否认。除彼凶残、唯力是视，呜呼！国本飘摇，乱人鸱张，存亡之机，间不容发。凡我国民，共奋起毋馁，最后之胜利，终归正义。

曹锟是玩了一生枪杆子的人，知道自己手下有多大实力；直皖之战、直奉之战以后，他知这大北方的各家情况。我还看不清谁有可以同我较量的力量？曹锟仰面笑了：让那些准备以“唯力是视”的好汉们来吧，我曹某人敬候了！

张作霖加入反曹联盟，意在报复直奉之战之仇。三家联合宣言发出之后，曹锟不理不睬，并且放出风来，以武力相待，张作霖跃跃欲试了。

就在这时候，中国的东方一隅发生了皖系军阀、浙江督军卢永祥与直系军阀、江苏督军齐燮元争夺上海之战。张作霖有借口了，他立即发出声明，调兵遣将，支持卢永祥，兵出山海关！

——一场规模巨大的第二次直奉战争拉开了序幕。这是1924年9月15日。

段祺瑞企盼的直奉大战打响之后，他在天津又兴奋起来了，把得到的情报——他在天津住宅有自己的电台，并且有众多情报渠道，往日陆军部能掌握到的情况，他今天几乎可以完全得到——都放在面前，认真地分析研究。他很快得出了这样的结论：直军虽然强大，但战力核心在冯玉祥的第三路军，而冯军的作战路线又是出古北口直趋赤峰。段祺瑞笑了：古北口，山岭重叠，道路险奇，交通极为不便，地区十分贫困，吴佩孚又不给他设一个兵站，冯焕章前进难了。想到这里，他决定从冯玉祥入手，拉开一条政治战线。段祺瑞把一个在天津蹲闲的部下贾德耀叫到面前，对他说："有一件要务，要请你去完成。如何？"

贾德耀笑了。"老总怎么说外气话了。无论天大的事，老总只管吩咐。"

"当初在七师时，你和冯焕章同是旅长，我知道你们二人关系甚好，我想请你去古北口一趟，见见冯焕章。"段祺瑞说，"他出征参战了，我得表示慰问。"

贾德耀明白了，微笑着说："我会把老总的意图和盛情带到古北口的。但务请老总写一封亲笔信。"

"这个自然。"说着，把早已写好的信交给贾德耀，又说，"请冯将军顶起大梁。我么，自然全力支持他。"

贾德耀匆匆赶到古北口，住进一家客店，便给冯玉祥捎了个信，冯玉祥派他的专车把他接到军营。冯玉祥迎到帐门外，热情伸出手。"哎呀呀，是什么风把你吹到古北口来了？快请帐里坐。"

贾德耀拉着冯玉祥的手，说："老兄兵出长城，我怎么能不来助你一臂之力呢！"

二人对面坐定，冯玉祥捧出香茶，说："阁下不是在合肥身边有要务么，怎么一下子到古北口来了？""奉命呗！""奉谁的命？"

"合肥许久不见老兄了，甚为思念，特遣小弟前来问候。"

冯玉祥心中一惊，合肥还会想念着我？他不是隐居了吗？便漠然一笑，说："老兄不是在安慰我吧？"

"现有合肥的信，你自己看好了。"贾德耀这才把段祺瑞的信拿出来。

冯玉祥拆信一看，果然是段祺瑞的手迹。他静静神，看下去。信上，段祺瑞首先表明自己不赞成内战，又表明贿选政府是不得人心的，曹锟没有好下场，然后，便坦诚地说："芝泉十分同情阁下的处境，但却束手。不知阁下是否有他图？若能以实相告，芝泉尽力相助。"

——冯玉祥投直，也是不得已而为之。他本来是倾向皖的，段祺瑞马厂誓师反复辟，冯玉祥起到了先锋作用；怎奈他与徐树铮水火不相容，才离段而投曹。此次直奉大战，吴佩孚为讨逆军总司令，吴同冯也是水火不相容的关系，所以，他把第一路军彭寿莘安排在沿京奉路一线，第二路军王怀庆安排在喜峰口趋平泉、朝阳一线；偏偏把冯玉祥的三路军安排在山高路险的古北口趋赤峰一线，并且不提供任何供给。冯玉祥自知这是一条死亡线。所以，冯玉祥离京之前不仅留下了主力部分不动，受命十四天大军才到达距北京百里的古北口，而他所率领的五个旅便驻足不前了。

正是冯玉祥踌躇不定之际，一见段祺瑞的信，十分欣喜，当即和贾德耀密谈起来。

"焕章的心情，你该是了解的。"冯玉祥对贾德耀说，"内战，我素来深恶痛绝。可是，令人心痛的是，按下葫芦瓢起来，内战因素就是消灭不尽！"

"将军若能顶起大梁，合肥定会鼎力相助。到那时，大局自然归老兄掌握。"

"请转告合肥，果然大局属我，我一定请合肥等有德望的人出来维持。"冯玉祥思索片刻，又说，"此地不可久留，我派个助手随你回天津与合肥面商如何？"

"甚好，甚好！"贾德耀知道大事已成，便领着冯玉祥的代表田雄飞回天津。

得到冯玉祥的赞同，段祺瑞便及时转告张作霖。张作霖也十分高兴，他一面把喜峰口的军队南调，增强山海关一线，一面命他的驻京办事处负责人马炳南去见冯玉祥。马炳南对冯玉祥说："张大帅兴兵入关，目的只有一个——推翻曹、吴。只要曹、吴被推翻，奉方目的达到，决不再向关内进兵。"

冯玉祥说："我已同北京几位将领接洽，只要你们的队伍不进关，推翻曹、吴，我们还是能办到的。"马炳南问："今后大计有设想么？"

冯玉祥摇摇头，停片刻，才说："果然达到和平统一了，我想可以请孙中山先生来主持大计。"

"张大帅也有此意。"马炳南说，"可谓英雄所见略同了。"马炳南见大事已成，便拿出一张一百二十万大洋的支票，交给冯玉祥："张大帅知道冯将军眼下有困难，弟兄们薪饷也不能发了，这点小意思请将军收下。"

冯玉祥接过支票，淡淡地笑着，说："我冯某人素来不受恩赐，此款我收下，暂作借用。日后我好了，一定归还张帅。"

"这话就外了。"马炳南说，"张帅其实是最敬仰将军的为人的。此点意思，对将军也只可算杯水车薪，解不了大难。说以后再还，岂不远了。"

10 月 21 日，冯玉祥出古北口的军队原路朝着北京返回。10 月 23 日，冯玉祥留在北京的部队一起行动了：鹿钟麟以接运给养为名，押大车数百辆进入北京市区。车中全是武器，武器集中到旃檀寺留守处。午夜 12 点，鹿钟麟率部将电报局、电话局、火车站全部占领，抵安定门。孙岳已令守门军将城门打开；队伍一进城，便步步设防，直至天安门，即派一营兵力守护总统府。

第二天，北京城到处布满了冯玉祥的大兵，人人臂上系着"不扰民，真爱民，誓死救国"的布告。人们明白了北京城发生的事情。曹锟被囚在了延庆楼。吴佩孚兵屯山海关，战事日渐紧张，25 日晚 8 时便接到大总统"停止战事"的命令，他虽然还在挣扎，但败局已定。不久，他的二十万军队几乎全军覆没，吴佩孚不得不舍陆浮海南下，从此过起了飘流生活。

第二次直奉战争以直系的彻底失败而告终了。

进入北京的冯玉祥，决定首先改组内阁，由黄郛组织代理内阁，请段祺瑞出来临时执政，并电请孙中山北上主政。

冯玉祥入主北京之后，与黄内阁商定的第一件急办大事，便是将清废帝溥仪逐出宫，并对原先的对清室优待条件作了较大修改。主要修改部分是：废帝永远废除皇帝称号，即日移出禁宫，自由择居，特支两百万开办贫民工厂，尽先收容旗籍贫民等。自此，那雄伟壮观的北京紫禁城，再没有皇帝的足迹，整个中国，再没有一片专为皇帝作福作威的场所了！

中国人崇皇病害得太久了，冯玉祥的果断措施为许多人所不理解。段祺瑞也为之一惊！

在天津的段祺瑞为直系的溃败而庆幸，为曹锟的下野、为吴佩孚的浮海而庆幸。但他看到修改后的对待清室优待条件，却有些不理解，他匆匆给冯玉祥发了个电报：

> 顷闻皇室锁闭，迫移万寿山等情。要知清室逊政，非征服比。优待条件，全球共闻。虽有移驻万寿山之条，缓商未为不可。迫之，于优待不无刺谬，何以昭大信于天下乎？望即从长计议。

冯玉祥捧着段祺瑞的电报，思之再三，最后还是下了决心。他给段祺瑞回了这样一封电报：此次班师回京，自愧尚未做一件事，只有驱逐溥仪，乃真可告天下后世而无愧。

冯玉祥还是照自己的意见把皇帝赶出去了，优待条件也修了。不过，在段祺瑞任临时执政之后，便下令解除对溥仪的监视。不久，溥仪即偕同郑孝胥、陈宝琛等人逃往东交民巷日本公使馆，从此又惹出了许多故事。那是以后的事情，这里放下不提。

虽然在对待清室优待条件上段与冯有分歧，段祺瑞还是欣然出山，就任临时执政了。1924 年 9 月 23 日冯玉祥回师北京，与此同时奉军进驻天津，28 日，各路军首领赴天津推段祺瑞为国民军大元帅；11 月 15 日，段祺瑞以临时执政身份入京维持大局，25 日发表就职声明如下：

> 祺瑞于本月 24 日就中华民国临时执政之职，自维德薄，重以时艰，惟有勉矢公诚，求孚民意，刷新政治，整饬纪纲，所望官吏士民，协力同心，共臻治理。

刚到花甲之年的段祺瑞，正过着阶下囚的日子，猛然登上了大位，像是入了梦乡，是真是幻，他自己说不清了——争争杀杀，无不是为着争权夺利，昔日兵强马壮时，尚伏首为他人，今日一败涂地了，竟然身居大位，是真的么？他抬头望太阳，太阳火红火红的，他睁眼看看房舍，红砖灰瓦，绿树掩映；他伸出巴掌瞧瞧，又相互揉捏，形状和知觉是一如既往；他把一个指头伸进口中咬咬，针扎般的疼。啊！一切都是活生生的现实，我登大位了，我登大位了！

段祺瑞从天津匆匆来到北京，到北京便匆匆走进了总统府……当他走进这片阴森森的高墙大院时，他想起了袁世凯，想起了黎元洪，想起了冯国璋、徐世昌和曹锟。不知出于什么心情，他还忽然想起了那位玩世不恭的袁氏二公子克文，想起了他给他老爹写的一首《感遇》诗。段祺瑞默默地心诵着末尾两句。

绝岭高处多风雨，莫到琼楼最上层。

段祺瑞深深地叹息一声，颇有点儿“高处不胜寒”之味。此刻他感到了困难：形势大乱，国情艰难，战火虽然暂时停息了，但创伤却千疮百孔，应该先办什么，后办什么？谁去办，怎么办？他猛然感到茫然。

随在段祺瑞身边的，是曾经做过清王朝翰林的张汉元。此人颇有点文才，诗作得也不错。清王朝倒了，他无官做了，便到段氏公馆做了家塾，教育段祺瑞的子女，段祺瑞身边无人了，他随之来京，也是个照应。现在，段祺瑞因为有了大位而犯愁了，老翰林知道他因忙而乱了，便低声说：“老总，你得赶快搭个自己的班子。”

段祺瑞锁着眉，说：“班子怎么搭呀？没有人，连又铮也走了。”“又铮不是在香港么，”张汉元说，“何不速速发个电报，请他回来。”

段祺瑞击着自己的脑门，说：“对，对！我糊涂了，现在就急电又铮，请他速速来京！”

第三十六章

跳下莲台又上舞台

“合肥魂”徐树铮在香港住了一些日子，原想去日本，后来他改变了主意，想去欧洲一游。就在行期未决之际，段祺瑞做执政的消息和段祺瑞催他回北京的电报雪片似的飞来。

徐树铮心神不定了，他想立即回到北京，和段祺瑞一起，重整皖系雄风——他有信心东山再起，他能起来，中国土地上有他们的一片灿烂！然而，目前这个“灿烂”，徐树铮心里还不扎实。形势并不稳定，各家还有一场厮杀；再说，自己毕竟元气大伤，尚未恢复，左右不了这个局面。与其为别人做官，不如自己清闲。徐树铮以“身体十分不适”为名给段祺瑞回了一封电报，还是去周游欧洲去了。

对于徐树铮的坚辞，段祺瑞很是不满。“这个徐又铮……”不过，徐树铮是为段氏出过大力的，段祺瑞不忘那份情意。于是，他以执政的名义给徐树铮委加了一个“中华民国考察欧美日本各国政治专使”的身份，办理了国书，配备了助手，拨给了经费，故弄玄虚地交代了任务。徐树铮走了。

北京东直门内，有片地方叫南门仓。据说这是早年什么王侯的府第，后来荒废了。段祺瑞当国务总理时便想在这里造一座像样的公馆，他的旧部知道后，大伙为他凑了四十万块大洋的份子，便买下这片地，请人设计造起房子来。房子未造好他便下野了。现在，他做执政了，执政府设在铁狮子胡同陆军部旧址，他便把家眷从天津搬进了南门仓新建的这座公馆。

新建的南门仓公馆，前后四个大院子，大院之外还有若干跨院；院子东部有个小花园，花园里建有楼房；院后有座大花园，花园进门有假山影壁，有长年流水的小河相通，池中可以栽种荷花。是一片甚为豪华和幽静的地方。公馆外还有马号和卫队的住宅，又增加了几分威严。

段祺瑞虽然做了执政，又住进了豪华公馆，每日生活仍一如既往：早上起来，到小楼上去念经，早饭之后去执政府，午后休息，起床便下棋，晚上打牌消遣。只是，在他每日往返执政府与公馆之间，沿途经过的马路，却是军警密布，三五步就是一岗，断绝交通——这点威风，段祺瑞昔日是从未享受过的。不过，除了这点威风，段祺瑞却再也没有特殊的东西了。

段祺瑞做执政同徐世昌做总统，是一个形式：不是自己实力所取，而是机遇，或者说是实力派找不着人干了，才拣个傀儡出来。所以，坐进执政府的段祺瑞仍然忘不了念佛，忘不了打牌消遣。

——段祺瑞面临的形势同样难呀！他是冯玉祥、张作霖力保就大位的。直奉二战有言在先，推倒曹、吴，奉军出关，由段执政。现在，前后两项都如愿了，唯奉军出关一事，张作霖赖账了。他的部队占领区依旧不退：直隶、热河大片土地被奉军割据。这场大战的胜利果实为皖奉两家所均分；张作霖得寸进尺，又将其部将姜登选安排为安徽督军，杨宇霆安排为江苏督军，大有向江南发展之势。这样，冯玉祥便被挤到西北一角，成了孤军。冯当然不乐意，有意以“辞职”逼段。这是其一。段祺瑞想稳住冯玉祥，曾派他的内弟吴光新去见冯，意欲商量条件，怎奈冯不给面见。段祺瑞知道冯玉祥跟刚刚退下总理宝座的张绍曾关系甚密，便派贾德耀去天津请张调停。张绍曾却说了一大串抱怨的话：“冯将军辞职，情有可原：目前，他军饷支绌，部下将领颇有微词。这次大战，他费尽心机、力量，才把根深蒂固的直系打倒，属将以为从此有碗饭吃。不想做好的酒席却被别人享受了，将领们啧言倾耳，冯觉得对不起他们，无法应付才这样做。”张又说：“这些情况，老段是心里有数的。他这次倦勤，事先我也不知情况，我今日又怎好过问呢？”段祺瑞眼看着空话无作用了，只好把绥远、察哈尔和京兆地区划归冯玉祥管辖，缓和了与冯的矛盾。冯也是无可奈何，只得到张家口去专心经营了。

其二，此次直奉战前，张、段和孙中山三家是有过密议的，打倒曹、吴之后，大计由孙、段二人负责，较多人的意见是由孙中山做总统，段祺瑞做总理。现在，段做临时执政了，孙中山亦由广州北上，大总统到底归谁？段祺瑞又有些恋栈，连起码的谦虚也没有了。如此种种，又何能净心虑事？

段祺瑞做了执政的一个月之后，即1924年12月4日，孙中山由广州到了天津。孙到天津之后，便徒生异感：段祺瑞对他的接待并不盛情，而再三电请他北上的冯玉祥却连面也见不到。这是为何？孙中山疑虑了。在他暂住的张园，孙先生焦灼不安起来。

孙中山还是到北京来了。他没有到段祺瑞为他安排的地方去住，而是住在铁狮子胡同顾维钧的公馆里。

六十岁的孙中山，身体十分虚弱，面色极为疲惫，双眉紧紧锁着。他在病中。孙先生从广州北上时，身体便感到不舒；在天津，病情又显见加重——他太劳累了，辛亥武昌起义之后，他便没有一天的安稳日子，颠颠簸簸，伏伏起起。俄国十月革命胜利之后，对孙先生的革命生涯影响极大；1921年中国出现的共产党，对他更是有巨大的影响；1924年他在广州召开中国国民党第一次全国代表大会，他制定了联俄、联共、扶助农工的三大政策，把旧三民主义改为新三民主义，企图建设一个强大的中国。然而，中国毕竟太乱了，无论是孙先生亲手缔造的党的内部，还是企图作为联合的对象，都是那么混乱。他企盼着和北方的势力联合，用自己的思想影响他们，共同建国。他不顾体弱到北方来了。天津给他的冷遇，使他预感到此行的艰难。到北京了，前途会如何？北京是阴是晴？孙先生不能不冷静地对待。

孙中山到北京的当天，段祺瑞匆匆赶来拜望他。孙先生满以为段执政会对他谈起共建民国政权的大事，可是，段祺瑞只说了几句应酬的话，“请孙先生好好养病”，便走了。孙中山感到北京的气候不可能比天津好。因此，情绪更加忧郁。

段祺瑞原本是欢迎孙中山北上的。那时他尚未住进总统府，大权未曾握定。孙先生果然北来了，段祺瑞已执政月余，他猛然感到从岭南来的不是一尊天神，而是一个争权的对手。所以，孙中山到北京那天，到车站欢迎他的，只有冯玉祥的代表、北京卫戍司令鹿钟麟，却没有段祺瑞的代表。段祺瑞第一次拜见孙先生时，孙先生坦诚相见，对他说：“国家乱得太久了，受苦的是国民。难得平静了，要组织一个最有代表性的国民会议，广泛听取国民意见，组织新政府，建设好国家。”

对于孙中山的意见，段祺瑞只谈谈一笑，环顾左右地说：“孙先生长途劳累，身体欠佳，还是先好好休息，所论国民议会事，以后再议吧。”

孙先生很不愉快，便不想再同他交谈，有些事只交待随行的汪精卫，让汪去同段交涉。

一次，段又到顾公馆拜孙。寒暄几句，孙便退入内室休息。汪精卫却开门见山地提出总统的安排问题。"孙先生此次北上，想首先把总统、总理人选安排定，然后，迅速组织召开国民会议。此两事，我想芝泉老总可能均有打算，想请开诚布公谈谈。"段祺瑞还是淡淡笑着，说："这两件事，均可缓缓。中枢人事，不宜频动，我想应作急务办的，是先做几件实事，待局势更稳妥了，再办中枢人事也不迟。"

"中枢人事都不定下来，由谁来领导先办实事呢？"汪精卫质问了。

"这些，汪先生不必过虑。"段祺瑞说，"执政府的工作已经就绪，且运转顺畅，我想是会办好的。"原来段祺瑞宣布就职之后，便迅速组织了外交、专门两个委员会，把他能够收拢来的心腹，如赵尔巽、梁士诒、许士英、叶恭绰、陈宧、曾毓隽、王揖唐、林长民、曹汝霖、章士钊、邓汉祥等人都拉到身边安在两个委员会中。凡属外交事项，应先由外交委员会提出意见，然后交国务会议通过，交外交部执行；凡关于政治、经济重大事项，先由专门委员会讨论，拟定办法，交国务会议通过，由主管部负责执行。所以，段祺瑞才说"执政府的工作已经就绪"。

汪精卫有点发怒了。他说："既然执政府能够办理一切，何必请孙先生北上呢？孙先生到京有时了，芝泉应该把这些话对他说清楚，让孙先生回南方不就得了。现在你把这些话对我说了，我如何向孙先生说明？"

段祺瑞还是淡淡地笑着，说："我想，汪先生是会宛转谈明的。"汪精卫一怒之下，再不说话。

非常不幸，孙先生到北京，一事未成，便于1925年3月12日病逝了。孙先生病逝北京，国民党人大多对执政府怀有意见，段祺瑞是觉察到了这一点。为了缓和矛盾，段祺瑞打算在孙先生开吊那一天，他一定亲往吊祭。为此，他还准备了丧服，安排了车辆。可是，到了孙先生开吊那天，忽然有人在段面前说："参加孙先生丧礼的人，非常复杂，很可能会出现手枪、炸弹的危险，执政还是谨慎为好。"段祺瑞想想此番对孙先生的接待，想想跟汪精卫的不快会谈，又想想新起的国民党人对他的反感，他陡然心跳起来：万一有人异举，肯定会对我而来。到那时，躲也不及。他马上改变主张，以"足疾行动不便"为由，竟不去参加孙先生的吊会，只以执政名义送去一篇祭文，假惺惺地哭了一场。

> 呜呼！玄黄操黩，川岳茫茫。群龙战野，风起云骧。不有俊杰，谁能自决？呜呼先生，实唯人杰。既躬其实，不有其名。来如龙见，去若鸿冥。功成不居，厥克愈伟。垂老兵间，岂非得已？飘然北上，语我以诚。方期安坐，共话澄清。天不慭遗，溘焉长逝！不敏如余，孰与图治？豪情胜概，照眼犹新。盱衡世变，信念前尘。过隙不留，抟沙易散。永即玄房，虚瞻金范。天风苍苍，海水琅琅。灵光爽熠，奠此椒浆。呜呼！尚飨。

即便如此，国民党许多人仍然对他十分痛恨，坚决表示不与他合作。

跟孙中山的瓜瓜葛葛总算暂时平静了，可是，段祺瑞的心却无法平静。在其位，就要谋其政。怎么谋？段祺瑞感到困难重重。他两天没到铁狮子胡同执政府去了，他只在南门仓新公馆的书房里闷坐，棋也懒得下，牌也懒得打了——执政之后，段祺瑞权欲顷刻膨胀起来，两个委员会之后，他便积极筹备所谓的"善后会议"，来扩大自己的权力。但他知道，冯玉祥正在积极倡导一个"和平统一会议"，以达到更多的人参与国政。支持冯玉祥最积极的，是曾经做过国务总理、现在天津做寓公的张绍曾。此人也称得起北洋元老了，从袁世凯做大总统起，直到曹锟，他都立在举足轻重的地位。此人心术倒是不坏，一生坚持和平统一，社会上很有些影响。段祺瑞想，若把此人拉进善后会议作为代表，形势自然会有大转。

段祺瑞把他身边的一位叫张超的幕僚找来，对他说："你到天津去见见张绍公，我这里有聘书一纸，想请他来参加善后会议。你告诉他，我还有要事同他商量。"张超去了。

张超去得快，回得也快。当他回到南仓门来到段祺瑞面前时，段有些儿惊讶地问："事情如何？"张超摇摇头，说："很不顺利！""怎么说？"

张超只好把天津之行如实回报——

张超到天津张绍曾家。张绍曾正同友人下棋。张超略陈来意，便呈上段祺瑞的聘书。张绍曾接过聘书，拆也不拆便放在一旁，仍然在下棋。张超呆坐许久，甚感尴尬，便说："总理呀，请您给我一个回话，我好向执政交差。"

张绍曾这才转过脸，说："要回信？好，我就去写。"

张绍曾提起笔来，略加思索，便写了几句话，折折叠叠，交给了张超……

“就这样，我回来了。”张超说。

“张绍曾有回信？”段祺瑞精神一振，“好，好，拿来我瞧瞧，看他说什么？”

“老总不看也罢了，”张超说，“没有好消息。看了会不舒服的。”“不舒服也要看看么。”

张超从衣袋中拿出一张纸片，皱皱巴巴，纸质亦劣。一边递过去，一边又说：“这哪里是回信……”

段祺瑞接过纸片一看，上下均无名款，字迹也十分潦草。哪里是回信，简直是佛家的偈语。段祺瑞打量了许久，才认出是这样几句歪诗：

跳下莲台上舞台，舞台是否及莲台？
法轮常转原无我，一念贪嗔浩劫开。

段祺瑞看着，心里有点起怒。这个张绍曾，他敢嘲讽我！他本想大骂他几句，可是想想，自己也确实有意脱离红尘，走向莲台。在天津，他结识了不少高僧，并且把他的亲信靳云鹏、吴光新也拉去攀佛。再想想，他曾在张绍曾等人面前表过宏誓大愿，说什么“当今一班军阀穷兵黩武，祸国殃民，都是魔王转世，来造大劫的。我虽是菩萨后身，具有普度众生的慈悲愿望，但是，道高一尺，魔高一丈，法力难胜群魔”！现在，张绍曾把这个意思还给段祺瑞了，段祺瑞明知是讽刺他的，也只好无可奈何地冷笑笑，心中怀恨，表面却不愿说什么了。但是从此之后，段祺瑞却与张断绝了交往。

从莲台上跳下来的段祺瑞会不会在政治舞台上风云一番？尚不知老天答应不答应。

第三十七章

廊坊的夜一片漆黑

做了执政的段祺瑞，做梦也不曾梦到这“政”原来是那么不容易“执”。他宣誓就职时，已经是年终岁尾，上任伊始，便迫不及待地把中央、省两级能调整的人都按自己的理想作了调整；跨入新的一年（即1925年），他又忙着调整军队方面的人事，把能够改编的部队都改编……一切想办的，还算顺利，又算不顺利，想像当年在总理位置上那样呼风唤雨，是办不到了。尤其是对待西南方面的各方，段祺瑞一直惶惶不安。

过去，段祺瑞一贯坚持的“武力统一”政策，其实是以西南为对象的。现在他身居大位，得拉拢那些曾经被他伤害了的军政头领们。怎么拉拢？中国大乱，常常祸起西南，若西南不定，则中国难安呀！段祺瑞捧着一只从宫中流传出来的白玉茶杯，锁着眉，对坐在他身边的邓汉祥说：“这些天来，西南几位多有代表到京，弄得我有些心神不定。”

邓汉祥说：“这是好事。总比我们派人去找他们，他们不给面子好。”

“是的。话是这么说。”段祺瑞说，“可是，刘湘、刘文辉、邓锡侯、赖心辉他们的意思，比较一致的是，罢免杨森四川督军职务，以安川局。”“这个意见值得重视。”邓汉祥不隐瞒自己的观点，“杨森也有代表来京。”段祺瑞2月7日才把杨森任命为四川督军，他是相信杨森的。也就是同一天，他免了邓锡侯四川省省长职，任命赖心辉为四川省省长，刘湘为川康边务督办，任命刘文辉为四川军务帮办。事情定了，马上再改，段祺瑞怕有失权威。他说："这个局面能稳一段时间，还是稳下去。"

"不要怕动。"邓汉祥说，"既然四川多人都对杨有意见，我看，可以动动他，支持刘湘统一四川。"

"刘湘等人虽对杨反感，但他们是五个指头各不相顾，果真打起来，容易折断。"段祺瑞坚持说，"杨森虽只独家，犹如拳头一样，打出去，是有力量的。川事不能从人的多少来判断。"

邓汉祥明白段祺瑞的决心了，但他却认为段祺瑞不是从根本上看问题。"我们扶持刘湘等人，如果打胜了，则四川实力派从此就可以为我所用；即使打不胜，杨森也绝对不能把几部分同时消灭完。还有一事务请老总注意：杨森是曹锟、吴佩孚的人，杨森果然胜了，我们岂不是为政敌培养势力。若杨森败了，我们又未能扶持刘湘等人，刘湘等必然会疏远我们，甚至会独立。西南岂不仍然形势严峻！"

段祺瑞放下白玉杯，掌击着脑门，连说："糊涂，糊涂！"又说："若非阁下提醒，我倒真的忘了。"他就地踱着步子，自言自语。"又铮走了，很少有人对我如此忠恳提出意见了。汉祥，你今后要多帮我思索大事、关键事呀！"5月15日，段祺瑞改任杨森为署参谋总长，任命刘湘为四川军务督办，刘文辉为帮办，邓锡侯为清乡督办，赖心辉为四川省省长。杨森拒不受命，遂发生川战。结果杨森战败，率残部由川入鄂。四川总算平静了，段祺瑞轻松地舒了一口气。

川事暂时平静了，段祺瑞只轻松了几天，又琐事缠绕不安起来。一天，他正闭目思索湘鄂两省的人事安排，忽有人报："湖北省财政厅长黄孝绩求见。"段祺瑞一愣：黄孝绩是湖北督军萧耀南的人，萧耀南是曹老三的人。我正思考那里的人事，黄来干什么？既然来了，总得接见。于是，段祺瑞在小客厅接见了黄孝绩。这是一个年约五十岁的高挑汉子，暄胖的脸膛，颇机灵的一双大眼，青衫礼帽，文质彬彬。一见段祺瑞便恭恭敬敬地躬身到地，立直身子的同时，说了一大串奉承段祺瑞的话。段祺瑞听得不耐烦，便打断他的话。"是萧督军派你来的么？有什么事，你就直说吧。"

黄孝绩静静神，笑容可掬地说："萧督军是执政任统制时的士兵，由士兵到主持一省军务，都是执政栽培的，他爱戴执政，犹如赤子之对慈母。"

段祺瑞明白了，他是来为萧耀南保驾的。我得再看看这个萧耀南是跟谁走，向哪里走的？然后再说。于是，他对他说："你告诉萧督军，他是一省的疆吏，他应该对国家、对百姓好，才是正当的，对我个人，好坏都没有多少意义。”

黄孝绩一激灵打了个寒战，他虽没有听明白段祺瑞说这番话是何用心，但却知道此话不祥。惶恐一阵，思索前后，才又说：“执政是国家元首，萧督军对执政好，就是对国家、百姓好。”段祺瑞强作一笑，便不再说话。

黄孝绩又报告了一些湖北情况，然后，悬着一颗心退了出去。黄走后，段祺瑞歪着鼻子，暗自下决心：对待那些看风使舵的人物，我不会给他们笑脸！

不知是天作之美，还是人间巧合。黄孝绩走后不久，广西督办李宗仁的代表马君武来到执政府。这个儒气十足的老头却有一副伶牙俐齿，见了段祺瑞便滔滔不绝地说了一通“广西竭诚拥护执政，支持执政的主张，通过善后会议来解决国家根本问题”。又说了一些奉承段本人的话。段祺瑞只默默地听着，有时只淡淡地一笑，或轻轻摇首。但却一言不发。好话说尽了，马君武暂时退了出去。

有人问段祺瑞：“老总对于广西的代表何以如此冷淡？”

段祺瑞歪着鼻子说：“马君武是个坏人。从前他当国会议员时，我在国会上提出对德宣战，他反对最力。这人肯定受了德国人的贿，是个汉奸。”

人解释说：“马君武是国民党骨干分子，国民党反对对德宣战，他当然得站在最前线。马是个学者，现在生活很困难。因此可以证明，他没有拿德国人的钱。”

“有这情况？容我再想想。”

也该着马君武逢上好运气，他第二次去见段祺瑞时，段祺瑞棋瘾上来了，正找不到对手，马君武毛遂自荐，和段对弈起来。马君武甚是机灵，上次的冷遇使他知道段祺瑞对他有个恶印象，他得想法扭转这形势。于是，他步步谨慎，不显山不露水地走着躲势，早晚丢给段祺瑞一个漏，或作一点暗暗的牺牲，巧妙地把好形势推给段。两次败北之后，便拱起手说：“执政的棋艺，国人皆赞！今日能够亲历，虽败也倍感荣幸！说实话，君武再在深山苦练十年，也不是执政的对手。执政堪称当今棋圣！”

段祺瑞终于笑了。“哪里是我棋艺高超，原来是马先生高抬贵手了。惭愧，惭愧！日后有机缘，还得多向马先生请教呢！”

马君武一看机会来了，丢下自己代表的身份，说：“执政若有意提携君武一二，我自然不会离开执政左右。到那时……”“好，你就不要回广西了。我会让你称心如意的。”

马君武留在北京了。后来，竟被段祺瑞任命为司法部总长。有人说：“这是段祺瑞‘苦中取乐’。”也有人说“这是段祺瑞‘任棋唯亲’”。

段祺瑞执政那一年（1925年），中国赶上了多事之秋：天气变化异常，春旱秋涝，水旱蝗荒一起来，弄得大部分农村一片荒凉；人事更是乱事百出，各派军阀明争暗斗，扶他上台的冯玉祥、张作霖，现在又反过来挟制他；四川的事情尚未平息，两湖又在起事；到了5月，上海又发生了涉外事件，那是一场令段祺瑞惊慌失措的大事件：

在上海日本纱厂的中国工人顾正红被资本家枪杀了，说是他带领工人罢工闹事；杀害顾正红，又打伤工人十几名。上海人愤怒了！中国人愤怒了！

工人、学生、市民纷纷起来，开展了一个规模巨大的反对帝国主义的政治斗争。

5月30日，上海学生两千人在租界内宣传声援工人，号召收回租界。结果，被英帝国逮捕了一百多人。这样，便激起了上万人聚集在公共租界巡捕房门外，要求释放被捕者，高呼“打倒帝国主义”口号！英国人动了武器，群众死亡十多人、伤无数，造成了震撼世界的“五卅惨案”。

消息传到北京，段祺瑞立刻大惊：惹恼了外国人，这还了得？！他听说“五卅惨案”之后，全国各大城市的工人、学生等纷纷起来游行示威；连乡镇居民也起来声援上海工人、学生。段祺瑞害怕了。他怕外国人再来一次“八国联军”，到那时，他只能坐以待毙，绝无反抗之力。因而，他想出动军队，镇压工人、学生。可是，受段祺瑞指挥的军队太少了，莫说去镇压已经掀起反帝高潮的全国五百余城镇，就是北京、天津、上海三地他也镇压不了。他缩在执政府内，只有紧锁眉头，听天由命了。也算段执政幸运，由于中国民族资产阶级的妥协动摇，上海总商会和各马路商界总联合会单独宣布停止罢市，使这场规模巨大的反帝运动草草结束了。段祺瑞这才松了一口气。段祺瑞惊魂未定，正不知从何事入手执政时，儿子段宏业突然出现在他面前。

段宏业，是他的原配夫人吴氏所生，现在已经是四十岁的人了，魁伟的身材，宽大的脸膛，一副英武的模样，凭着老爹的影响，这位段氏大公子也已是个颇有影响的人物，堪称得一派。在他老子的事业中，他主张联络冯玉祥及河南的国民军，以抑制张作霖。被称为“太子派”。和他观点对立的，是他的娘舅吴光新。吴光新则主张拉拢张作霖，打击冯玉祥。被称为“国舅派”。这两派，在外场上，都标榜自己是遵照老段的意思。

儿子站在面前，按家规，老子不问话他是不敢开口的。所以，段祺瑞在儿子站定之后，便问：“有事吗？”

儿子这才说：“有件事想问爸，看看该不该做？”“什么事？”段祺瑞不抬头，只管看他的文稿。

“张学良有电报来。”儿子说，“要同我结金兰。您看这事能办不能办？”“干什么？他同你结金兰？”“是的。”

段祺瑞冷冷地笑了。心想：你的心思我不是不知道，你乐意同他结金兰？段祺瑞这才侧过脸来，看看儿子，声音不耐烦地说：“张作霖的兵可以同你结金兰，张作霖的儿子却不能同你结金兰。你说对不对？”

儿子没有说话，只顺从地点点头。

段祺瑞知道儿子要走了。他该走了。他不敢在老爹面前久留。但段祺瑞却又说了话。“有一件事，你去办一下。”“爸，您说。”

“你跟又铮联系一下。他现在大约在法国。问问他外边的事情办得怎么样，没多大事了，就让他快回来……”段祺瑞迫不及待了，执政府有许多事，都需要徐树铮来办。他盼望着徐树铮能够早日回来，和他共同挑这个担子。

儿子应着“是”，退出去了。

1925年12月11日，徐树铮经过半年多的周游，乘着日本客轮“东方号”回到了上海。他想在上海稍事休息一下，再去北京。他到上海的第二天，五省联军总司令孙传芳来访。徐树铮不想见他，他对孙传芳的印象极坏，他认为他是个流氓军阀，是个无赖。他更有点忌恨他，那场“齐卢之战”，若不是孙传芳剿了卢永祥的杭州老巢，皖系怎么会败得如此惨！徐树铮出游的时候，听说孙传芳在南京建立了“五省联军总司令部”，自封为总司令，便不屑一顾地说：“什么人都当总司令！武力把鬼也能变成人。”现在，孙传芳找上门来了，不见也得见。

徐树铮不仅接见孙传芳了，还在孙传芳的邀约下一同到南通去访状元张謇，想请他出山主政。虽无结果，徐树铮却对孙传芳的五省联军发生了兴趣，有意想把他拉到怀里，为段老总壮壮阵容。孙传芳历来的“誓言”都是不计价的，立即对徐树铮发大誓言："只要合肥能厚爱俺，俺孙传芳绝不会背叛他。生死都归他了。"

徐树铮在上海住了八天，12 月 19 日他只带几名随员便搭乘"顺天"轮匆匆北上。23 日到天津才给段祺瑞去了一个电话。

段祺瑞听说徐树铮北上了，心中大惊，立即派吴光新去天津务必阻徐来京！

段祺瑞心中不安呀！北京，现在是冯玉祥的地盘，冯玉祥和段祺瑞已远非一年前的关系。不久前，冯玉祥已借故逮捕了皖系骨干分子曾毓隽；早几日还放出风来，说："要想尽一切办法，阻止徐树铮回国。"可以说，北京的反皖之风正盛。此时此刻，徐树铮来京，显然是凶多吉少。

吴光新到天津，一见徐树铮，便说："又公，你到天津为止吧。老总的意思，无论有多大的事，都可以在电话上谈，你不必去北京了。"

"北京能把我怎么样？"徐树铮满不在乎，"老总还在执政，难道有人胆敢对他的特使下起毒手来？！"

"这倒不至于。"吴光新说，"不测的事情不一定是暗杀。老总不让你去，你就暂缓去吧。他总会有原因，才这样安排的。"

徐树铮狠狠地摇着头，说："不，事情等不得。形势逼人呀！我们不动别人也在动。与其等待别人就绪了我们再动，倒不如我们动了之后以防他人之动。"他又说："请转告老总，不必为我个人的安危担心，国事要紧。我明早即到京。请对老总说，我到京之后，将以专使身份郑重其事地向执政进行公开觐见仪式。"吴光新知道势不可转，只好作罢。

徐树铮虽然没有听从吴光新的劝阻，但却提高了警惕，他是从英国领事馆借了一辆汽车秘密进京的，而且也是秘密去见段祺瑞的。

段祺瑞在一个密室里呆立着，徐树铮见他时匆匆走到面前，沉默许久，才双双张开臂膀，但却不是拥抱，不是握手，而是抱着头，一起跪倒，双双痛哭失声……二十五年了，生死与共，风风雨雨，唯有抱头痛哭，才能表明此时心情。

二人痛哭有时，段祺瑞才揉揉眼，站起来。

"又铮，你也起来吧。事情这么难，哭也没用。还得从长计议，想个办法。"

徐树铮站起身，拿出手帕擦擦眼，愤愤地说："我不相信咱们就倒下了。有朝一日，天下仍是我们的。"他又说："人，太老实了不可取，姑息养奸，到头来害了自己。”“国情乱呀！”段祺瑞说，“休息两天，你还是到南方去。北京这个摊子，由我来应付吧。我想他们还不会对我怎么样。”

隔日，段祺瑞还是按照徐树铮的心愿在执政府大厅里举行了一个隆重的觐见仪式。与此同时，段祺瑞却连连接到令他心急的情报：

——西直门车站发现数十个形迹可疑分子，据悉是来自张家口；

——有言说，陆建章的儿子要找段祺瑞要徐树铮，为他爹报仇；

——北京警察厅已逮捕了一些怀疑分子。

传言并非捕风捉影，暗杀徐树铮的活动已在紧锣密鼓之中。警察厅将在西直门抓的可疑人交给警备司令部密审，果然供认：是陆建章之子陆承武带进京来，为其父报仇的。由于徐树铮行动诡秘，没有得逞。陆承武的人从警备司令部出来又到警备司令鹿钟麟那里求援，鹿怕引起非议，没有答应。

在京没事做了，徐树铮坚持速回上海，因为助手多在上海。段祺瑞劝而不止，徐树铮于12月29日晚，乘着专车离开了北京……凌晨刚过，徐树铮的专车就被扣在廊坊车站，说是驻军师长张之江“请专使下车，有要事相商”。

徐树铮不得不从专车上下来。但一下车就被人架起，两声闷枪，结束了性命——这事是冯玉祥指挥干的，最后，还是以陆承武为父报仇向世人公布。

徐树铮的死讯传到段祺瑞耳中，段祺瑞连思索也未来得及，便晕倒在地上。直到第二天天亮，他才睁开眼睛，大呼：“给我要张家口，要冯玉祥！”

电话要通了，段祺瑞反而平静了许多。他对冯玉祥说：“总司令，廊坊是你的辖区，你的部队驻防那里，那里出了暗杀国家特使事件，你看该怎么办？”

冯玉祥说：“我知道了。我已经命令张之江立即查明事实，抓捕凶手。”“那好吧，三天之内把凶手交到北京来。”“我一定尽力去办。”

“不是尽力，而是务必办到！”

冯玉祥答应一个“是”，便把电话放下了。放电话的时候，冯玉祥只淡淡一笑，便把此事丢到脑后去了——冯玉祥是陆建章的外甥，这是其一。其二，此刻冯玉祥最怕徐树铮这个“合肥魂”附上合肥之体，为公为私，都该杀徐树铮。

徐树铮死了，段祺瑞悲痛至极，他在自己家中为徐树铮设了灵堂，亲率在京的眷属为徐树铮举行隆重的悼唁仪式。伏在灵前，痛哭不止，并且郑重其事地告诫儿孙："你们都听着，从今以后，每年摆供。祖宗牌位旁边，必须要摆徐爷爷的牌位，要给徐爷爷叩头，上香！"交代完了，他退入居室，决定亲自动手为徐树铮写祭文。

第三十八章

无可奈何花落去

寄人篱下的执政，总是壮不起胆子。段祺瑞明知他的“军师”是冯玉祥派人杀的，却也无奈冯玉祥何。可是，冯玉祥却在一直思索着奈何他段祺瑞。

有人说“冯玉祥杀徐树铮是为他的老舅陆建章报仇”，这是附会的说法。其根本原因有二：一是孙中山北上，段祺瑞不守前言，千方百计阻挠孙主政。孙是冯多次电请北上的，请其主政，有言在先，段毁言，冯恼怒；二是奉张入关不守前言，竟赖在关内不走，并积极向江南扩张，段对张的背信制止不力，冯又恼怒。这两件事，冯玉祥都认为与徐树铮有关，加上冯与徐树铮昔日的恩怨，所以，他决定除掉这个心患，也借以给段施加压力。

冯玉祥没有就此消恨，他还想采取更大的行动——

一天深夜，邓汉祥匆匆跑到段公馆，对段祺瑞说：“老总，有件急事请您决断。”

“什么事？”段祺瑞问。

“据冯玉祥的一个营长秘密报告：今夜12点天安门要集合大兵，恐有异动。”“什么异动？”

“老总，你最好离开公馆，躲一躲。”邓汉祥说，“如果到天亮没有事，我再送你回家，外边也不会有人知道。假若真有异动，也不至于……”“能怎么样？”段祺瑞气壮如牛。“……不至于做曹锟第二。”

“冯玉祥他敢！”段祺瑞歪着鼻子，用力拍着桌子，“我不怕，我坚决不离开这里。他们来了，我就同他们拼！”

邓汉祥见段如此坚决，怕出意外，便与吴光新、段宏业商量，请他们速采取对策。

别看平时吴光新、段宏业舅甥誓不两立，在对段祺瑞保驾事上，却完全一致。二人来到段公馆，遂即去找陈宧，请他同邓一起去见鹿钟麟。陈宧来了，邓陪陈到北京警备司令部见鹿，人回“不在”，他们只好悻悻而归。但途中再与段公馆联系，电话线已断，赶去探看，段宅已被军警包围。

段祺瑞虽气势汹汹，但也知自己处境险恶。邓汉祥走后，他有点惊慌，便偷偷地避进侍从武官长卫兴武家中，才免了这场灾难。冯玉祥下手了，段祺瑞也下决心了：倒向奉张，以张压冯。

直奉二战结束，冯、张矛盾开始；张作霖入关之兵不撤，冯玉祥便气上加怒；冯玉祥请孙中山北上主政，张作霖却坚持临时执政府主持国务，不再另设国务总理；冯玉祥虽然下野不成，又得了一片地盘，却不得不偏安张家口。现在冯坚决倒段了，段又依靠奉张，奉张乘势大加扩展……

入关之后的奉张，势力在飞速膨胀：张学良的第三军在秦皇岛收编直军五万人，其部已有六个步兵师。一个骑兵师，他在天津设下了京榆驻军司令部；张宗昌的第二军已经由战前的两个旅发展到十二个旅，达到十万之众。张学良率三个混成旅进驻北京南苑，而张宗昌的大军已迅猛伸展到黄河以南，逼近长江。

事情又算巧合了：张作霖注目中原的时候，他的内部起了火——郭松龄叛变了。结果，他只好花精力先平息自己的家务。内讧一打就是几十天。这期间，冯玉祥联合五省联军孙传芳，从南朝北把奉军占领的地方都夺了去。

在日本人的帮助下，张作霖打败了郭松龄。然后，他又联合阎锡山和吴佩孚重新打进关内。1926 年 3 月，张作霖八万兵马入关，一举攻克九门口、山海关，进占滦州、唐山；奉军张宗昌、李景林部从侧面进攻，占领马厂，逼近天津；与此同时，吴佩孚出兵进攻河南，相继占领了郑州、开封，直取冯玉祥的大本营——石家庄。

冯玉祥的国民军抵不住三面夹击，节节败退，陷入直奉两军团团包围之中。冯知大势已去，无力再战，不得不随机应变，通电下野，把自己的国民军改为西北军，由张之江统领；把津浦、京奉线上的军队全部撤往南口至大同一线，不久，又向西北撤去。

冯玉祥败走西北，张作霖占据京津，他的前敌总指挥张宗昌便率大军进入北京城。

1926 年，段执政雄心不泯，尽管形势严峻，他还是活得潇洒，要有建树，决心给国人一个新脸膛看看。

果然，新春伊始，段祺瑞便向国人亮出了一副新脸膛：

三月中旬的一天，也就是冯玉祥步步逼紧他的时候，他在自己的公馆里犯了牌瘾，便命人把牌友找来。最先来到的，是邓汉祥。段祺瑞执政以来，邓汉祥总在他左右，大小事情均参与议论；徐树铮被杀之后，邓汉祥更是以递补军师的身份出入段宅。段祺瑞见邓汉祥站在身边，便问："听说这段时间，你见着二庵了，跟他有什么好谈的，为什么要见他？"

二庵是陈宧的号。邓汉祥知道段祺瑞不喜欢他，便用话叉开了。"老熟人了，见了面，总得应酬一二。其实，哪有什么正事同他谈。"段祺瑞轻轻点点头，又说："二庵那个人，才有余而德不足，袁项城想做皇帝，他极力怂恿，很得袁的信任。结果派他到四川主持军民两政。帝制失败了，他在四川立即宣布独立。这样做，无论做人还是政治道德，都是不应该的。"邓汉祥随和着，点点头。

第二位牌友陈树藩来了。段祺瑞已坐在桌子旁，他只抬眼看看他，便示意他坐下。停了片刻，却说："三缺一了，还有哪位？"

有人回："还有吴总长（吴总长即段的内弟吴光新。段做执政之后，即任命吴为陆军部总长）。"

陈树藩见段没有反应，便说："老师一生许多事情都误在吴三爷（即吴光新）身上。此人……"

陈树藩是段祺瑞作保定速成学堂总办时的学生，有这层师生关系，所以，谈话无忌。

段祺瑞听了，仰起脸，半嗔半笑地说："小学生又在乱说，小学生又在乱说了！"

吴光新来了，牌局开了。

牌兴正浓时。有人来报："天安门有数千人集会，要求拒绝八国通牒。会后正在游行。"

段祺瑞把牌一推，鼻子立刻歪了起来——这一天，是 3 月 18 日。

六天前，冯玉祥与张作霖开战时，日本帝国主义竟派军舰掩护奉军。军舰驶进天津大沽口，炮击冯军。结果，被冯军击退。日本竟联合英美等国，八个帝国主义国家向段祺瑞的执政府提出“撤除大沽口国防设备”等无理要求（时称“大沽口事件”），激起了中国人的无比愤怒。3 月 18 日，北京群众五千余人在共产党人李大钊等领导下举行集会与抗议。

大沽口事件谈判尚未了结，京城又有人聚众游行，段祺瑞害怕了，他的牌打不下去了。歪着鼻子，心中甚是不高兴：我段某人运气这么不济么？助冯冯反我，助张张反我，日本人发难，英国人、美国人也发难；现在好了，中国的老百姓也向我发难了。接受不接受八国要求，那是执政府的事，老百姓跟着闹什么？段祺瑞感到困难了，感到无能应付这个局面了。执政一年来，一无建树，处处困难。素来刚愎自用的段祺瑞，不想就这样被形势逼得无路可走，败归荒野。哪怕是回光返照，他也要作为一番！然而，段祺瑞毕竟是无源之水、无本之木了，压冯压张都无力，压外国人更是力不如愿。他，只得把作为放在镇压中国手无寸铁的平民百姓身上。“来人！”段祺瑞发怒了。

“老总，”侍从武官长卫兴武来到他面前，“请吩咐。”

“把卫队全部拿出去，到天安门拦住那些闹事的群众，要他们回家安生过日子。对外国人的事，执政府自会有良策，不是老百姓该管的事，务必不许胡闹。”

“是！”卫兴武转身要去执行命令。

“慢。”段祺瑞又叫住他，轻轻摇头。说，“万一制止不了，千万不可开枪。”段祺瑞终于想到了民族之义，想到了黎民百姓。他觉得真是开了枪，杀害的还是中国同胞。

混战中的国家，腐败日甚的政府，早已把中国闹腾得疮痍满目、哀鸿遍野了。有血性的中国人，谁能不为之动情！激奋起来的百姓，不愿再听执政府的劝阻了，更不相信执政府会有什么对外良策。所以，他们继续游行，继续示威，试图唤起国人，共同起来，推倒执政府，赶走洋人。

卫队劝阻无效，便穷凶极恶地开了枪……

3 月 18 日，一个巨大的惨案在北京发生了，执政府的卫队开枪打死了游行百姓四十七人，打伤百姓一百五十余人，成为近代史上最大的一次惨案——“三一八惨案”。中国北洋军阀的军队欠下了中国人民一大笔血债！

形同傀儡的执政段祺瑞，自知无力管军队了，只好对惨案痛心疾首，对死难者长跪厚抚，并决定从此再不食肉，以表心志。

百姓的热血，并没有稳固段执政的宝座，他将要摔下来……

张宗昌，一个大土匪出身的直鲁联军总司令，平生只会抢掠杀打，是个著名的“混世魔王”。此番进了北京，把他在山东所施行的暴政全部搬进北京。首先把他的匪兵变成税官，大肆搜刮民膏，强迫商号、居民使用他不值钱的奉票、山东军票，封闭进步报馆，杀害进步报纸主笔。顷刻之间，北京城横遭飞祸，暗无天日！连日本人办的《顺天时报》也惊讶地说：“直鲁联军暴行，有甚于庚子八国联军之蹂躏北京。”

对于这样一个人，段祺瑞却献媚于他，以执政府名义，授张宗昌为“义威上将军”，企图借他之威，稳住他的段氏执政大权。梦，一场并不美的梦！

张宗昌在北京把私囊填满了，北京人也被抢空了，张宗昌才发了电报，请张作霖“进京来操理国事”。

张作霖久有主宰中原的夙愿。现在，他觉得条件成熟了：郭松龄被消灭，东北已是铁板一块，皖系早已成了骷髅，冯玉祥远走西北，直系也无力再起，战直、战冯他节节胜利，人马与日俱增，地盘渐渐扩大，主宰天下，自然是非张莫属了。偏安关东，那是无法握有天下的。他决定驾临北京，实现宏愿。“他妈了个巴子，金銮殿我也坐坐，尝尝这‘人王地主’到底是什么滋味！”

张作霖到北京来了，除了留下必要的守护沈阳的兵员之外，他把自己的文膀武臂都带到了北京——他要组织一个执掌中国大政的班子。

张作霖到北京来的那一天，北京城一片森严：前门车站到他决定的大帅行辕——顺承王府，全线戒严，岗哨如林，行人绝迹。张作霖是乘着铁甲车从天津到北京来的，张宗昌率领部将在车站列队迎接。张作霖从铁甲车上下来，匆匆走到张宗昌面前，拉着他的手，“哈哈哈”大笑着说：“效坤（张宗昌字效坤），效坤！你行，你真行！想打到哪里便打到哪里。干得真漂亮！给你记头功，你是……”他本来想说“你是开国的元勋”，但又觉国尚未到手，封爵还有点早。便收住话题，又重复了一句“你真行！”

张宗昌咧开大嘴，哈哈两声，才说：“大帅，您夸俺哩，俺的那点熊本事您还不是摸得一清二楚：打打捞捞，搜搜罗罗。您别说，还真顶用呢！”

“好！天下就是这样闯下来的。你有大功！”

段祺瑞虽然已是冯玉祥不承认的执政了，但冯玉祥只是当前势力的一部分，何况今天又被张作霖挤到一个角落里去了，而张作霖并没有宣布不承认他执政。所以，张作霖一进北京，段祺瑞又兴奋起来，他在那座早已失去光泽的执政府大花厅设下盛宴，为张作霖接风，把北京最高级的厨师请来掌勺，购来北京市上最昂贵的山珍海味。

段祺瑞有幻想呀！他既是张把他捧上来的，他又有与冯玉祥不同的孙、段、张三角联盟。冯玉祥败走了，张作霖巩固了东北，北方再多给他点利益，难道他还能有野心独吞天下？段祺瑞想在宴会上跟张作霖把话说明，然后再给张作霖几顶大大的虚帽子，让他表示一个“支持执政”的态度，然后回东北去，他段祺瑞便可以重振执政府雄风，再安安稳稳地干它几年执政！

冷清了许多日子的执政府大花厅，顷刻间又是大员满座、灯红酒绿。段祺瑞俨然以至高身姿、国家主宰者身份凌驾于众人之上，他主持宴会，他吹捧张作霖，他对所有军政大员送出寄托和企盼的目光，希望他们在今后的岁月中依然同心协力，共扶国政！段祺瑞满满地斟上一杯酒，捧到张作霖面前，满面含笑地说：“雨帅，我以个人名义，首先庆贺你讨冯胜利，干杯！”说罢，饮尽了杯中酒，又面对大家说：“此刻，我想大家都会是同一心情：共祝张雨帅讨冯胜利！”

宴会场上同声欢呼：“祝贺张雨帅讨冯取得全胜！”

张作霖乐哈了，端起酒杯，打起高高的嗓门说：“谢谢芝老，谢谢各位！”

段祺瑞觉得时机到了，要说关键的话了，他又举起一杯酒，对张作霖说：“雨亭此番入关，声威远振！我很高兴呀！你是知道的，执政府诸事待兴而又困难重重。雨亭，这一切都依赖你鼎力相助呀！”说着，把一副期待的目光投给张作霖。他觉得张作霖会捧起杯来，慷慷慨慨地表示拥护老总，支持执政！

张作霖却没有那样做，他猛然把眉锁起，心里打了转转：段祺瑞这是说的什么话？你不是被冯玉祥废除了么。你是庶民了。我怎么是入关？我是进京来了！我进北京来干什么，难道你不清楚？北京政府的事待兴不待兴，应由我来决定，怎么由我来鼎力相助你呢？你还想赖着不走？那是不行的。于是，他淡淡地笑着，对段祺瑞说了声“不敢当”，便把脸转过去，对着在场的文武大员们说：“各位，请听我说几句话。目前，战事是暂停了，但局势却很不稳定。本人率军队进北京来，就是想稳住大局，而后图发展。现在，一切刚要入手，自然得请各位多多帮助。张某人在这里先向大家表示感谢。来，咱们共同干一杯。”

大家应道：“理当效劳，理当效劳！”

段祺瑞顿时心慌意乱、鼻子不正了。张作霖进北京是抢权来了？！不是他助我执政，是他号召大家对他“多多帮助”。看来，他也不承认我这个执政了。

宴会之后，段祺瑞还想再等待一下，等待张作霖走上门来，慰留他一番，也许会有个退步。他天天在公馆里等，可是，张作霖却连个影儿也不给他见。并且有各种各样的，令段祺瑞心更慌、意更乱的消息传来，有说“张作霖正在筹备作大总统”，有说“已有十七省将军拥护张作霖”，有说“孙传芳已领五省联军投奉”。总之，北京城里城外的风风雨雨，都不再与他段祺瑞有瓜葛了，好像人们已经完全忘却了这个段祺瑞。更糟的消息是，被张宗昌邀请进北京的直系军队，进京之后不仅严加监视了段祺瑞的行动，还开始逮捕皖系党羽……

段祺瑞在他豪华的公馆里，六神无主了，香不烧了，经不念了，棋不下了，牌也不打了。在密室里闷坐着，一天比一天消瘦。几位亲近也不敢在他身边久停。新造的、庞大的公馆，阴云密布，山雨欲来！到4月17日，他不得不发出如下通电：

> 民国成立十有五载，纷乱迄无宁日。本执政莅事以来，兢兢以振导和平，与民更始为念，不图德未足以济变，力不从心，事俱违愿，迭经声述，期于退休。然犹不辞谤议，忍辱至今者，徒以民国缔构，本执政心力所存，休戚与共，内审时艰，外崇国信，且目睹赤化之祸，流于首都，不敢遽为无责任之放弃耳。本月9日之乱，所关于国家纪纲，军人职责者，绝钜遘兹，奇变内疚；尤深曩者临时政府开始之日，曾规定应办者若干事，一年之中，事势扞格，今后是否按程继进，听诸公意。迩来宗国元功，方隅诸帅，屡以大计相与询谋，国家之福，有目共见。当此乱极思治之秋，不无贞下起元之会，其速妥议善后，俾国政不至中斩。佥谋朝同，初服夕具，本执政从容修省，得为海滨一民，终其余年，欣欣慕焉！

段祺瑞下野了。

临离开北京之前，段祺瑞怕他的心腹日后无好景，便一个个都免了本兼各职，让奉、直两家均无大反感的胡惟德兼署国务总理，由国务院摄行临时执政之职。

这一年，段祺瑞六十二岁——无可奈何花落去了！

第三十九章

失势的老虎不乏威

天津，日租界内的须磨街。一片寂静得有点阴森的住宅内，失宠的中华民国执政段祺瑞，总算把自己的家又安定下来。在一个小得无法再小的客厅里，他有点惊魂未定坐下来，望望随他一起从北京过来的安福系知己曾毓隽、梁鸿志、姚震、许世英、章士钊、汤漪、龚心湛和他的内弟吴光新，心中油然产生了一种凄凉感：威风，都已过去，人马只有几员，那一副副冰霜的脸膛，令他感到了犹如冬日的严寒——半天之前，4 月 20 日下午 2 时，当段祺瑞在他的几位嫡系陪同下匆匆来到北京前门车站时，他惊悸的心情总算稍安了。北京车站上，不是传言中“吴佩孚要绑架他”的直军，而是由褚玉璞率领的直鲁联军的护送部队；在车站上向他道别的，是张学良的副官，那副官给他的又是一副崇敬的目光和微笑。段祺瑞激动了：张雨亭毕竟不是黎宋卿，他没有扣留我，并且派人护送我。段祺瑞到天津了，这只“北洋之虎”是不是就从此困倒平原了？段祺瑞不认输，他不承认自己就此穷困潦倒，永无翻身之日了：不，瘦死的骆驼比马大！有朝一日，我会东山再起的。不过，段祺瑞的惨败，他自己也不得不承认，若不是张作霖还给他点面子，说不定他连北京也出不了，就会成为直系的阶下囚。所以，到天津之后，他便和他住对门的安福系臣子王揖唐一道，吃斋念佛，自称“正道居士”，共商编纂一部《正道居集》。可内心，却又无时不再惦记着国家大事。

1926年的中国，并没有因为段祺瑞的退隐天津而平静，无论南方、北方，还是西方，依然是乱纷纷的。张作霖进北京了，直系吴佩孚的势力也进了北京。段祺瑞走了，要组织一个接替段祺瑞政府的政府，因此直奉两家发生矛盾了：吴佩孚要恢复曹锟贿选总统时制定的宪法，由那时的国务总理颜惠庆恢复内阁；张作霖则认为这样做，意味着前年推翻曹锟是推错了，他不干。他主张恢复民国元年宪法，重新选总统、任命总理。两家争呀，闹呀，争闹不休。结果颜惠庆6月下旬才上任，却在第一次内阁会议上宣布辞职。直系分子杜锡圭任了总理。10月，吴佩孚兵败湖北，张作霖以“索要军饷”为由又逼杜下台，换上奉系张学良的把兄弟顾维钧做总理……走马灯似的更换总理，政局自然摇摇晃晃。安福系一些尚未过足官瘾的君子们高兴了，他们梦想着“局势乱下去，乱久了，还得合肥出来收拾局面”。为这事，王揖唐、龚心湛还兴致勃勃地去找山西军阀阎锡山的心腹台寿铭，请他去说服阎锡山，由阎锡山出面活动给段祺瑞复位。这件事尚未见结果时，张作霖竟然在天津蔡园召开会议，研究政局问题。出席会议的，除了奉军、直鲁联军的代表之外，吴佩孚、阎锡山、孙传芳都派了代表。

段祺瑞得到这个消息，陡然兴奋起来，觉得良机到了，有望东山再起。于是，他以下棋、打牌为名，把安福系在津成员都找到须磨街，让他们四面出击，各显神通。

安福分子齐集须磨街的时候，竟是一个晴朗朗的天气，万里无云，风和日丽。段祺瑞穿上深色的长衫，戴着礼帽，又现出许久不见的微笑，还是坐在“一家之主”的位子上，笑嘻嘻地说：“闷在租界里，我知道大家心情都不平静；外间消息，支离破碎传来，神龙似的，见首不见尾。今儿有幸聚在一起，大家聊聊，随便，权作消磨时间。”

开场白之后，“国舅爷”吴光新先说了话，他以消息灵通的口气说：“蔡园会议，无非想商定北方各路军联合问题，以对付北伐军和国民军。已经决定成立奉军、直鲁联军和孙传芳部联合的安国军，张作霖任总司令。”他望了望面前各位，又说：“前景并不见乐观的是，吴佩孚、阎锡山都未参加安国军这个联合体，可见他们意见并不一致。”

龚心湛说：“张作霖想当总统，这事越来越明白了。只是，吴佩孚是不会同意的。奉系的对头那么多，张作霖想一步登天，也不易。”

曾毓隽机灵，他眼睛一打转，说了话。“张作霖想当总统，咱就给他制造条件，让他名正言顺地去当。咱们向张建议，先组织临时政府，由它召开国会，再选总统。这个临时政府的首脑，自然得是芝老。芝老举张当了总统，张还不得知恩图报……”

一直微笑着不言语的段祺瑞，虽然觉得为他人做嫁衣裳的行动不怎么甘心，但却也认为不失为一步好棋。便一手抚弄着面前棋盘上的黑白子，一边慢条斯理地说：“如今国事大乱，大局阽危，我们这些从政多年的人怎么能视而不见呢？更不敢明哲保身。事既如此，各位再分头走走，争取成功。到时候，我们一道再为国家出一把力。”段祺瑞还在恋栈！

段祺瑞的意见经人传到张作霖耳中，奉军内部起了争论。一部分人主张发动北方各省，直接推选张作霖为总统。这是很适应了张作霖的想法的，他以安国军总司令身份进北京，就是迫不及待地想走这一步。他的主要智囊杨宇霆却持另外一种看法。杨宇霆说：“目前军事、财力均有困难，马上握有中枢，必然困难重重，不易应付。让合肥出来过渡，我们便可进退裕如。”

张作霖想了想，虽然觉得杨宇霆的意见不无道理，那样做了，军权还在自己手中，段祺瑞不过是周天子式的牌子，也未尝不可。但他还是坚决不同意：老段已经是个过时的人物，抬出来也压不住人。不用说我和吴子玉不同意这样做，就是阎老西，也不会答应。别看他平时一口一个“老师”的奉承他，其实他哪里肯按老师的话去做。

事情返回到段祺瑞这里，他觉得一线希望也没有了，虽然气得发晕，却也没有办法。从此，须磨街又冷清了下来。段祺瑞决定闭门谢客，再不见什么人，不谈什么事。这年（1926 年）冬天直到次年 4 月，段祺瑞都藏在家中。

又是一个春天。

这个春天，段祺瑞为了不再听到烦心的消息，4 月 8 日，他带着夫人张佩蘅、二姨太边氏乘上日本轮船“长平丸”号，在亲信姚震等陪同下，去了大连，到曾经任过山东督军、也是皖系铁杆人物田中玉那里去过几天舒服日子。轮船入海，段祺瑞站在甲板上，眺望远方，天水相连，碧蓝无际，他忽视想起了佛家的一句偈语：苦海无边，回头是岸！他回过头来，望望彼岸，也是天水一色，苍苍茫茫了！他苦苦一笑，心中立刻有种茫然若失之感。

住在大连的段祺瑞，并没有清心寡欲，也不是专心在青灯古佛前，而是经过各种渠道——除了报纸信函之外，还有各地各样的政治消息——去探测气候冷暖。他对人说，他不想知道这些消息；可是，他心里想的，却又是怕对这些消息知道少了，知道迟了。风云变幻的中国，就连段祺瑞隐居这段岁月，几乎天天发生着重大的政治事件：

国民党北伐军打到南京，英、美、日等帝国主义国家武力干涉，制造了“南京事件”；

蒋介石宣布“清党”，大杀共产党人，成立了南京国民政府；

张作霖安国军搜查苏联大使馆，杀害共产党人李大钊；

张作霖组织了安国军政府，自任大元帅，成了变相的国家元首……

段祺瑞独自闷吞吞地气一阵，怒一阵，自嘲一阵，又自解一阵，一种过时的感觉，在心上渐渐增长。他常常面壁自问：难道我的黄金时代真的一去不复返了，难道我再无出头之日了？大连的清山秀水，给不了他失宠的、自诩的“共和民国缔造者”的段祺瑞以舒适感，他依然过着郁闷的日子。

盛夏酷暑即将过去了，一个清凉的消息随着温馨的海风，送到段祺瑞耳中——

陪同段祺瑞来大连的，曾经做过陆军九师师长的魏宗瀚，从街上回来，对他说：“老总，有个人我遇见了。他说他想见见您，有急事跟您商量。”

“谁？”段祺瑞问。“周善培。”

“周善培？”段祺瑞说，“是不是当年跟随云贵总督岑春煊当幕府，后来又到咱们周孝怀家的那个人？”“是他。”

“他也来大连了？”“来了。”

“没说见我什么事？”“他要见你再谈。”

段祺瑞知道这个周善培是个广交八方的人物，又有周旋能耐，是个很能办事的人。便说：“好，好，我也想见见他。多年不见了，也想谈谈。”

隔天，魏宗瀚便把周善培领到段祺瑞面前。段祺瑞把他当知己，盛情款待，畅叙别情。应酬之后，段祺瑞说：“这些年，我也很想见你。只是风雨不定，八方应酬，想想而已。听说你有事想对我说说，我是很愿意听你说的。什么事，你只管说。”

“芝老，”周善培说，“您知道么，东北形势有变呀！”“怎么变？”

“日本人已经向张作霖提出扩大东北利益的要求，借以进一步控制满蒙。”

“张作霖能给他们？”

“当然不能。”周善培说，“张作霖有英美帮助，拒绝了日本人的要求。日本人决定向奉张施加压力，如仍不就范，日本人想用武力，更换人。”

段祺瑞淡淡地笑笑，仿佛并不重视这件事。

“芝老，”周善培说，“如果你打算再度复出，此其时也。”

“怎么复出？”段祺瑞觉得日本人与张作霖的瓜葛，跟他关系不大。“就在此时，芝老若能与逊帝宣统合作，我想必是一步好棋！”“与宣统合作？！”显然，段祺瑞没有思想准备。

周善培说：“宣统虽然逊位了，他的这块金字招牌还是很有号召力的，他身边还有一批有影响的人，日本人是会支持他的。如果宣统能够挂个空头衔，芝老出面干实事，凭你们的资望，控制局面，当不是问题。”

段祺瑞为之心动，仿佛又看到了希望之光。他从内心里佩服周善培的老谋深算。可是，段祺瑞却没有马上表示可否，只盛情地款待了周善培一场，周便告辞了。之后，段祺瑞却为此大大地动了一番思索。

段祺瑞在大连住了几天，大连没有那么多人为他鞍前马后效力，他的左膀右臂都在天津卫。他不得不携家带眷匆匆返回天津。天津，依旧处在沸沸腾腾的平静之中。表面上，无风无火，连阳光都是灿烂的；实际上，包括洋人在内的各式人物，无不在倾其全力争争夺夺。8月间，日本人在东京和中国大连两次召开“东方会议”之后，侵略中国的步骤加紧了，活动的中心便在天津；奉张、直吴，连山西的阎锡山无不把目光聚焦在天津；逊了位的皇帝也早偷偷来到了天津，静园成了大清孤臣孽子活动的宫殿。段祺瑞回来，他回到了须磨街，须磨街又成了他安福系的活动中心。冷清了许久的段公馆，又热闹起来了。

那一天，王揖唐急忙来到段公馆，牌桌上厮混了半天之后，段祺瑞把他拉到密室，对他略述了大连之行以后，说：“揖唐，你能不能安排一下，我想跟溥仪见个面。”

王揖唐像往日一样对待段祺瑞百依百顺，思索都不思索便脱口而出：“可以。”可是，当这个背了时的参议长离开段公馆时，他感到事情并不那么容易！王揖唐明白：当年就是担任着北洋第二军军统、署理湖广总督的段祺瑞领衔发了个通电，才迫使小皇帝逊位的，段祺瑞也因此光彩了半生。也正因此，溥仪和他的忠臣孝子无不对段忌恨在心，安福系与那班人从来没有来往，如今想沟通关系，达成协和，怕是困难。王揖唐思之再三，觉得无法入手。后来，他忽然想起了日本驻华北的特务头子土肥原，此人跟清室、跟安福系都有非同寻常的关系，若请他出面，一定能办成。

王揖唐找到土肥原，土肥原也正想在天津重找一伙代理人借以压奉张，于是，一拍即合，日本特务“慷慨”答应：“愿为周旋。”

早已失宠的满清皇族，做梦都想着复辟，想着东山再起，有人愿扶他们了，何乐而不为？小皇帝在孤臣们的怂恿下，愿意同老执政见面。但是，有一个条件：溥仪绝不屈驾到须磨街段公馆，认为那样做太失身份；段祺瑞也不愿去溥仪住的静园，认为那样就等于臣子朝见皇上。事情僵持下来了，日本人也没有办法。还是王揖唐有本领，最后达成折中：约定在溥仪的生父、前淳亲王载沣的家中相会。

事情约定之后，段祺瑞又把王揖唐找到面前，问他：“咱们这次见溥仪，你说说，是不是有碍名声？”

王揖唐心里一惊：都到什么时候了，还顾及名声？当初，若不是张作霖给点面子，只怕连出北京都不那么容易。果然被吴佩孚囚起来了，你又如何？王揖唐想是这么想了，却不能这样说。他笑着作了另一番劝慰：“什么名声？老总您不想想，那小皇帝是咱赶下去的，现在又是咱想见他，不是他想见咱的。一切均由咱们安排，有什么不好？再说，咱也是为了用他，还能真给他大权？”段祺瑞这才轻轻点头。

段祺瑞便装简从，和王揖唐一道来到载沣家中。

载沣把王揖唐安排在一个小房子里休息，然后领着段祺瑞走进客厅。客厅里空无一人，段祺瑞和载沣对面坐下，寒暄几句，溥仪来了。

溥仪穿着便装，戴一副墨镜，快步走进客厅。那副举止，竟不失为高贵、傲慢。

段祺瑞站起身来，微微欠了欠身子，说了声：“皇上好！”

溥仪微微点点头，便一屁股坐在上首椅子上，然后摆摆手，说：“坐吧！”

这个场面，跟他当年朝见老佛爷时没多少差别。段祺瑞脑子猛然热了一下，顿时有一种被侮辱和愚弄的感觉，心里十分不舒服。于是，坐下之后，便两眼直瞪着地面，一言不发。段祺瑞毕竟是做过几任国务总理、一度国家执政的，尊颜几何，他自己知道。皇帝算什么？潮流至今日，共和是主流——我是共和的缔造者！清王朝被推翻了，给你这条小命，那是对你的优待，杀了你也天经地义。你摆什么臭架子？此刻，段祺瑞只有怒，来干什么的，他早丢到九霄云外去了。

“你有事要见我？”溥仪把脸仰得高高的，并不去看段祺瑞一眼，一副居高临下的模样，“说吧，什么事？”

段祺瑞大怒了。他真想站起身来，训斥他一顿，然后离开。但是，他却没有那样做。自觉得那样做的本钱不足——若在十年前，他会动虎威，说不定会杀了他。今天不行了。但是，段祺瑞却绝不奴颜婢膝，他压下怒气，爽爽朗朗地说：“我是来看看皇上退位后生活过得怎样的，要不要我帮什么忙？”

一句话勾起了溥仪耿耿于怀的往事。你一封通电逼我下野，近三百年祖业被你打翻，今天又假惺惺地来看我，还帮什么忙，我不稀罕！想着，怒着，不由得提高了嗓门，连嘲加怒地说：“我不要你帮忙，我劳不起你的大驾，我有忠于我的自己人，他们会帮我办好一切我想办的事情。”

话不投机，客厅里顷刻鸦雀无声——要协商的什么，自然无从谈起。段祺瑞便起身告辞。

一杯茶尚未喝尽的王揖唐，见段祺瑞匆匆走出，便陪他一起出来。“这么快就谈完了，如何？”

“这小子竟在我面前摆皇帝的臭架子，我总还是当过中华民国首脑的！什么玩艺？”段祺瑞气呼呼地说，“哼！他还以为他是大清皇帝，我是湖广总督呢，真是昏了头脑。”

王揖唐听明白了，知道闹僵了，便和解着说：“这小子是昏了，连他自己的身份也全忘了，还摆皇帝架子。要知道，全中国人都看他是臭狗屎一堆。”

段祺瑞一场“借尸还魂”的美梦终于破灭了。

回到须磨街的段祺瑞，本来该清心寡欲，安做寓公了。可是，树欲静而风不止！他闲坐了没几个月，到 1928 年 5 月，曾经做过他国务院秘书长的张国淦突然闯进来，屁股尚未坐到板凳上便说：“芝老，有一件大事，无论如何得请你老出面。”

段祺瑞以一副冷于一切的面容对张笑笑，说：“由于经济的拮据，我不得不减员、节衣缩食。之外，对于我，已无任何大事了。”

“不，还有一些非你老出面办不成的大事呢！”于是，张国淦便把近来南京政府二次北伐，在济南与日本人发生武装冲突，导致“济南惨案”，南北形势恶化等情况略述一遍，又说，“芝老前次便建议发起和平运动，我们几经奔走，已联络了政界诸多元老，起草了一份呼吁书，请您老过目，更盼您老也签个名。”说着便把一张呼吁书稿交给了段祺瑞。段祺瑞接过纸头一看，呼吁书上已有黎元洪、徐世昌、曹锟、熊希龄、王士珍等人签的名字。段祺瑞也顺手摸过笔来，写上自己的名字。放下笔，他却异想天开地想：果然成功了，迫使国民党放弃北伐，和谈既开，我的政治影响将会进一步扩大。一旦和平实现，组织南北统一的政府，能为双方接受的人物，除我再无合适的人选了！段祺瑞又兴奋起来。

形势并没有按照段祺瑞的思路发展，国民党北伐节节胜利，直鲁联军节节败退，张作霖安国军政府摇摇欲坠。段祺瑞满以为日本人会拉出一个人代替张作霖治理北方，他便派人四处活动……最后，日本驻华公使芳泽对于段祺瑞的良苦用心作了这样的回答："我国政府认为，（以段代张）此事断然不行！"

又一场梦，瞬间消失了。不久，一个更为痛心的消息又传到段祺瑞面前……

第四十章

中国何时能和平

赋闲在天津的段祺瑞，像一位钻进大森林里的老猎手，望见了那么多的猎物，不是开枪晚了，便是没有瞄准目标，一个一个眼望着就到手的猎物，又一个一个都溜掉了。剩下的，只是自己的叹息。须磨街，渐渐成了他的伤心地。到了1928年，这种伤心事竟接二连三地与日俱增起来。

北京还在急剧变化，阎锡山同冯玉祥打了几仗，竟成了朋友，他们目标一致地放下北伐军，共同反奉，把北京的张作霖逼出关去。皇姑屯一声爆炸，张作霖命归西天。袁世凯创建的北洋军和由北洋派掌握的政权，至此，彻底完结了，蒋介石主宰了中国。段祺瑞想想自己，想想北洋家族，又多了几分感伤！

须磨街令他感伤的还有家事。段祺瑞从大连回来时，便发现他的三姨太、四姨太有些异样：终日打扮得花枝招展，出入戏院歌厅。原来这些人都有了新的归属。一怒之下，段祺瑞每人一张休书便打发她们去了，只告诉他的现任管家王楚卿："以后每月各寄三十块钱去。"并特别交代："以后不许叫她们姨太太，只在账簿上记上什么氏就行了。"

人忧伤了，公馆也开始萧条了，先是减少闲杂人员，后是减少太太、姨太太和公子、小姐的费用，棋友、牌友也被冷落了。最后，须磨街也住不起了，只好在英租界四十七号租了一套费用较少的住宅。从此之后，料理宅内杂务的已不再是专职人员，而是由魏宗瀚邀约的一些当年的老兵。这样，才没有出现"黄叶落阶无人扫"的地步。段祺瑞还在寻求狩猎目标，他想有收获。

他想对佛教密宗潜心研究一番。他的部下曹汝霖马上告诉他："天津日本驻屯军香月司令正在酝酿成立一个中日密教研究会，想请你出来任会长。经费由日本来解决。"段祺瑞答应了，他有事做了，积极起来了。时人称段是"释迦牟尼"，把他身边的曹汝霖、章宗泽、王揖唐等人称作观音、文殊、普贤等菩萨。后来，段祺瑞渐渐明白了，这个密教研究会原来是日本人为笼络北洋系军阀、政客而搞起来的，他们视聚居在津的这批寓公为奇货，掌握在手中，随时拿出来制造混乱。不干，我绝不干这种勾当！——段祺瑞冷落了密教研究会。土肥原这个日本特务忽然又上门来了。

此时，日本人已经在东北制造了"九一八"事变，全中国人民纷纷打起抗日旗帜，同时组织反蒋活动。日本人想在华北策划内战，想在东北成立政府，这两件事都与段祺瑞有关。第一步想让韩复榘、阎锡山来联合段祺瑞，先搞一个由吴佩孚在大同出任总司令，由韩、阎任副总司令的所谓"北方抗日联军总司令部"，而后通电拥护段祺瑞组织亲日政府；第二步，想在溥仪、段祺瑞二人之中选一个任政府首脑。由于段祺瑞和安福系态度不明，日本人只好把溥仪拉到东北组织"满洲国"去了。段却说："这样也好，让他们去搞吧。"

段祺瑞心灰意冷了，他闭起门来，和请来教幼子读经的王觉三一道披阅旧时诗文，删定他的《正道居集》。一天，他忽然翻出了李鸿章之子李经方当年赠他的《观棋》诗，他认真复读起来，越觉合意：

> 俪同运甓惜光阴，镇日敲棋玉漏沉。代谢几人称国手？后先一着见天心。漫争黑白分疆界，转瞬兴亡即古今。局罢请君观局外，纵横南北气萧森。

看着，思索着，段祺瑞不由自主地感叹起来："天下纷乱，扰攘未已，我虽欲执子敲枰，又何能有些心境呢？"树欲静而风却不止！

就在段祺瑞潜心删修他的《正道居集》的时候，曾毓隽领着一个广东陈炯明的代表和日本人土肥原又来找他，说要同他商量在华北成立政府，让他当这个政府的首脑。段祺瑞笑了。"如果形势需要我出来，我当然将勉力从之。但是，我得说清楚，我既然是中国政府的首脑，我就要以政府的名义和日本政府就东北问题谈判。现在，东北有个'满洲国'，是日本人把事情做绝了，将来怎么能谈呢？"土肥原尴尬地呆愣着，没有说话。

段祺瑞又说："中日争端，总要留有余地，才好转圜。所以，我认为你们应当保持东北原状，下一步才好办。否则，我这个政府不是要给老百姓骂吗，那我不是连蒋介石也不如了吗？"

这只"休眠"了许久的北洋之虎，今日忽然成了醒狮，动起威来了，连日本人也觉得他变了样。土肥原吞吞吐吐地说："这个嘛……成立满洲国，是东北人民的事，我们也不能干涉。不过，到目前为止，日本政府还没有承认它。这就是留下了余地嘛！"

事隔不久，日本原驻沈阳总领事吉田茂说"受日本政界元老西园寺公爵委托"，又来见段祺瑞，希望"段老先生同西园寺公爵以中日在野元老身份，出面斡旋两国和平"。

段祺瑞说："怎么和平，西园寺是什么意见呢？"

"先商谈就地停火。"吉田茂说，"不打仗了，再谈下一步。"

"要停火，日本应该先停。"段祺瑞说，"东三省的事先不说，这次攻打榆关，就是日本军队先开战的。"

吉田茂震惊了一下，沉默片刻，竟用威胁的口吻说："段老先生的意见，恐怕难以接受。因为关东军目前气焰甚高，如不迅速停战，只怕战事还会扩大。"

段祺瑞一见日本人要赖了，也变了脸，把一张报纸扬了扬说："你瞧瞧，中国军队士气之高，决不下于关东军！真正打起来，结局还难料定呢！"

吉田茂接过报纸一看，但见上边刊载着一批中国高级将领如阎锡山、宋哲元、韩复榘、傅作义、蔡廷锴等人向政府请缨要求抗日的情况，还有介绍驻守榆关的数百名中国士兵顽强抗战、牺牲殆尽的英雄事迹。日本人见段如此坚决，只好悻悻而退。

段祺瑞在天津的来来往往，国人无不拭目以待，上海商会主席王晓籁者，便给段祺瑞发来一封措辞激烈的劝进电报，说：

> ……日本军阀用以华灭华之计，阴谋煽动失意军人、政客为虎作伥，企图兵不血刃占领中华，先试之于东北，今又将试行之以华北。而确有少数人甘心而为汉奸。足令人忧虑……公资望历史极高，旧部又多，公虽大义凛然，而日人决不忘情于公，卑辞厚币，暮夜进说，实意中事。国人无不盼公能以颜杲卿、文天祥之正气对

待日人，消除其阴谋，并劝诫旧部勿为利用。

段祺瑞看完这封电报，浑身阵阵燥热，站起身来只是踱步，一时不知如何才好。踱步许久，又拿起电报，反复再看，虽然对王晓籁辈十分气恼，但也觉得有理，日本人真的没有忘情于我，不是因为真的想帮助我，而是想利用我的资望历史，对旧部的号召力，达到他们的目的。想到这里，段祺瑞眼前大亮了，他大声自言自语："不，绝不……我宁可永不出山，也不做日本人手中的石敬瑭、溥仪！"

已经握有国家大权的蒋介石，深知东北、华北是一片不稳固的地方，而日本人又在夜以继日地兼程扩张自己的势力。天津段氏公馆发生的一切，无不令这位四十五岁的国民党总裁、国民革命军总司令寝食不安，他尤其担心段祺瑞为其利用。他想把段祺瑞拉到他身边，哪怕当太上皇供奉他也可以，以免得他拉着旧部为日本人效力。但是，蒋介石又不愿意亲自出面去做段的工作。思之再三，他想起了曾在段祺瑞执政时任过教育总长、现在南京赋闲的王九龄。他把王九龄叫来，对他说："竹村（王九龄，字竹村），你不是跟段合肥关系不错么，我想请你去天津一趟，见见合肥。"

王九龄说："是的，他做执政时，我们共过事。只是，这些年不见了。"

"你去见见他，就说我对老师很思念。"蒋介石说，"当年他做保定军官学堂总办时，算是校长，我是学生。关系还不错呢！"于是，蒋介石又把当前形势和他的想法告诉了王九龄。"这也是为了老师的晚节和人身安全。只是，此事暂不必以我的名目出现。"

王九龄想了想，说："老总南来，似乎并不难，只怕他身边的一些人阻拦。要知道，他的众多旧部、亲信都在北方，至今过往甚密。"

"那你就见机行事，多多费些思索和唇舌不就行了。"蒋介石迫不及待了，一个溥仪到了东北，闹出一个"满洲国"；再一个段合肥在华北再闹个什么国呀、府呀，他蒋介石要用多大精力对付呀！

王九龄见蒋介石决心这么大，也便泰然地领受了说客的任务，匆匆北上。

王九龄到天津，直去段公馆。

段祺瑞听说老部下来拜，热情欢迎。亲自迎至门外，握手领至客厅，对面坐下，便说："竹村呀，一转眼又是多年不见了，身子还好？"

"好，好！"王九龄说，"老总近古稀的人，还是这样精神焕发，好福气呀！"

“老了，老了！”段祺瑞摇着头，说，“听说你陪着班禅喇嘛到南方弘扬佛法了？好事，好事！”

“是啊，刚回来。”于是，王九龄便把蒋介石的意思变成自己的话，拟邀请段去南方的事说了一遍。“南方诸位也都甚盼老总能成行。”段祺瑞没有马上回答，头脑却紧紧张张地活动开了。

王九龄趁机又说：“我来天津之前，听说上海工商界和社会名流已经组织一个代表团，不日即北上。他们就是来请你老南下的。”“有这样的事？”“确实。”

“知道有哪些人吗？”

“大约有穆藕初、王晓籁、黄炎培、许克诚，还有李组绅等。”王九龄又说，“因为我跟李组绅是旧识，此事是他亲口对我说的。”

“他们说什么了？”“他们说芝老是开创、保全民国的功臣。因此，不仅是北洋系的领袖，也是全国性的政治元老，声望极高，动静举措，均具政治意义。当今华北已成了日本侵略者的势力范围，若芝老被日本人挟持，身不由己，那后果将不堪设想。所以……”王九龄把蒋介石的意思一个宛转，说得清清楚楚而又滴水不漏。

段祺瑞听了，正合自己的思想，唯其顾虑的，是怕南方接待他的规格不高，有失面子。所以，还是迟疑、推托了一番。

不几日，上海的北上代表团也到了天津。王九龄和李组绅一起，又去做段祺瑞的工作，并又做了曹汝霖、吴光新等人的工作。王、李二人针对段祺瑞怕南方轻率的思想，又先后发电报给国民政府文官长吴鼎昌以及上海的钱永铭。不久，又接国民政府电报，不仅欢迎段南行，且备了专车，派钱永铭为代表专程来津迎接。段祺瑞终于下定了南下的决心。

1933 年 1 月 21 日，天津卫还在酣睡之中，晨星寥寥，街巷寂寂，段祺瑞携着家眷，领着随员，在国民政府代表钱永铭等人的陪同下，走进天津车站，走进迎接他的由津浦铁路局特备的专车，向着南方飞去！坐在一节豪华包厢里的段祺瑞，望着消失在夜幕中的城市，心里一阵酸楚：他三十二岁奉派为新建陆军炮队统带来到天津之后，漫漫三四十年，而今六十九岁了，他的全部事业均在北方，均与天津有着千丝万缕的联系。今天，他要离别这片深有情感的地方了，要到一片他本来不想去、又不得不去的地方。人生、地生，自己又是如此处境：南方，南方会是一片什么地方呀？我适应不适应它，它适应不适应我？一股愁绪涌上心头。他想写诗，但却又毫无“诗路”，他忽然想起了明天就要到南京了。南京是六朝古都，“金陵多少兴衰事，秦淮处处哭笑声”！不知为什么，他忽然想起了南唐后主李煜，想起了李煜的“空照秦淮”“满鬓清霜残雪思难任”。他低声地涌起李煜的《破阵子》来了：

四十年来家国，三千里地山河。凤阁龙楼连霄汉，玉树琼枝作烟萝，几曾识干戈。

一旦归为臣虏，沈腰潘鬓消磨。最是仓皇辞庙日，教坊犹奏别离歌，垂泪对宫娥。

段祺瑞没有“辞庙”，也没有“宫娥”对他垂泪。然而，刚刚车站那番送别，也够他倍伤情感的：要登车了，他同送别的人一一握手，最后，他看见立在角落里那位在宅上做了二十二年佣人的王楚卿正在流泪。他走上去，拉住他的手，说：“楚卿，别难过了。宅子里的一些零碎事，多亏你料理。现在，还得你最后收拾。跟我南去的人都走了，留下的人，你发给他们每人三个月的遣散费，让他们回家吧。还有租界里的自来水、电灯费，也别欠人家的，一项一项还清了，你也就回北京家人那里去吧。”说着，两颗泪珠在眼眶里打转转。

王楚卿拉起衣襟揉眼，只顾点头，却说不出一句话……

专车到济南，是上午 9 点。山东省主席韩复榘登上车厢，对段表示慰问。随韩登车的当地记者要段祺瑞说几句话。他笑笑，说：“此次赴京，因蒋先生表示国难当头，国家事要与国家元老商量，故不能不去。关于抗敌御侮，尤要唤起民意民气，望记者诸君努力于此。”22 日晨，专车抵达长江北岸的浦口。

浦口，南京长江北岸一个荒凉的小小水陆码头，为迎接段祺瑞，顿时热闹起来，除众多军警之外，南京政府已派出军政大员在车站等待。他们有朱培德、张群、贺耀祖、黄慕松、杨杰、许世英、杨永泰、姚琮等。人群中有几位北洋时的人物，他们现在在国民政府中任职。与段祺瑞相见，自然又是一番亲热之情。他们簇拥着段祺瑞，上了长江轮渡，向南岸驶去。

江水滔滔、波翻浪涌，好一派浩瀚之势！

段祺瑞立在甲板上，望着滚滚东流的江水，颇为感慨地说：“长江天堑，连海通疆！当年我就主张在下游一片适当的地方建设国防要塞，以防外敌溯江而上。不知如今搞了没有？”

军事家杨杰回答："芝老果然深谋远虑。现在，已经在江阴附近建成军事要塞，相信战时会发挥它的威力！"

许世英走到段祺瑞面前，轻声对他说："刚才接到消息，蒋先生已在南京下关码头亲自迎接芝老。"

"啊呀！这就不必了，不必了！"段祺瑞口中这么说，心里却感到莫大欣慰。便举目南望，面带微笑。

船到码头，刚一停靠，蒋介石便全副戎装地快步登上轮渡，见到段祺瑞，上前一步，立正、敬礼！"学生蒋介石向段老师请安！"

段祺瑞慌忙迎上去，笑容可掬地说："蒋先生，不敢当，不敢当！"

此时，码头上军乐雄壮，人群如潮，阵阵欢迎的呼声，此起彼落，场面十分热烈而壮观。

蒋介石立在段祺瑞面前，恭恭敬敬地询问了段老师健康情况，并对一路辛苦表示慰问。然后，亲自搀扶着段祺瑞走下渡轮，上了他的专用轿车。段祺瑞居中，蒋介石和吴光新分坐左右，在长长的车队护卫下，驶向中山门里的励志社。

段祺瑞到南京，蒋介石便形影不离，问寒问暖。段祺瑞十分高兴，他没想到蒋介石会对他如此热情。蒋介石在励志社小客厅对段祺瑞说："段老师，此番南来，今后就在南京住下吧。我已吩咐人为老师准备好了宅邸和汽车。老师在南京，日后若有大事，学生也好随时上门请教。"

段祺瑞笑着，委婉地说："多谢盛情。只是我女儿式荃住在上海，最近常患病，我打算去看看。以后呢，就想靠着女儿、女婿住了。人老了，儿女心倒越发重了。好在上海距南京也不远，我还可以来看蒋先生。"

"也好，也好。"蒋介石不想勉强他。因为段祺瑞只要在南方，他就放心了。他又说："老师旅途疲劳了，午后好好休息。"

段祺瑞不想休息，到了南京，他知道必有一项重大的政治活动，他不能马虎。于是说："不休息了，下午我想到紫金山去拜谒一下中山先生的陵墓。当年，我和孙先生联合讨伐贿选，曾有过同志之谊。"

"好，好！"蒋介石说，"今晚请老师到黄埔路学生家中吃顿便饭，务请赏光。"

段祺瑞答应。"那就打扰了。"

段祺瑞在南京住了三天，然后乘火车去了上海。蒋介石像在中山码头接待他一样，仍然亲到车站送行。

尾　声

“北洋之虎”段祺瑞到了上海，终于清心寡欲了。虽然南京政府的军事参议院院长、当年段的学生陈调元，将自己的西摩路公馆辟出来给他住，南京财政部每月拨专款两万元作段的生活费，段祺瑞却再也对政争激不起兴趣了。他只以下棋、研究佛学为娱。直到他1936年秋病危，才怀着“蹙国千里、民穷财尽”的悲观心情写了一份遗嘱，对他的儿子段宏业说：“我有一份遗嘱，在抽屉里，关于国是的部分，你转呈给政府方面，就算我对国家的最后一点贡献吧。”

段宏业点头答应，从抽屉里拿出遗嘱，仔细看看，老爹的笔迹已经变形了。他找到关于国是的部分，但见是这样的几行：

> 勿因我见而轻启政争，勿空谈而不顾实践，勿兴不急之务而浪用民财，勿信过激之说而自摇邦本；讲外交者勿忘巩固国防，司教育者勿忘保存国粹，治家者勿弃固有之礼教，求学者勿骛时尚之纷华。

段宏业指着给他看。“爸，是不是这‘八勿’？”

段祺瑞点点头，缓缓地而字字深沉地对儿子说：“你告诉他们，本此八勿，以应万有。所谓自力更生者在此，转弱为强者亦在此矣。”说着，他闭上了眼睛。

儿子收拾好遗嘱，立在病床前，望着弥留中的父亲，也不言语。段祺瑞闭目有时，又慢慢地睁开眼睛，声音很低地说："我一辈子的事业都在北方，我死后，你们一定要把我葬在北平。西山那里地势很好，我很喜欢。"

段祺瑞与世长辞了。那时刻是1936年11月2日，他七十二岁。南京国民政府主席林森下令褒扬段祺瑞一生功勋，发给丧葬费一万元，予以国葬，并下半旗致哀。

儿孙们遵照他的遗嘱，把他葬在了北平西山。但却没有造成有规模的陵墓，只在他三弟段子猷的墓边靠大道的一片地方为他筑了一个坟茔，坟前立了一块并不显赫的墓碑。碑上书着：

故中华民国临时执政段祺瑞之墓